Private Altersvorsorge

Christian Eigner

Private Altersvorsorge

Inhaltsverzeichnis

6 Was wollen Sie wissen?

13 Schritt für Schritt zur besten Vorsorge

15 Schritt 1: Rentenlücke ermitteln
20 Schritt 2: Zusatzvorsorge checken
23 Schritt 3: Finanziellen Spielraum ausloten
27 Schritt 4: Geeignete Anlageform finden
31 Schritt 5: Top-Anbieter auswählen

33 Vorsorgen mit Vater Staat

34 Riester-Rente: Sichere Rendite durch staatliche Förderung
42 Riester-Rentenversicherungen
44 Riester-Fondspolicen
47 Riester-Banksparpläne
49 Riester-Fondssparpläne
52 Eigenheimrente („Wohn-Riester“)
58 Die besten Riester-Angebote
62 Betriebliche Altersversorgung: Über den Job zur Zusatzrente
66 Fünf Formen der Betriebsrente
72 Sicherheiten und Risiken der betrieblichen Versorgung
76 Zusatzversorgung im öffentlichen Dienst
78 Rürup-Rente: Steuerbonus für Selbstständige
84 Vermögenswirksame Leistungen (VL)

91 Privat vorsorgen

93 Auf sichere Zinsen setzen
104 Börseninvestments – Chancen nutzen mit Fonds
114 Die besten Fonds finden und günstig kaufen
116 Versicherungen – magere Renditen, wenig Flexibilität
123 Immobilien – mit „Betongold“ der Inflation trotzen

133 Frühzeitig die Rentenphase planen

134 Rechtzeitig an den Ausstieg denken
140 Steuern und Sozialabgaben einkalkulieren
153 Vorsorgeguthaben sinnvoll einsetzen

13

Vorsichtig oder alles auf Rendite? Schritt für Schritt zur passenden Vorsorge

136

Früher in Rente: Wie Sie Abschläge ausgleichen können

164

Junge Leute: Mit kleinem Budget clever vorsorgen

34

Richtig riestern: So sichern Sie sich alle staatlichen Zulagen

111

Profitstark und bequem: Sparen mit Pantoffel-Portfolios

58

Top im Test: Bei welchen Anbietern Sie die besten Riester-Verträge bekommen

163 Von der Theorie in die Praxis

164 Beispiel 1: Junge Leute
168 Beispiel 2: Junge Familie
170 Beispiel 3: Künftige Immobilienkäufer
172 Beispiel 4: Beruflich Etablierte
174 Beispiel 5: Älteres Ehepaar
178 Beispiel 6: Paar während der Trennung
181 Beispiel 7: Erbin ohne Familie
183 Beispiel 8: Im Ruhestand ohne Geldsorgen

186 Hilfe

186 Fachbegriffe erklärt
189 Stichwortverzeichnis
192 Impressum

Was wollen Sie wissen?

Die Rente ist sicher – wird aber nicht reichen. Wer im Alter keine Geldsorgen haben will, muss zusätzlich sparen. In Zeiten historischer Tiefstände bei den Zinsen mangelt es so manchem an Überzeugung. Dass und wie Altersvorsorge dennoch funktionieren kann, zeigen Ihnen die folgenden Seiten im Überblick. Vertiefende Infos finden Sie an den angegebenen Stellen im Buch.

Warum wird die Rente immer weniger?

Zum einen, weil wir statistisch gesehen immer älter werden. Das ist eigentlich eine prima Sache – denn viele Senioren sind körperlich und geistig noch fit und können ihren Ruhestand genießen. Doch mit der Lebenserwartung steigt auch die Dauer des Rentenbezuges. Allein die Anhebung des Renteneintrittsalters auf 67 Jahre kann diese Entwicklung nicht abfedern. Hinzu kommt: Durch die Geburtenflaute rücken immer weniger Beitragszahler nach. Sie sind es hauptsächlich, die die Renten der Alten finanzieren müssen. Um das System stabil zu halten und die Rentenbeiträge nicht explodieren zu lassen, kürzt die Politik die Leistungen. Lag das Rentenniveau 2010 noch bei 51,6 Prozent eines durchschnittlichen Jahreseinkommens, gehen Experten für 2030 nur noch von 43 Prozent aus. Was das bedeutet, lesen Sie ab Seite 15.

Wie kann ich wenigstens alles aus der gesetzlichen Rente herausholen?

Indem Sie dafür sorgen, dass sämtliche Versicherungszeiten auf Ihrem Rentenkonto vermerkt sind. Wie Sie das herausfinden, lesen Sie auf Seite 17. Ihre Beiträge aufstocken dürfen Pflichtversicherte leider nicht – auch wenn das derzeit attraktiv wäre. Wer jedoch vorzeitig mit Abschlag in Rente geht, kann durch zusätzliche Beiträge Einbußen ausgleichen. Zudem sollten Beamte und Selbstständige prüfen, ob sie sich nicht auf diesem Weg eine Rente sichern können. Derzeit ist das eine gute Alternative zum Abschluss eines Rürup-Vertrags oder einer privaten Rentenversicherung. Sich beraten lassen sollten Hausfrauen, die Erziehungszeiten auf dem Konto haben, aber keine fünf Jahre Mindestversicherungszeit erreichen. Sie können die fehlenden Jahre mit Beiträgen auffüllen und sich so ebenfalls eine Rente sichern. Mehr dazu lesen Sie ab Seite 136.

Warum soll ich bei den derzeitigen Minizinsen überhaupt sparen?

Die Zinsen für viele Sparanlagen gleichen derzeit nicht einmal die Inflation aus – unterm Strich steht ein Kaufkraftverlust. Doch mickrige Renditen sind kein Grund, gar nicht vorzusorgen. Zum einen winkt bei vielen Vorsorgeformen eine ansehnliche staatliche Förderung (mehr dazu ab Seite 33). Zum anderen hieße Nichtstun, den Faktor Zeit zu ignorieren. Doch der ist bei der Altersvorsorge absolut essenziell. Je länger die Spardauer, desto mehr können Sie selbst mit kleinen Raten erreichen. Unterschiede in der Verzinsung machen sich über eine Anlagedauer von 10 Jahren weniger bemerkbar als über 30 Jahre. Wer früh anfängt, muss zunächst nicht so sehr auf die Zinsen schielen. Auf längere Sicht stehen die Chancen auf höhere Erträge besser – dann kann das Ersparte durchstarten. Weitere Grundregeln für die private Vorsorge finden Sie ab Seite 13.

Warum soll ich riestern? Das lohnt sich doch nur, wenn ich steinalt werde.

Betrachtet man die Sache rein finanziell, ist da etwas dran. Die spätere Rente wird auf Basis der Lebenserwartung kalkuliert – wer kurz nach Rentenbeginn verstirbt, hat kein gutes Geschäft gemacht. Doch oft haben auch Hinterbliebene etwas vom Ersparten – außerdem bietet die Riester-Rente eine sichere, lebenslange Zusatzrente. Das lohnt sich vor allem für Kinderreiche mit hoher Zulagenquote und für Besserverdiener mit hohem Steuervorteil. Und: Im Plus sind Sparer durch staatliche Zulagen und Steuervorteile automatisch – der Anbieter muss zum Rentenbeginn mindestens die eingezahlten Beiträge plus Zulagen bereitstellen. Wer sein Guthaben zum Erwerb einer Immobilie verwendet, kann es sich vorzeitig ganz oder zum Teil auszahlen lassen. Welche Vor- und Nachteile die verschiedenen Riester-Modelle haben, erklären wir ab Seite 42.

Lohnt sich eine Betriebsrente angesichts von Steuern und Abgaben?

Bei der staatlich geförderten Vorsorge empfiehlt es sich stets, Anspar- und Auszahlungsphase im Zusammenhang zu betrachten. Per Gehaltsumwandlung finanzierte Betriebsrenten sind bei der Einzahlung steuerfrei, zählen aber bei Auszahlung voll zum steuerpflichtigen Einkommen. Das lohnt sich in der Regel trotzdem, denn bei den meisten Menschen ist der persönliche Steuersatz im Alter deutlich niedriger als während des Berufslebens. Dagegen schlägt der Abzug der vollen Kranken- und Pflegekassenbeiträge – trotz Abgabenfreiheit in der Sparphase – mächtig ins Kontor. Für gesetzlich Krankenversicherte ist das Ganze daher unterm Strich wenig attraktiv – zumal sich Sparer an einen langfristigen, unflexiblen Vertrag binden. Dennoch können viele beim Angebot des Chefs zugreifen – unter welchen Umständen, lesen Sie ab Seite 62.

Bin ich als Selbstständiger auf die Rürup-Rente angewiesen?

Falls Sie nicht Mitglied der gesetzlichen Rentenversicherung sind, aber dennoch eine staatlich geförderte Vorsorge wollen, bleibt Ihnen nur die Rürup-Rente. Doch auch sie eignet sich nicht für alle Selbstständigen und Freiberufler. Sie bietet zwar umfangreiche Steuervorteile in der Ansparphase – diese lassen sich aber nur bei entsprechendem Verdienst optimal ausnutzen. Gut fahren Sie mit Rürup, wenn Sie dauerhaft gut verdienen und folglich hohe Steuern zahlen. Sind Sie dagegen nicht sicher, ob Sie sich die Beiträge bis zum Laufzeitende leisten können, sollten Sie besser die Finger von der Rürup-Rente lassen. Ab Seite 78 lesen Sie, was Sie außerdem beachten sollten.

Ich bin kein Vorsorge-Zocker – was also soll ich an der Börse?

Altersvorsorge und Zockerei schließen einander aus. Doch Geld an der Börse zu investieren ist nicht automatisch unseriös und spekulativ. Mindestens zehn Jahre Anlagedauer und eine möglichst breite Streuung Ihres Geldes vorausgesetzt, können Sie – gerade in Zeiten niedriger Zinsen – sehr gute Renditen bei überschaubarem Risiko erzielen. Tendenziell sind Börseninvestments eher etwas für Jüngere. Doch auch ältere Menschen, die nicht ihr gesamtes Vermögen zum Lebensunterhalt brauchen, können mit einem Teil davon auf Rendite setzen. Die höchsten Gewinne versprechen derzeit Aktien. Wir empfehlen Ihnen jedoch keine Einzelaktien, sondern grundsätzlich Fondsanteile. Entweder mit eingebauter Kapitalgarantie, wie sie Riester-Fondssparpläne bieten, oder in Form unserer Pantoffel-Portfolios mit Zinsanlagen als Sicherheitsbaustein (siehe ab Seite 111).

Woran erkenne ich ein gutes Vorsorgeprodukt?

Das ist oft alles andere als einfach. Nicht nur, dass Sie sich für eine Anlageform entscheiden müssen. Innerhalb dieser Anlageformen ist bei Weitem nicht jedes Angebot empfehlenswert. Wenn möglich, sollten Sie vor Vertragsabschluss mehrere Angebote einholen und vergleichen – auf Basis der garantierten Auszahlung beziehungsweise Rente. Für die Höhe der Auszahlung spielt eine entscheidende Rolle, welche Kosten der Anbieter für sich selbst abzweigt. Während ein Banksparplan praktisch kostenlos zu haben ist (mehr zu Vor- und Nachteilen auf Seite 93), gönnen sich die meisten Anbieter privater Rentenversicherungen üppige Abschluss- und Verwaltungsgebühren – die der Kunde oft nicht einmal nachvollziehen kann. In Finanztest finden Sie fortlaufend aktuelle Testergebnisse zu Vorsorgeprodukten. Zudem können Sie einzelne Tests online unter www.test.de gegen eine geringe Gebühr gezielt suchen und herunterladen.

Gibt der Staat auch etwas zu meinem Eigenheim dazu?

Die Möglichkeiten sind vielfältig – je nachdem, in welcher Lebensphase Sie sind. Geht es Ihnen darum, möglichst viel Eigenkapital anzusparen, eignet sich ein Riester-Bausparvertrag (ab Seite 52). Falls Sie vom Betrieb vermögenswirksame Leistungen bekommen (ab Seite 84), können Sie innerhalb bestimmter Einkommensgrenzen die Wohnungsbauprämie bekommen. Kurz vor Baubeginn können Sie ein bestehendes Riester-Guthaben auflösen und zu Eigenkapital machen. Sind Sie gerade auf der Suche nach einem Hypothekendarlehen, ziehen Sie eines mit Riester-Förderung in Erwägung – oder schließen Sie einen Riester-Kombikredit ab (ab Seite 55). Sogar für ein fertiges Eigenheim lässt sich Wohn-Riester einsetzen – wenn Sie Ihre vier Wände altersgerecht umbauen wollen.

Was muss ich später bei der Auszahlung meiner Altersvorsorge beachten?

Grundsätzlich gilt: Auch Ruheständler sind Geldanleger. Mit Beginn der Auszahlungsphase enden zwar die jahrelangen Sparanstrengungen – doch jetzt müssen viele Sparer entscheiden, wie sie ihr(e) Guthaben nutzen wollen – und die entsprechenden Verträge mit Anbietern schließen. So haben viele Riester-Sparer die Wahl, bei ihrem Anbieter zu bleiben oder ihr Guthaben von einem anderen Anbieter verrenten zu lassen (ab Seite 154). Wer eine größere Summe erbt oder eine Lebensversicherung ausgezahlt bekommt, sollte überprüfen, ob er das Geld – statt es zu Hause zu bunkern – besser erneut anlegt und scheibchenweise aufbraucht. So können sich Anleger ein auf ihren Bedarf zugeschnittenes Zusatzeinkommen sichern, während das Guthaben weiter arbeitet.

Und wenn das Geld dann doch nicht reicht?

Wer erst mit Rentenbeginn aufwacht, kommt eventuell zu spät, um noch gegenzusteuern. Checken Sie deshalb spätestens ab Mitte 50 regelmäßig Ihre Ansprüche – inklusive gesetzlicher Rente. Überschlagen Sie, was an Steuern und Sozialabgaben abgeht und was Ihnen jeden Monat netto bleibt (Tipps dazu ab Seite 140). Reicht das, um Ihre Fixkosten zu decken, und was bleibt Ihnen darüber hinaus? Wer zusätzlich zur Rente auf Erspartes zugreifen müsste und auf ein langes Leben hoffen kann, sollte sich einen ausreichenden Teil seines Vermögens als zusätzliche lebenslange Rente auszahlen lassen. Ist dafür zu wenig Geld da, müssen Sie Ihre Sparanstrengungen sehr wahrscheinlich intensivieren. Um Ihnen eine praktische Vorstellung des im Buch Gesagten zu vermitteln, präsentieren wir Ihnen ab Seite 163 acht typische Beispielfälle – und ihren jeweils ganz individuellen Weg zu einem möglichst sorgenfreien Ruhestand.

Schritt für Schritt zur besten Vorsorge

Die Rente wird nicht reichen. Je jünger Sie heute sind, desto größer die Lücke im Alter. Ob Sie bereits vorsorgen oder erst einsteigen wollen – was Sie brauchen, ist ein Plan.

Löst das Thema Altersvorsorge bei Ihnen positive Gefühle aus? Wohl eher das Gegenteil: Der Gedanke an die Finanzierung des eigenen Ruhestands ist den meisten Menschen unangenehm. Zwar ist ihnen klar, dass die Rente allein nicht reichen wird. Doch deshalb heute schon zusätzlich sparen? Da winken vor allem Jüngere ab. Jetzt wird gelebt, und da bleibt meist kaum Geld übrig. Außerdem sind Riester-Rente & Co. kompliziert und intransparent – und die Sparzinsen, salopp formuliert, ein Witz.

Folge: Rund ein Drittel aller Beschäftigten zwischen 30 und 59 Jahren sorgt nicht fürs Alter vor. Das fand das Allensbach-Institut im August 2017 im Auftrag der Versicherungswirtschaft heraus. Gleichzeitig hat jedoch jeder Zweite Angst davor, dass seine Rente später nicht reichen wird, um die gewohnte Lebensqualität zu sichern.

Nichtstun kostet wertvolle Zeit

Wer zu diesem Buch greift, will nicht auf höhere Zinsen oder bessere Produkte warten, sondern seine Altersvorsorge selbst in die Hand nehmen. Das ist in jedem Fall die bessere Variante: Die Zeit einfach ungenutzt verstreichen zu lassen läuft dagegen unweigerlich auf einen finanziellen Kraftakt hinaus: Je später Sie in die Vorsorge einsteigen, desto höher die Beiträge, die Sie dann sparen müssen.

Damit wir uns nicht falsch verstehen: Wer mindestens fünf Jahre rentenversichert war und Geld eingezahlt hat, der bekommt später auch eine Rente. Garantiert ist jedoch lediglich der Anspruch auf einen bestimmten Teil vom großen Rententopf. Und der wird für künftige Rentnergenerationen – gemessen an der Entwicklung der Löhne und Gehälter – deutlich schrumpfen.

Selbst wer heute gut verdient, wird mit seiner Rente nur noch einen Teil seiner Ausgaben bestreiten können. Im besten Fall lässt sich das Loch in der Haushaltskasse durch Verzicht – etwa auf Reisen, Hobbys oder Kultur – stopfen. Im schlechtesten Fall drohen Altersarmut und Grundsicherung.

Durchblick dank Vorsorge-Check

Doch welche Anlageform ist die beste? Sollen Sparer ihr Geld langfristig anlegen oder flexibel bleiben? Auf Chancen setzen oder auf Nummer sicher gehen? Und wo gibt es kompetente und unabhängige Beratung?

Wer sich für Altersvorsorge entscheidet, hat viele Fragen – in diesem Buch finden Sie die Antworten. Zunächst geben wir Ihnen einen Vorsorge-Check an die Hand, mit dessen Hilfe Sie Schritt für Schritt vorgehen können – von der Bestandsaufnahme bis zur Auswahl der richtigen Geldanlage.

Zuerst verschaffen Sie sich einen Überblick darüber, wie hoch Ihre Rente sein wird, wie viel Geld Sie im Alter brauchen werden und welche Zusatzvorsorge Sie schon haben. Daraus ergibt sich Ihre „Rentenlücke". Anschließend finden Sie heraus, wie viel Sie sparen können und welche Vorsorgeformen sich für Sie eignen – bevor Sie im letzten Schritt erfahren, wie Sie den besten Anbieter finden. Kleiner Spoiler: Die eigene Hausbank ist es in der Regel nicht.

Ausgehend von diesen Informationen können Sie gezielt gegensteuern – mit einer Anlageform, die zu Ihrer Lebenssituation passt, Beiträgen, die Sie finanziell nicht überfordern, und Kosten, die nicht stärker als nötig an Ihrem Guthaben knabbern.

Wer unter 40 ist, kann die ersten beiden Schritte überspringen. Zu wenig verlässlich wären Prognosen im Hinblick auf Rentenhöhe und Finanzbedarf im Alter. Stattdessen sollten jüngere Menschen einfach lossparen. Wer so früh wie möglich beginnt und konsequent die staatliche Förderung mitnimmt, sammelt im Lauf der Zeit schon mit kleinen Beiträgen ein stattliches Guthaben an. Das gilt auch für jene, die als Altersvorsorge auf ein Eigenheim setzen wollen. Auch ihnen greift Vater Staat schon in der Sparphase großzügig unter die Arme.

Schritt 1: Rentenlücke ermitteln

Mit steigendem Alter beginnt sich abzuzeichnen, wie weit Ihre Rente im Ruhestand reichen wird. Sorgen Sie deshalb rechtzeitig dafür, dass auf Ihrem Rentenkonto keine Lücken klaffen.

Die gute Nachricht: Auch künftige Rentnerjahrgänge werden nach jetzigem Stand mehr aus der Rentenkasse herausbekommen, als sie während ihres Berufslebens einzahlen. Laut Deutscher Rentenversicherung können sich sowohl Menschen, die bereits kurz vor der Rente stehen, als auch jüngere Leute statistisch auf eine Rendite von 2 bis 3 Prozent freuen.

Das ist deutlich mehr, als viele sichere Geldanlagen bei Banken und Versicherungen derzeit abwerfen – doch kein Grund, die Hände in den Schoß zu legen: Ein Versicherter mit 45 Beitragsjahren, der stets exakt so viel verdient hat wie der Durchschnitt aller Beitragszahler, erhält seit 1. Juli 2017 eine monatliche Brottorente von 1 396,35 Euro (West) beziehungsweise 1336,05 Euro (Ost).

Im Verhältnis zum Durchschnittsverdienst eines Arbeitnehmers lag diese „Standardrente“ 2010 noch bei 51,6 Prozent, 2015 nur noch bei 47,7 Prozent. Laut Koalitionsvertrag der Bundesregierung soll das Rentenniveau bis 2025 nicht unter 48 Prozent sinken – wohlgemerkt bei 45 Beitragsjahren und ununterbrochenem Durchschnittsverdienst. Wer weniger verdient und folglich weniger Geld eingezahlt hat, muss mit deutlich weniger Rente klarkommen. Immerhin soll es für Menschen mit mindestens 35 Beitragsjahren eine Grundrente geben, die 10 Prozent über der Grundsicherung liegt.

Höhere Beiträge – mehr Rente

Kein Wunder, dass viele Menschen zusätzlich Geld in die Rentenkasse einzahlen wollen. Möglich ist das: Auf diese Weise können etwa nicht pflichtversicherte Freiberufler und Beamte Ansprüche erwerben. Auch Arbeitnehmer, die vorzeitig in Rente gehen wollen oder bereits gegangen sind, können bis zum Erreichen des offiziellen Rentenalters freiwillig einzahlen, um den mit der Frührente verbundenen Abschlag auszugleichen (siehe S. 134). Dieser beträgt 0,3 Prozent pro Monat vorzeitigen Rentenbeginns.

Ab einem Alter von 50 Jahren kann jeder Versicherte bei der Rentenversicherung eine Auskunft über die Höhe des Ausgleichsbetrages beantragen („besondere Rentenauskunft“). Diesen Betrag zahlt man dann auf einen Schlag oder in halbjährlichen Raten.

HÄTTEN SIE´S GEWUSST?

Von 100 Euro

... verwenden die Deutschen **35** fürs Wohnen, inklusive Energie- und Reparaturkosten.

... wandern **23** in Gaststättenbesuche und Hotelaufenthalte, Innenausstattung, Bildung, Gesundheit sowie Post und Telekommunikation.

... investieren sie **14** in Ernährung und Tabakwaren.

... stecken sie **14** in den Bereich Verkehr.

... entfallen **10** auf Freizeit, Unterhaltung und Kultur.

... geben sie **4** für neue Bekleidung aus.

Quelle: Statistisches Bundesamt (Werte für 2016)

Der Clou: Verschiebt man seinen Rentenbeginn später doch bis zum Erreichen der Regelaltersgrenze, gehen die zusätzlich erworbenen Ansprüche nicht etwa verloren, sondern erhöhen die Rente!

So errechnet sich die Rente

Die Rentenhöhe ergibt sich aus vier Faktoren, die miteinander multipliziert werden. Wichtig ist vor allem die Zahl der während des Arbeitslebens erworbenen Rentenpunkte, im Fachjargon „Entgeltpunkte“ genannt.

- **Entgeltpunkte.** Wer in einem Kalenderjahr exakt so viel verdient wie der Durchschnitt aller Arbeitnehmer, bekommt genau einen Entgeltpunkt. Dieses Durchschnittsentgelt lag 2017 in den alten Bundesländern bei 37103 Euro, in den neuen Bundesländern bei 33148 Euro brutto (Stand: Dezember 2017, vorläufige Werte). Wer mehr verdient hat, bekommt mehr als einen Punkt. Lag der Verdienst niedriger, gibt es weniger.
- **Rentenwert.** Der Wert eines Entgeltpunktes wird als Rentenwert bezeichnet und ändert sich jährlich. Aktuell beträgt er 31,03 Euro (West) beziehungsweise 29,69 Euro (Ost).
- **Zugangsfaktor.** Eventuelle Zu- und Abschläge werden in einem Zugangsfaktor erfasst. Geht jemand vorzeitig in Rente, bekommt er einen Abschlag, geht er später in Rente, winkt ein Zuschlag. Wer mit Erreichen der Regelaltersgrenze in Rente geht, hat den Zugangsfaktor 1,0.

- **Rentenartfaktor.** Schließlich fließt auch die Art der Rente in die Rechnung ein (zum Beispiel Alters-, Hinterbliebenen-, Erwerbsminderungsrente). Handelt es sich um eine Altersrente, beträgt der Rentenartfaktor grundsätzlich 1,0.

Renteninformation richtig lesen

Erwerbstätige zwischen 27 und 54 Jahren, die mindestens fünf Jahre lang Beiträge gezahlt haben, erhalten einmal im Jahr einen Brief von der Rentenversicherung – die Renteninformation. Der erste dieser Briefe enthält einen Überblick über den bisherigen Versicherungsverlauf und die Aufforderung, anhand dieses „Kontoauszuges" zu prüfen, ob sämtliche Versicherungszeiten berücksichtigt wurden. Falls es Lücken gibt, sollten Versicherte sich mit der Rentenversicherung in Verbindung setzen und eventuell einen Antrag auf Kontenklärung stellen.

→ Kontenklärung

Überprüfen Sie Ihre Renteninformation auf Lücken bei den Versicherungszeiten. Fehlen auf dem Rentenkonto beispielsweise Zeiten der Kindererziehung oder der Arbeitslosigkeit, beantragen Sie bei Ihrem Rentenversicherungsträger eine Kontenklärung. Fragen Sie die Berater telefonisch (0 800/10 00 480 70, kostenlos), welche Nachweise dafür erforderlich sind, und reichen Sie sie zügig ein.

Wichtig: Auf den Kopien der Nachweise muss deren Übereinstimmung mit dem Original bestätigt sein.

Die im Anschluss an die erste Sendung jährlich verschickte Renteninformation umfasst jeweils zwei Seiten. Sie enthält unter anderem folgende Angaben:

- **Versicherungszeiten.** Darunter versteht man Zeiträume, in denen Versicherte Entgeltpunkte gesammelt haben.
- **Entgeltpunkte.** Die Renteninformation weist auch die Zahl der Entgeltpunkte auf dem Rentenkonto aus.
- **Rentenbeginn.** Außerdem erfährt der Versicherte, wann er erstmals eine „Regelaltersrente" beziehen kann, also das Rentenalter erreicht.
- **Ansprüche bei Erwerbsminderung.** Wie hoch würde die Rente ausfallen, wenn der Versicherte voll erwerbsgemindert wäre – also für nicht einmal drei Stunden am Tag irgendeine Arbeit verrichten könnte?
- **Rentenanwartschaft.** Diese Rente hätte der Versicherte zum gegenwärtigen Zeitpunkt bereits sicher – auch wenn er künftig keinen Euro mehr in die Rentenkasse einzahlen würde.
- **Rentenhochrechnungen.** Die Rentenversicherung informiert auch, wie hoch die Rente ausfiele, würde der Versicherte weiter Beiträge wie im Durchschnitt der letzten fünf Jahre einzahlen.

- **Rentenhöhe mit Anpassung.** Außerdem liefert sie für diesen Fall Prognosen zur Rentenhöhe, falls die Rente bis zum Renteneintritt pro Jahr um 1 Prozent beziehungsweise 2 Prozent steigt.
- **Beiträge.** Zudem sehen Versicherte, welche Beiträge sie und ihr Arbeitgeber oder (bei längerer Krankheit oder Arbeitslosigkeit) öffentliche Kassen bislang eingezahlt haben.

Vorsicht vor übertriebenen Erwartungen: Die in der Renteninformation unterstellten Rentenerhöhungen sind sehr optimistisch und nur mit Vorsicht zu genießen. Auch die Inflation wird nicht exakt berücksichtigt. Das Schreiben liefert lediglich den allgemeinen Hinweis, dass „bei einer Inflationsrate von beispielsweise 1,5 Prozent zu Ihrem 65. Lebensjahr 100 Euro voraussichtlich nur noch eine Kaufkraft nach heutigen Werten von etwa 65 Euro besitzen".

Rentenauskunft – jetzt handeln!

Statt der Renteninformation bekommen Versicherte ab 55 Jahren alle drei Jahre eine Rentenauskunft zugesandt. Diese gibt einen Überblick, mit welchen Einnahmen sie rechnen können. Im Einzelnen enthält die Rentenauskunft folgende Angaben:

- eine Übersicht über die auf dem Versichertenkonto gespeicherten rentenrechtlichen Zeiten,
- eine Übersicht zu den bislang gesammelten Entgeltpunkten,
- Auskunft über die Leistungen nach derzeitigem Stand, wenn keine weiteren Beiträge mehr fließen sollten,
- die voraussichtliche Höhe der Altersrente bei Erreichen der Regelaltersgrenze sowie einer eventuellen Erwerbsminderungs- und Hinterbliebenenrente zum aktuellen Zeitpunkt.

Auf Antrag erfahren Versicherte ab 55 Jahren darüber hinaus, wie viel Geld sie zusätzlich aus eigener Tasche einzahlen müssten, um einen Rentenabschlag bei vorzeitigem Rentenbeginn auszugleichen (siehe „Rentenabschläge ausgleichen", S. 136).

Enthält die Rentenauskunft nicht ausreichend berücksichtigte Versicherungszeiten, wird es höchste Zeit, ein Verfahren zur Kontenklärung zu beantragen.

Finanzbedarf im Alter abschätzen

Um Ihre Rentenlücke auszurechnen, benötigen Sie eine weitere wichtige Zahl: Ihren, zumindest ungefähren, Finanzbedarf im Ruhestand. Dazu müssen die meisten Menschen ein wenig in die Glaskugel blicken: Wie werden Sie im Alter leben?

Ihr bisheriges Leben und Ihre Vorstellungen vom Ruhestand lassen zumindest erste Schlüsse zu. Denken Sie an Ihre familiäre, berufliche und gesundheitliche Lage, Ihre Wohnsituation, an Hobbys und Interessen.

Nehmen Sie wichtige Fragen frühzeitig in den Blick: Wann soll Ihr Ruhestand beginnen? Welche Fixkosten werden Sie haben – und welche zusätzlichen Geldquellen?

Niemand sollte im Alter Abstriche an seinen Grundbedürfnissen machen müssen. Neben Wohnen, Essen und Kleidung sollte auch Geld für Hobbys und Reisen da sein. Ebenso Rücklagen für wichtige Anschaffungen und unvorhersehbare Situationen. Das ist keinesfalls verzichtbarer Luxus. Was, wenn Sie oder Ihr Partner krank oder pflegebedürftig werden? Was, wenn Sie Ihr Haus alters- oder behindertengerecht umbauen wollen? Was, wenn Sie 100 Jahre alt werden?

Als Maßstab für Ihr Alterseinkommen das letzte Nettogehalt heranzuziehen ist etwas hochgegriffen. Die meisten Menschen brauchen im Ruhestand weniger Geld, weil etwa die Rate fürs Haus wegfällt oder sie in eine kleinere Wohnung umziehen. Auch die Kinder stehen dann meist auf eigenen Beinen – und eventuell hat man ja bereits eine größere Erbschaft gemacht.

Deshalb ist es sinnvoll, als Bezugsgröße 80 Prozent des letzten Nettoeinkommens zu verwenden. Ihre Rentenlücke ist die Differenz zwischen diesen 80 Prozent und der zu erwartenden gesetzlichen Nettorente.

→ Rentenlücke berechnen

Unser kostenloser Rechner unter www.test.de/rentenluecke hilft jedem Versicherten dabei, seine Rentenlücke auszurechnen. Nicht vergessen: Für jüngere Menschen wird die Lücke aufgrund des sinkenden Rentenniveaus tendenziell größer. Wir gehen davon aus, dass die gesetzliche Rente bis 2030 durchschnittlich um nur 0,5 Prozent pro Jahr steigt und die Einkommen um 1,5 Prozent jährlich wachsen.

Teuerungsrate einkalkulieren

Im vergangenen Jahrzehnt verlor das Geld in Deutschland im Schnitt pro Jahr 1,4 Prozent an Kaufkraft. Auch wenn die Inflationsrate 2016 nur 0,5 Prozent betrug – mit den derzeitigen Zinsen für sichere Spareinlagen schaffen es Anleger gerade so, diesen Verlust auszugleichen. Oft nicht einmal das.

Um die Kaufkraft Ihres Vermögens zu steigern – also einen realen Gewinn zu verbuchen –, müsste die Rendite jedoch über der aktuellen Inflationsrate liegen. Das bedeutet auch: Wer sein Geld aus Angst vor Finanzkrisen unters Kopfkissen legt, fährt allein durch die Inflation Verluste ein.

Steigt ihr Verdienst stetig an, können Berufstätige der Inflation auf der Karriereleiter davonlaufen. Sie können ihre Einnahmen auch erhöhen, indem sie sich fortbilden, Zusatzaufgaben übernehmen oder den Arbeitgeber wechseln. Aus den Einkommenssteigerungen der vergangenen Jahre lassen sich gewisse Rückschlüsse auf die weitere Entwicklung ableiten. Wer in einem tarifgebundenen Großkonzern arbeitet, tut sich damit leichter als Beschäftigte kleiner und mittlerer Firmen.

Übrigens ist die Inflation auch im Rentenalter ein Thema: Ausbleibende Rentenerhöhungen und Minizinsen bei den Spareinlagen führen zu einem Kaufkraftverlust.

→ Mit und ohne Inflation

Mit dem Inflationsrechner unter www.test.de/finanzbedarf können Sie sich ausrechnen, was Ihre prognostizierte Rente bei Rentenbeginn noch wert ist. Geben Sie dazu einfach den Betrag aus der jährlichen Renteninformation sowie die von Ihnen erwartete Inflationsrate ein. Der Rechner lässt sich für private Renten ebenso nutzen. Da jedoch niemand sagen kann, wie hoch die Inflation künftig ausfallen wird, können Sie es sich auch einfacher machen: Lassen Sie Inflation und prognostizierte Rentensteigerungen außen vor und überlegen Sie sich, wie Sie heute mit einer Rente ohne die jährliche Rentenerhöhungen klarkommen würden.

Schritt 2: Zusatzvorsorge checken

Viele fangen mit ihrer Altersvorsorge nicht bei null an, sondern haben bereits einen Vertrag abgeschlossen. In diesem Schritt checken Sie, wie weit Sie mit dieser Zusatzvorsorge kommen.

→ **Anbieter von Geldanlagen** informieren ihre Kunden regelmäßig darüber, was aus deren Einzahlungen geworden ist. Die Höhe des Guthabens ist bei manchen Produkten – etwa Banksparplänen – mit einem Onlinerechner ohne Weiteres nachvollziehbar. Dagegen sind Kapitallebens- und private Rentenversicherungen weitgehend bis völlig intransparent. Auf die Informationspolitik der Versicherer haben Kunden kaum Einfluss – ihnen bleibt meist nur, mit den vorliegenden Werten zu rechnen.

Wer bereits einen Vorsorgevertrag bei einer Versicherung abgeschlossen hat – ob gefördert oder nicht –, benötigt dazu die aktuelle Standmitteilung. Aus dieser geht die bislang erreichte garantierte Leistung hervor, vorausgesetzt, die Beiträge fließen wie vereinbart bis Vertragsende weiter. Mit diesem Wert lässt sich verlässlich kalkulieren. Da Überschüsse jedoch ungewiss sind, sollten Sie Prognosen zu deren Höhe nicht in Ihre Rechnung einbeziehen – oder wenigstens konservative Annahmen treffen.

Inhaber klassischer Riester- oder Rürup-Rentenversicherungen kalkulieren mit der im Vertrag garantierten Mindestrente. Dasselbe gilt für Anwartschaften aus der betrieblichen Altersversorgung. Bei Riester-Verträgen sind darüber hinaus die staatlichen Zulagen garantiert.

Das Geld staatlich geförderter Vorsorgemodelle fließt als lebenslange Rente – das ist besonders wichtig, wenn die gesetzliche Rente nicht ausreicht, um die Fixkosten zu decken. Verrenten lassen sich aber auch die Auszahlung aus einer Lebensversicherung, ein Guthaben, das in einem Fondssparplan angespart wurde, oder eine Erbschaft. Allerdings fehlt Ihnen dann eventuell die Kalkulationsbasis, weil etwa ein Fondssparplan – außer im Rahmen der Riester-Förderung – keine Garantiesumme vorsieht.

Hochrechnungen oft ungenau

Bei geförderten Fondspolicen sowie Fonds- und Banksparplänen steht die Rentenhöhe erst kurz vor der Auszahlung fest. Hier müssen Sie sich für Hochrechnungen mit der Summe der eingezahlten Beiträge behelfen.

Noch schwerer vorhersagen lassen sich die Erträge ungeförderter Zinsanlagen und Renditen von Börseninvestments: Hier sind Sie auf Hochrechnungen angewiesen, für die Sie Annahmen zur Entwicklung von Kapitalmarktzinsen und Börsenkursen treffen müssen. Helfen kann ein Blick zurück.

So warfen Sparpläne mit globalen Aktienfonds in den letzten 30 Jahren 6,4 Prozent Rendite pro Jahr ab, Sparpläne mit Euro-Rentenfonds je nach Laufzeit der enthaltenen Anleihen zwischen 4,1 und 4,5 Prozent und Sparpläne mit Euro-Mischfonds 5,4 Prozent (Quelle: BVI). Da jedoch niemand vorhersehen kann, ob sich diese Entwicklungen fortsetzen, sind diese Werte lediglich als Anhaltspunkte brauchbar.

Abzüge nicht vergessen

Hinzu kommt: Sowohl von der gesetzlichen Rente als auch von geförderten und ungeförderten Geldanlagen gehen bei der Auszahlung in aller Regel Steuern und Sozialabgaben ab. Das mindert den Auszahlungsbetrag zum Teil erheblich.

So wächst mit jedem neuen Rentnerjahrgang die Zahl der Ruheständler, die ihre Rente versteuern müssen. Obendrein gehen bei gesetzlich Krankenversicherten von der Bruttorente Beiträge zur Kranken- und Pflegeversicherung ab. Dieselben Regelungen gelten für die Basis-Rente („Rürup-Rente").

Auch geförderte Riester- und Betriebsrenten sind voll steuerpflichtig – von Auszahlungen aus betrieblicher Altersversorgung gehen zudem happige Sozialabgaben von derzeit rund 18 Prozent ab!

Bei ungeförderten Versicherungsverträgen kommt es darauf an, ob das Guthaben als Einmalzahlung oder monatliche Rente fließt. Steuerfrei kommt nur davon, wer seine Kapitallebens- oder private Rentenversicherung vor 2005 abgeschlossen hat und weitere Voraussetzungen erfüllt.

Auf Gewinne, die Anleger mit Wertpapieren und Zinsanlagen erzielt haben, werden 25 Prozent Abgeltungsteuer fällig – plus Solidaritätszuschlag und gegebenenfalls Kirchensteuer. Je nach Bundesland macht das zusammen bis zu 28 Prozent des jeweiligen Gewinns! (Ausführlich dazu siehe „Steuern und Sozialabgaben einkalkulieren", S. 140.)

Ungefähr einmal im Jahr sollten Sie sich fragen, ob Ihre Zusatzvorsorge ausreicht, um die Lücke zwischen gesetzlicher Rente und Finanzbedarf im Ruhestand zu füllen. Mit zunehmendem Alter sollten Sie Ihr Vorsorgeguthaben gegen Verluste absichern, indem Sie es schrittweise von Aktien- in Zinsanlagen umschichten.

Checkliste

Vorsorge-Check

- ☐ **Listen erstellen.** Gehen Sie bei jeder Zwischenbilanz Ihrer Altersvorsorge systematisch vor. Listen Sie zunächst alle Einnahmen auf, die Ihnen ab Rentenbeginn voraussichtlich zur Verfügung stehen, danach die zu erwartenden Ausgaben.
- ☐ **Einnahmen sammeln.** Versuchen Sie, die Höhe Ihrer Einkünfte im Alter aus den Angaben in Ihren Unterlagen zu Hause oder durch Nachfragen bei den zuständigen Stellen einzuschätzen. Denken Sie dabei an: gesetzliche Rente oder Beamtenversorgung, Riester-Rente, Betriebsrente, private Vorsorge, etwaige Einkünfte aus der Vermietung einer Immobilie, sonstige Einkünfte sowie mögliche Erbschaften.
- ☐ **Ausgaben schätzen.** Erstellen Sie eine möglichst vollständige Liste Ihrer zu erwartenden Ausgaben. Berücksichtigen Sie voraussichtliche Lebenshaltungskosten für Kleidung, Ernährung, Gesundheit und Gebrauchsgegenstände. Außerdem einzubeziehen sind: Miete samt Nebenkosten, Ausgaben für Auto und sonstige Verkehrsmittel, Kosten für Versicherungen und Kreditverpflichtungen, eventuelle Unterhaltszahlungen sowie Ausgaben für Urlaub, Hobbys und Freizeit.
- ☐ **Werte vergleichen.** Stellen Sie Einnahmen und Ausgaben gegenüber. Die Differenz gibt Ihnen eine gute Orientierung über Ihre voraussichtliche finanzielle Situation im Alter.

Schritt 3: Finanziellen Spielraum ausloten

Zusätzlich vorsorgen klingt gut – aber wovon? Nur kein Stress: Reserven schlummern in fast jedem Haushalt. Zuerst schützen Sie sich vor existenziellen Risiken und legen eine Notreserve an.

Wer einen sicheren Job, ein festes Einkommen und auf dem Giro- oder Tagesgeldkonto stets ein ordentliches Plus hat, kann ohne größere Probleme für den eigenen Ruhestand vorsorgen. Denkbar wäre dann sogar der Abschluss eines längerfristigen Vertrags – etwa einer privaten Rentenversicherung, wäre diese nicht so unflexibel, intransparent und teuer (siehe „Klassische Rentenversicherung", S. 116).

So weit zur Beschreibung des idealen Vorsorgesparers. Die finanzielle Situation von jüngeren Menschen und Wenigverdienern sieht jedoch anders aus. Für sie sind Anlageformen besser, die es ermöglichen, die Beitragshöhe zu variieren, Einzahlungen auch mal auszusetzen und möglichst flexibel auf das Guthaben zugreifen zu können.

Auch für wohlhabendere Sparer gilt: Alles kann sich von heute auf morgen ändern. Stellen Sie sich vor, Sie verursachen einen schweren Unfall, werden plötzlich arbeitsunfähig oder sterben sogar. Im Extremfall droht Ihrer Familie dann der finanzielle Ruin – es sei denn, Sie haben rechtzeitig die richtigen Weichen gestellt.

Existenzbedrohende Risiken

Bevor Sie Ihr Budget für die Altersvorsorge checken, sollten Sie deshalb an das Hier und Jetzt denken und drei wichtige Versicherungen abschließen:

- **Private Haftpflichtversicherung.** Die Privathaftpflicht schützt Sie und Ihre Familie, falls Sie jemandem Schadenersatz zahlen müssen. Sie springt ein, wenn Sie dem Nachbarn aus Versehen mit Rotwein den Teppich ruinieren – aber auch, wenn Sie als Radfahrer einen Fußgänger anfahren und dieser invalide wird. Dann steigt der Schaden schnell in den sechsstelligen Bereich. Deshalb empfiehlt Finanztest eine Deckungssumme von mindestens zehn Millionen Euro. Wer schon eine Police hat, sollte prüfen, ob ihr Umfang noch dem aktuellen Bedarf entspricht. So fehlt in älteren Verträgen oft der Schutz bei Schäden an geliehenen Sachen. Hausbesitzer mit Ölheizung sollten nachschauen, ob die Versicherung zahlt, wenn Öl aus dem Tank ausläuft. Sehr gut bewertete Verträge gibt es ab 50 Euro pro Jahr bei

DIE 3 BESTEN TIPPS ZUR BU

1 Früh einsteigen. Schließen Sie eine private Berufsunfähigkeitsversicherung (BU) so früh wie möglich ab. Je niedriger das Einstiegsalter, desto eher bekommen Sie noch einen Vertrag ohne Ausschluss bestimmter Vorerkrankungen beziehungsweise ohne den damit verbundenen Risikozuschlag. Je älter Sie sind, desto teurer wird der Schutz wegen möglicher Vorerkrankungen.

2 Durchhalten. Versicherer machen es vor allem körperlich arbeitenden Menschen nicht einfach, bezahlbaren Schutz abzuschließen. Bleiben Sie trotzdem hartnäckig und geben Sie nicht auf: Fragen Sie parallel bei mehreren Gesellschaften nach, um ein geeignetes Angebot zu finden.

3 Lücken vermeiden. Berufsunfähigkeitsversicherungen garantieren eine Rente manchmal nur bis zum 60. Lebensjahr. Drängen Sie darauf, dass der Vertrag bis zum Beginn Ihrer Altersrente läuft, damit keine Lücke entsteht.

der Schwarzwälder Versicherung (Tarif: Exclusiv Fair Play Direkt). Knapp 100 Euro kostet der mit am besten bewertete Schutz etwa bei Basler Versicherung (Ambiente Top) und VHV (Klassik-Garant mit Baustein Exklusiv).

▸ **Berufsunfähigkeitsversicherung (BU).** Jeder fünfte Angestellte und jeder vierte Arbeiter wird vor Erreichen des Rentenalters berufsunfähig. Hauptursachen sind psychische Krankheiten, Rückenleiden und andere Erkrankungen des Bewegungsapparats, Krebs sowie schwere Herz-Kreislauf-Erkrankungen. Auf den Staat ist kein Verlass: Anspruch auf den früheren Berufsunfähigkeitsschutz haben nur Versicherte, die vor dem 2. Januar 1961 geboren wurden. Für alle anderen bleibt nur die gesetzliche Erwerbsminderungsrente. Eine volle Rente – aktuell im Schnitt 736 Euro im Monat – erhält nur, wer aus gesundheitlichen Gründen nicht einmal drei Stunden täglich irgendeiner Arbeit nachgehen kann. Wer noch zwischen drei und sechs Stunden täglich arbeiten kann, erhält eine halbe Rente, ist jedoch gezwungen, jeden Job anzunehmen.
Jeder, der einen Vertrag bekommt, sollte eine BU-Versicherung in ausreichender Höhe abschließen. Das Qualitätsurteil „Sehr gut" erhielten im aktuellen Test (Finanztest 7/2017) 31 von 74 Tarifen, unter anderem die Angebote von Europa, Hannoversche und Alte Leipziger.

- **Risikolebensversicherung.** Mit dieser Police sichern Sie Hinterbliebene ab, falls Sie selbst plötzlich versterben. Besonders unverheiratete Paare brauchen diesen Schutz – denn der hinterbliebene Partner hat keinen Anspruch auf eine gesetzliche Witwenrente. Entweder schließt nur der Hauptverdiener einen Vertrag ab oder beide Partner. Wichtig ist die Police auch für Paare und Alleinerziehende, die minderjährige Kinder zu versorgen haben. Kinderlose Singles brauchen sie dagegen nicht.
  Die Kosten sind erträglich: So gibt es einen Vertrag mit 30-jähriger Laufzeit und einer Versicherungssumme von 250 000 Euro für einen 25-jährigen Verwaltungsangestellten, der nicht raucht, bereits ab gut 200 Euro im Jahr. Die genaue Beitragshöhe hängt von Alter, Beruf und individuellem Risiko ab.
  Faustregel: Die Versicherungssumme sollte das Drei- bis Fünffache des Jahresbruttoeinkommens betragen. In den von Finanztest untersuchten Modellfällen tauchten diese günstigen Anbieter immer wieder auf: CosmosDirekt, Europa, WGV, Credit Life und Hannoversche.

Finanzpolster und Konsumsparen

Der Umzug steht an, das Auto muss dringend repariert werden, das Finanzamt will eine saftige Nachzahlung – wer in unerwarteten Situationen nicht genug Geld flüssig hat, muss den teuren Dispo des Girokontos anzapfen, diesen überziehen oder einen Ratenkredit aufnehmen. Schlimmstenfalls ist sogar das „Eingemachte“ in Gefahr, also Fonds, Sparverträge – bis hin zum langfristigen Vorsorgeguthaben.

Um das zu vermeiden und für Notfälle gewappnet zu sein, sollten Sie stets eine Reserve von ungefähr drei Monatsnettoeinkommen verfügbar haben. Wer mit Arbeitslosigkeit rechnen muss und für diesen Fall zusätzlich Geld zum Überbrücken braucht, sollte sogar bis zu sechs Monatseinkommen auf der hohen Kante haben.

Legen Sie das Geld am besten auf ein Tagesgeldkonto. Dann können Sie jederzeit da-

---

Verbundene Leben. Um sich gegenseitig abzusichern, können Paare bei der Risikolebensversicherung einen „Vertrag auf verbundene Leben“ abschließen. Das ist günstiger, als wenn jeder Partner einen eigenen Vertrag abschließt und dafür Beiträge zahlt. Versterben jedoch beide Partner gleichzeitig, etwa bei einem Autounfall, würden die Kinder die Versicherungssumme nur einmal ausgezahlt bekommen.

rauf zugreifen und bekommen noch ein paar Zinsen dafür. Dass die derzeit nicht hoch sind, ist nicht so schlimm – hier geht es vorrangig um maximale Verfügbarkeit.

Ein solches Finanzpolster bietet Ihnen kurz- und mittelfristig eine Mindestabsicherung. Es versetzt Sie zum einen in die Lage, flexibel auf Notfälle reagieren zu können. Zum anderen ist es notwendige Voraussetzung, um überhaupt für den Ruhestand vorsorgen zu können – denn auf das Geld für die Altersvorsorge sollten Sie länger verzichten können.

Müssen Sie einen Teil Ihres Finanzpolsters verbrauchen, sollten Sie das Loch möglichst zügig wieder stopfen. Wer das nicht aus laufenden Einnahmen schafft, muss seine Altersvorsorge eventuell für eine Übergangsphase unterbrechen. Gut, wenn man eine Anlage gewählt hat, die das zulässt!

Übrigens: Etwas anderes ist das so genannte Konsumsparen für Dinge, die Sie sich nicht aus laufenden Einnahmen leisten können. Ausgaben für den neuen Fernseher, Möbel oder die Auslandsreise sollten Sie nicht aus der Notreserve bestreiten, sondern separat dafür sparen.

Verfügbares Budget

Ziehen Sie jetzt von Ihren monatlichen Einnahmen die Fixkosten (Miete, Energie, Telekommunikation, Versicherungsbeiträge etc.), Ausgaben für Ernährung, Kleidung, Gesundheit, Freizeitaktivitäten sowie Sparbeiträge ab. Haben Sie einen oder mehrere Kredite zu bedienen, müssen Sie die Raten dafür ebenfalls berücksichtigen.

Um nichts zu vergessen, gehen Sie am besten die Kontoauszüge für mehrere Monate durch und notieren sich die Ausgaben. Vergessen Sie nicht Versicherungsbeiträge, Kfz-Steuer und andere Kosten, die nicht monatlich, sondern jährlich abgebucht werden!

Im Ergebnis sollten Sie eine Vorstellung davon gewinnen, wie viel Geld Ihnen für die Altersvorsorge bleibt. Neben der im ersten Schritt ermittelten Rentenlücke verfügen Sie jetzt über eine weitere Orientierung.

Außerdem sollten Sie realistisch einschätzen, ob Sie diesen Betrag jeden Monat zur Verfügung haben oder nur in größeren Abständen. Insbesondere Jüngere sollten lieber einen kleineren Betrag für die Altersvorsorge sparen – dafür aber regelmäßig.

→ Wenig Geld für die Vorsorge?

Machen Sie sich auf die Suche nach Kostenfressern im Haushalt, zum Beispiel bei Energiekosten, Handyverträgen und Versicherungen. Ein Anbieterwechsel spart oft mehrere Hundert Euro im Jahr. Dieses Geld können Sie dann in Ihre Vorsorge investieren. Dasselbe gilt für Guthaben, die unverzinst auf Girokonten liegen.

Schritt 4: Geeignete Anlageform finden

Riester oder Rürup, Sparplan oder Versicherung – bevor Sie Bank oder Vermittler kontaktieren, machen Sie sich schlau.

Gesetzliche Rente plus Versicherungsvertrag – fertig ist die Altersvorsorge? Diese Zeiten sind vorbei. Für eine neu abgeschlossene private Rentenversicherung bekommen Sie mickrige 0,9 Prozent Zinsen garantiert – und auch das nur auf den Teil Ihrer Beiträge, der nach Abzug der Kosten übrig bleibt. Zum Vergleich: Wer zwischen 1995 und 2000 einen Vertrag abschloss, freut sich über 4 Prozent Garantiezins. Bis 2007 gab es immerhin noch 2,75 Prozent.

Doch Nichtstun ist die schlechteste Variante. Über einen kürzeren bis mittleren Zeitraum machen die Minizinsen gar nicht so viel aus: Wer etwa jeden Monat 100 Euro spart, hat bei 1 Prozent Zinsen nach zehn Jahren 12600 Euro, bei 4 Prozent gerade einmal 14700 Euro. Nach 30 Jahren hat allerdings der Zinseszinseffekt ganze Arbeit geleistet: Bescheidenen 42000 Euro stehen dann üppige 68750 Euro gegenüber.

Klar ist auch: Je schwieriger das Zinsumfeld, desto mehr kommt es auf die Auswahl des passenden Vorsorgeprodukts an. Sich für mehrere Jahrzehnte an einen undurchsichtigen, unflexiblen und teuren Versicherungsvertrag zu fesseln – das geht nur auf, wenn in Ihrem Leben alles glatt verläuft. Und selbst dann bringt diese Form der Vorsorge aktuell zu wenig Rendite.

Machen Sie sich die Mühe, nach Alternativen zu suchen. Sie müssen kein Experte werden – doch wer gar keine Ahnung hat, lässt sich eher von Wortgeklingel verleiten und Schrott andrehen. Finden Sie heraus, wie Sie Ihr Geld tatsächlich vermehren können, wie Sie, falls nötig, darauf zugreifen und nachts ruhig schlafen können.

Risiko, Sicherheit und Flexibilität

Sicherheit ist wichtig – aber nicht alles. Was nutzt die sicherste Geldanlage, wenn das Ersparte durch die Inflation real sogar weniger wird? Genauso misslich sind Verluste, weshalb sich Zockereien von selbst verbieten.

Bevor Sie einen Vertrag abschließen, sollten Sie sich im Klaren sein, wie Sie „ticken". Wollen Sie die maximale Rendite rausholen – auch auf die Gefahr hin, Verluste zu erleiden? Oder machen Sie bei der Rendite lieber Abstriche und sind dafür zu keinem Zeitpunkt im Minus? Der beste Weg liegt, Sie ahnen es vielleicht, in der Mitte. Ganz ohne Risiko geht es nicht – dieses sollte aber kal-

DIE 3 BESTEN TIPPS IM ZINSTIEF

1 Sparbeiträge erhöhen. Neben der Wahl längerer Laufzeiten hilft oft nur das Aufstocken der Sparbeiträge – auch wenn das eine finanzielle Belastung darstellt.

2 Kosten drücken. Anbieter zwacken von den Beiträgen je nach Anlageform Abschluss- und Verwaltungskosten, Ausgabeaufschläge, Depot- und Verkaufsgebühren etc. ab. Wer einen Vertrag abschließen will und sich für ein Produkt entschieden hat, sollte deshalb einen günstigen Anbieter bevorzugen, der dennoch gute Leistungen bietet. Finanztest untersucht in Tests regelmäßig sowohl Kosten als auch Leistungen.

3 Risiko erhöhen. 90 Prozent der Deutschen wollen bei ihrer Geldanlage null Risiko eingehen. Finanztest hält dagegen eine Streuung über verschiedene Anlageklassen für dringend erforderlich. Anleger sollten deshalb einen Teil ihrer Vorsorgebeiträge in Börseninvestments stecken. Tipps zum Anlegen mit ETF finden Sie ab S. 106.

kulierbar sein. Was verkraftbar ist, hängt neben Ihrer persönlichen Einstellung von der Zeit ab, die bis zur Rente bleibt. Faustregel: Je kürzer sie ist, desto geringer das Risiko.

Eine weitere Strategie im Zinstief besteht darin, die Sparbeiträge zu erhöhen. Leichter gesagt als getan – und für manchen unmöglich. Doch viele Menschen können das ohne Verzicht schaffen: Bei ihnen liegt Geld auf dem Giro- oder Tagesgeldkonto herum, das sich woanders viel profitabler anlegen ließe.

Geförderte Anlagen erste Wahl

Nächster Punkt: die Anlageform. Erste Wahl, um zusätzlich vorzusorgen, ist ein staatlich bezuschusstes Produkt. Welches Sie auswählen, hängt von Ihrer Lebenssituation und Ihren Plänen für die nächsten Jahre ab.

Auch wenn die Riester-Rente – häufig zu Recht – als bürokratisch, teuer und unrentabel geschmäht wird: Vor allem Familien mit Kindern sollten sie sich nicht entgehen lassen. Bei vielen sorgt allein die seit Beginn 2018 gestiegene staatliche Förderung unterm Strich für ein ordentliches Plus – vorausgesetzt, sie haben sich für das optimale Modell und einen guten Anbieter entschieden (siehe „Riester-Rente“, S. 34). Für viele Menschen gibt es ohnehin kaum sinnvolle Alternativen zum Riestern.

Halten Sie ein Eigenheim für die beste Altersvorsorge? Dann eignen sich, je nach Zeit bis zum Bau oder Kauf, ein Bausparvertrag oder Kombidarlehen mit Riester-Förderung (siehe „Eigenheimrente“, S. 52).

Wie Ihr Geld wächst

Sparen lohnt sich immer: Über 10 Jahre Spardauer fallen Unterschiede beim Zinssatz längst nicht so stark ins Gewicht wie über 30 Jahre. Wer also früh anfängt, muss anfangs nicht so stark auf die Rendite schauen – und könnte von später steigenden Zinsen umso mehr profitieren.

Für 100 000 Euro Guthaben müssen Sparer umso höhere Beiträge leisten, je weniger Zeit ihnen bis zum Ruhestand bleibt (Durchschnittsverzinsung: 3 Prozent).

Wer bis zur Rente noch **30 Jahre** Zeit hat, erreicht sein Sparziel mit 172 Euro monatlich.

Bleiben nur **20 Jahre** zum Sparen, steigt der Monatsbeitrag schon auf 305 Euro.

Spätstarter, deren Ruhestand schon in **10 Jahren** beginnt, müssen 715 Euro sparen.

Riestern allein reicht nicht

Eine Riester-Rente wird nicht reichen, um Ihre Rentenlücke zu stopfen. Um im Alter gut leben zu können, ist ein weiteres Standbein erforderlich. Für Arbeitnehmer kann das eine betriebliche Altersversorgung sein, etwa eine Direktversicherung oder eine Pensionskasse (siehe „Fünf Formen der Betriebsrente“, S. 66). Das lohnt sich jedoch nur, wenn der Chef etwas beisteuert. Die gute Nachricht: Ab 2019 muss er bei Neuverträgen und ab 2022 auch bei Altverträgen mindestens 15 Prozent des Arbeitnehmerbeitrags auf die Einzahlung drauflegen.

Durch die Reform zur Stärkung der Betriebsrente können Arbeitnehmer zudem einen deutlich größeren Betrag ihres Bruttoverdienstes steuerlich gefördert in ihren Vorsorgevertrag überweisen lassen – für das Jahr 2018 insgesamt bis zu 6 096 Euro.

Aber: Wer staatlich gefördert vorsorgt, darf erst ab Rentenbeginn auf sein Guthaben zugreifen. Viele Sparer müssen jedoch in der Sparphase flexibel bleiben, um bei Bedarf auf ihr Geld zugreifen zu können.

Private Vorsorge als Ergänzung

Diese Flexibilität bieten ungeförderte Anlageprodukte, wie sie etwa Banken, Versicherungen und Fondsgesellschaften anbieten (siehe „Privat vorsorgen“, S. 91). Auch hier sollten Sie Rendite, Sicherheit und Verfügbarkeit betrachten. Geldanlagen, bei denen alle drei maximal sind, gibt es leider nicht. Stellen Sie sich deshalb folgende Fragen:

- Welchen Gewinn kann mir die Anlage bringen?
- Wie hoch ist das Risiko, dass der Gewinn kleiner ausfällt oder sogar Verluste entstehen?
- Wie schnell komme ich bei Bedarf an mein Guthaben heran?

Zum Vergleich: Während eine private Rentenversicherung nur eine geringe Rendite, eine sehr geringe Verfügbarkeit, dafür aber – sofern Sie sie durchhalten – eine relativ hohe Sicherheit bietet, verspricht ein Fondssparplan hohe Rendite bei maximaler Verfügbarkeit und relativ hohem Risiko.

Apropos: Gerade jüngere Leute sollten bei ihrer Altersvorsorge trotzdem auf die Ertragschancen der Aktienmärkte setzen – am besten über den stetigen Kauf von Anteilen an guten, international agierenden Indexfonds (ETF). Am besten bauen Sie sich eines der von Finanztest entwickelten, wartungsarmen „Pantoffel-Portfolios“ (siehe „Börseninvestments“, S. 104). Dieses lässt sich auf Ihre Risikoneigung zuschneiden.

Ein solcher Pantoffel eignet sich damit auch für Sparer ab 50, die nach einem Aktiencrash unter Umständen nicht mehr genügend Zeit hätten, um auf eine Erholung der Kurse zu warten. Ein starker Sicherheitsbaustein im Pantoffel-Portfolio hilft ihnen, etwaige Verluste abzufedern. Eine eher konservative Anlage empfiehlt sich, bis die Grundversorgung für den Ruhestand steht. Wer darüber hinaus Geld anlegen will, kann auch stärker auf Aktienfonds setzen.

Anlagemix regelmäßig anpassen
Fondssparpläne bieten den Vorteil, dass sich die monatliche Rate den Bedürfnissen anpassen lässt. Gehaltserhöhung? Sie stocken auf. Babypause? Sie senken die Rate oder stellen die Zahlungen vorübergehend ein.

Auf den folgenden Seiten stellen wir Ihnen sowohl geförderte als auch ungeförderte Vorsorgeformen vor und bewerten deren Vor- und Nachteile. Aus dem Leben gegriffene Fallbeispiele finden Sie im Kapitel „Von der Theorie in die Praxis“ ab S. 163.

Schritt 5: Top-Anbieter auswählen

Was die Hausbank bietet, reicht Ihnen aus? Wer so denkt, verschenkt unter Umständen ein kleines Vorsorgevermögen.

Haben Sie sich die passende Anlageform für Ihre Vorsorge herausgepickt, gilt es, den besten Anbieter zu finden. Aber wer ist das – und bekommen Sie das gleiche Produkt vielleicht woanders billiger?

Geht es um die betriebliche Altersversorgung, ist die Antwort kurz: Hier bestimmt der Arbeitgeber, wohin das Geld der Mitarbeiter fließt. Selbst wenn diese das Angebot ihres Chefs mit anderen vergleichen könnten – es würde kaum etwas nutzen, denn sie können nicht selbst wählen.

Anders bei Riester- und Rürup-Rente: Ganz gleich, für welches Modell Sie sich entscheiden – im Vorfeld sollten Sie sich im Internet unter www.test.de über die Qualität einschlägiger Angebote informieren. Dort finden Sie für wenig Geld den jeweils aktuellen Test und erfahren, worauf Sie beim Vergleichen achten müssen. Dasselbe gilt für ungeförderte Produkte, ob Zinsanlagen, Versicherungen oder Börseninvestments. Suchen Sie sich mehrere Angebote aus und nehmen Sie Kontakt zu den Anbietern auf. Kurzum: Informieren, vergleichen, unterschreiben – so wird ein Schuh draus.

Relativ viele Möglichkeiten haben Sie bei der Riester-Rente und bei Fondssparplänen. Anhand dieser beiden Beispiele geben wir Ihnen einen Überblick über die derzeit besten Angebote (siehe „Die besten Riester-Angebote“, S. 58 und „Die besten Fonds finden und günstig kaufen“, S. 114) und sagen, wie Sie einen Vertrag bekommen. Details zu den Produkten selbst finden Sie in den folgenden Kapiteln.

Vorsorgen mit Vater Staat

Mit viel Geld kurbelt der Staat den Spareifer seiner Bürger an. Angebote gibt es für jeden Geldbeutel und Anlagetyp. Doch die Großzügigkeit ist an Bedingungen geknüpft. Damit die Rechnung aufgeht, brauchen Sparer das richtige Produkt – und einen langen Atem.

→ **Betrachtet man** die gesetzliche Altersvorsorge als Fundament eines Hauses, lässt sich die staatlich geförderte Vorsorge am ehesten mit dessen Wänden vergleichen. Doch die verschiedenen Modelle sind weder für jeden zugänglich noch geeignet.

Während sich etwa die Riester-Rente an Arbeiter, Angestellte und Beamte sowie deren Ehepartner richtet, ist die Rürup-Rente in erster Linie für Selbstständige gedacht.

Gesetzlich Rentenversicherte haben zusätzlich das gesetzlich verbriefte Recht, über ihren Arbeitgeber vorzusorgen. Üblicherweise zweigt dieser dann einen Teil des monatlichen Bruttoverdienstes für die betriebliche Versorgung ab und zahlt das Geld in einen Vorsorgevertrag ein. Der Beschäftigte spart bis zu einer bestimmten Beitragshöhe Steuern und Sozialabgaben.

Viele Firmen zahlen ihren Mitarbeitern außerdem vermögenswirksame Leistungen (VL). Auch dafür steuert der Staat bis zu bestimmten Einkommensgrenzen Zulagen bei – unter Umständen sogar mehrere.

Riester-Rente: Sichere Rendite durch staatliche Förderung

Zulagen und Steuervorteile sorgen im Zinstief für sichere Erträge. Ab sofort legt der Staat noch ein paar Euro drauf – und lässt weniger gut betuchten Rentnern mehr vom mühsam Ersparten.

Die Riester-Rente soll den Rückgang von gesetzlicher Rente und Beamtenpensionen ausgleichen. Ein Allheilmittel ist sie jedoch nicht: Viele Sparer dürften später pro Monat nicht mehr als 100 bis 300 Euro bekommen. Laut Bundesministerium für Arbeit und Soziales existierten im dritten Quartal 2017 rund 16,5 Millionen Verträge.

In Zuschriften an Finanztest zeigen sich Sparer immer wieder von der Riester-Rente genervt: zu bürokratisch, zu teuer, zu renditeschwach. Die Kritik an hohen Kosten und bürokratischen Hürden ist oft berechtigt. Mancher Frust rührt jedoch aus falschen Erwartungen. Zum Beispiel aus der Annahme, alle Riester-Angebote seien gut, da sie staatlich zertifiziert sind. Die Zertifizierung besagt aber nur, dass ein Angebot bestimmte Kriterien erfüllt. Tops von Flops zu unterscheiden, überlässt der Staat den Sparern – und den Experten der Stiftung Warentest.

Vorteile beim Riestern

Für die Riester-Rente spricht ihre Sicherheit. Ein bis zum Ende besparter Riester-Vertrag birgt kein Verlustrisiko – egal, ob Rentenversicherung, Bank- oder Fondssparplan. Jeder Anbieter muss vertraglich garantieren, dem Sparer bei Rentenbeginn mindestens seine gezahlten Beiträge sowie die staatlichen Zulagen zur Verfügung zu stellen. Was er zusätzlich erwirtschaftet, kommt obendrauf. Nachteil: Der Zwang zum Kapitalerhalt lässt die Chancen auf wirklich hohe Renditen sinken – auch bei Fondssparplänen.

> **Riester-Sparer können ihren Beitrag bei Bedarf senken, erhöhen oder aussetzen.**

Riester-Verträge sind zudem flexibler als andere geförderte Vorsorgemodelle: So können Sparer ihren Beitrag je nach Lebenssituation senken, erhöhen oder aussetzen. Möglich ist auch die komplette oder teilweise Entnahme des Guthabens zum Kauf oder altersgerechten Umbau einer selbst genutzten Immobilie. Bei Rentenbeginn kommt der Sparer zudem an bis zu 30 Prozent des Kapitals auf einen Schlag heran – egal, wofür er es verwendet. Nur an Gläubiger abtreten oder auf andere Personen übertragen darf er seinen Vertrag nicht.

Vor der Vertragsunterschrift muss der Anbieter über die Kosten für Abschluss, laufende Verwaltung und für einen Vertragswechsel informieren. Einmal im Jahr ist eine Standmitteilung über gespartes Kapital und erwirtschaftete Erträge fällig.

Ist der Kunde unzufrieden, kann er den Vertrag wechseln. Die Kosten dafür hängen von Anbieter und Riester-Modell ab. Um sein Kapital auf einen neuen Vertrag übertragen zu lassen, kündigt der Kunde den alten mit drei Monaten Frist zum Quartalsende. Wer zwischenzeitlich im Minus ist, etwa mit einem Riester-Fondssparplan, sollte jedoch nicht überstürzt aussteigen: Spätestens zum Rentenbeginn müssen eingezahlte Beiträge plus staatliche Zulagen wieder auf der Habenseite stehen – mindestens.

Wer überhaupt riestern darf

Anspruch auf die Förderung hat, wer in der gesetzlichen Rentenversicherung pflichtversichert ist. Das sind die meisten Arbeitnehmer. Riestern dürfen aber auch versicherungspflichtige Selbstständige, Bezieher von Arbeitslosengeld, Mütter und Väter in Elternzeit sowie Beamte.

Was viele nicht wissen: Ehepartner von Riester-Sparern können einen eigenen Vertrag abschließen, auch wenn sie selbst gar nicht „riesterfähig" sind. Sie sind in diesem Fall indirekt förderberechtigt.

→ Nicht für jeden geeignet

Sparer, die keine garantierte lebenslange Zusatzrente brauchen, weil sie durch eine großzügige Betriebsrente oder als künftiger Erbe bereits gut abgesichert sind, schauen sich besser nach renditestärkeren Anlagen um.

Was der Staat drauflegt

Die Grundzulage beträgt ab 2018 maximal 175 statt 154 Euro pro Jahr – auch für bestehende Verträge. Die Kinderzulagen bleiben gleich: Für jedes ab 2008 geborene Kind, für das der Sparer Kindergeld erhält, gibt es bis zu 300 Euro im Jahr, für vor 2008 geborene Kinder bis zu 185 Euro. Haben beide Elternteile einen Riester-Vertrag, müssen sie entscheiden, wer die Kinderzulagen bekommt. Junge Leute, die ihren Riester-Vertrag vor dem 25. Geburtstag abschließen, erhalten einmalig 200 Euro Startguthaben.

Volle Zulagen gibt es, wenn pro Kalenderjahr mindestens 4 Prozent des Bruttoeinkommens des Vorjahres in den Vertrag fließen. Der Beitrag ist aus dem Nettoverdienst zu bestreiten. Gefördert werden höchstens 2100 Euro pro Jahr, bei Ehepaaren das Doppelte. Ist nur ein Partner direkt förderberechtigt, liegt die Fördergrenze bei 2160 Euro. Wer über die Förderhöchstgrenze hinaus Geld einzahlt, sichert sich eine höhere Rente, aber keine höhere Förderung. Wer weniger als den Mindesteigenbeitrag einzahlt, erhält die Zulagen nur anteilig.

Clevere Zahlungsweise. Wenn Sie es sich erlauben können, zahlen Sie den ganzen Riester-Jahresbeitrag auf einen Schlag ein – das spart Kosten. Zudem lassen sich mit einer Sonderzahlung am Jahresende die Beiträge fürs laufende Kalenderjahr so weit aufstocken, dass die volle Zulage fließen kann. Bei dieser Gelegenheit sollten Sie gleich die Ratenhöhe fürs jeweils kommende Jahr anpassen.

Zulagen verringern Eigenanteil

Ganz wichtig: Die Zulagen werden als Teil des förderfähigen Beitrags betrachtet, sodass der Sparer aus eigener Tasche nur die Differenz zu tragen hat.

So muss ein Single mit 30 000 Euro Vorjahresbrutto für die volle Zulage 1200 Euro einzahlen. Da er 175 Euro Grundzulage bekommt, zahlt er nur 1025 Euro aus eigener Tasche. Hätte er zusätzlich Anspruch auf zwei Kinderzulagen von je 300 Euro, käme er auf eine Gesamtförderung von 775 Euro. Dann würden 425 Euro Eigenanteil reichen.

Wer nichts oder nur sehr wenig verdient, zahlt pro Jahr pauschal 60 Euro ein – auch wenn das über der 4-Prozent-Grenze liegt. Das gilt auch für Hausfrauen oder -männer, die über ihren Ehepartner indirekt förderberechtigt sind, sowie für Sparer in Elternzeit ohne Vorjahreseinnahmen.

Steuervorteil für Besserverdiener

Ihre Beiträge sollten Riester-Sparer unbedingt in der Steuererklärung (Anlage AV) als Sonderausgaben angeben. Dazu ist eine Bestätigung des Anbieters über die selbst gezahlte Summe nötig. Vom ermittelten Steuervorteil zieht das Finanzamt die Zulagen ab. Bleibt nach dem Abzug eine positive Differenz unterm Strich stehen, schreibt das Finanzamt diese steuermindernd gut. Das erhöht zwar nicht die Rente, beschert aber vielen Sparern ein Extrasümmchen oder senkt zumindest die Steuerlast.

Faustregel: Je höher der persönliche Steuersatz, desto größer der Vorteil. Das ist der Grund, weshalb dieser Teil der Förderung die Riester-Rente für Besserverdiener interessant macht, die kein oder nur ein Kind haben.

Zulagen richtig beantragen

Sparer müssen die Zulagen über ihren Anbieter bei der Zentralen Zulagenstelle für Altersvermögen (ZfA) beantragen. Ist zwei Jahre nach Ablauf eines Jahres kein Antrag eingegangen, verfällt das Geld.

Dem Finanzamt ist das übrigens egal: Es rechnet die Riester-Zulagen auch dann gegen den Steuervorteil auf, wenn der Sparer sie gar nicht erhalten hat – etwa weil er vergessen hat, das Geld zu beantragen.

→ Dauerzulagenantrag stellen

Am besten, Sie unterzeichnen bei Ihrem Vertragspartner – der Bank, Versicherung, Bausparkasse oder Fondsgesellschaft – gleich bei Vertragsabschluss einen Dauerzulagenantrag. Damit geben Sie dem Anbieter bis auf Widerruf die Vollmacht, die Zulagen in Ihrem Namen jährlich zu beantragen. Bei einer Änderung der Familienverhältnisse, etwa nach Geburt eines Kindes oder Wegfall des Kindergeldes, müssen Sie den Antrag aber unbedingt aktualisieren!

Aufpassen: Stellt die Zulagenstelle fest, dass ein Sparer zu Unrecht Zulagen erhalten hat, zum Beispiel, weil ihm kein Kindergeld zustand, kann sie diese bis zu vier Jahre rückwirkend wieder einkassieren. Die Frist beginnt mit Ablauf des Jahres, in dem die Zulagen beantragt wurden. Nach Ablauf der Frist sind Rückforderungen nicht mehr zulässig.

Extra-Tipp: Wurden Ihnen Riester-Zulagen nach Ablauf der Vierjahresfrist oder aus unerklärlichen Gründen aberkannt, sollten Sie dies umgehend monieren und rechtlichen Rat einholen.

Immer wieder kommt es auch vor, dass eine staatliche Stelle, etwa die Kindergeldkasse, Daten falsch an die Zentrale Zulagenstelle weitergibt. So waren im November 2015 Tausende Berliner Arbeitnehmer von einer IT-Panne bei der Krankenkasse AOK Nordost betroffen. Die AOK hatte Informationen zu 2014 gezahlten Rentenbeiträgen nicht an die Rentenkasse weitergeleitet.

Betroffene erhielten vom Finanzamt geänderte Steuerbescheide mit der Aufforderung, die Zulagen für 2014 zurückzuzahlen. In solchen Fällen gilt: Einspruch einlegen, Sachlage erläutern und beantragen, dass der Vollzug der Änderung ausgesetzt wird!

Riester-Vermögen geschützt

Muss ein Sparer Arbeitslosengeld II beantragen, darf er sein gefördertes Riester-Vermögen unangetastet lassen. Neu seit Januar 2018 ist, dass Rentnern, die Grundsicherung erhalten, nicht mehr ihre komplette Riester-Rente gegengerechnet wird.

Mit Grundsicherung – einer steuerfinanzierten Sozialleistung – können Ruheständler ihre Rente aufstocken, wenn sie nicht zum Leben reicht. Ab sofort dürfen Rentner in Grundsicherung monatlich 100 Euro ihrer Riester-Rente behalten. Von darüber hinausgehenden Beträgen bleiben 30 Prozent unangetastet, höchstens jedoch 204,50 Euro im Monat. Dieser Betrag steigt jährlich.

Riester-Vermögen vererben

Verstirbt ein Sparer in der Ansparphase, ist sein Guthaben nicht zwangsläufig verloren. Der Ehegatte oder eingetragene Lebenspartner darf das Geld samt Förderung behalten, wenn er es auf seinen Riester-Vertrag übertragen lässt. Verträge über Riester-Rentenversicherungen können auch die Zahlung einer Hinterbliebenenrente vorsehen.

DIE 3 BESTEN RIESTER-TIPPS

1 Top-Vertrag wählen. Es gibt in allen Riester-Varianten gute und schlechte Angebote. Am besten kommen Sparer weg, die sich unter www.test.de ein passendes Riester-Modell und einen guten Anbieter heraussuchen.

2 Zulagen ausschöpfen. Zahlen Sie so viel Geld ein, dass Sie die vollen Zulagen bekommen – und beantragen Sie diese auch. Wer nicht den vollen Eigenbeitrag einzahlt, dem geht Geld durch die Lappen – und die Zulagen gibt es dann nur anteilig. Füllen Sie am besten den Dauerzulagenantrag, den Sie vom Anbieter bekommen, zügig aus und senden Sie ihn zurück. Ändert sich Ihre familiäre Situation, müssen Sie den Antrag unbedingt mit den aktuellen Angaben erneuern.

3 Steuerersparnis nutzen. Auch die steuerliche Förderung fließt nicht automatisch. Wer die Anlage AV einschließlich der verlangten Belege nicht mit der Steuererklärung beim Finanzamt einreicht, verzichtet auf bares Geld.

Riestern auf privater Basis

Riester-Sparer können eine zertifizierte Rentenversicherung, eine fondsgebundenen Rentenversicherung („Fondspolice"), einen Fonds- oder einen Banksparplan abschließen. Daneben existiert seit 2008 eine Eigenheimförderung, „Wohn-Riester" genannt.

Wohn-Riester-Sparer haben die Wahl zwischen einem geförderten Bausparvertrag sowie einem Riester-Bankdarlehen beziehungsweise dem Kombikredit einer Bausparkasse. Wer bereits einen anderen Riester-Vertrag besitzt, kann das angesammelte Guthaben als Eigenkapital für den Erwerb oder altersgerechten Umbau einer selbst genutzten Immobilie verwenden.

> **Am liebsten verkauft werden Riester-Rentenversicherungen, weil sich mit ihnen gut verdienen lässt.**

Als Rentenversicherung empfiehlt sich nur die klassische Variante (siehe S. 42). Vielen neueren Verträgen sowie Fondspolicen fehlt die Sicherheit des Garantiezinses – Kosten fallen aber trotzdem an. Wer auf Fonds setzen will, ist mit einem Riester-Fondssparplan (siehe S. 49) besser bedient. Geringe Kosten bei höchster Sicherheit bieten Riester-Banksparpläne (siehe S. 47). Unter den Wohn-Riester-Modellen sind Kombikredite am günstigsten (siehe S. 55).

Längst nicht jeder Anbieter offeriert seinen Kunden das optimale Riester-Produkt. Am liebsten verkauft werden Rentenversicherungen, weil sich mit ihnen gut verdienen lässt. Geeignet sind die Policen jedoch allenfalls für Sparer, die sich die Beiträge über viele Jahre leisten können.

Für jüngere Anleger sind Fondssparpläne deutlich besser geeignet, weil sie höhere Gewinne versprechen. Bei kurzen Laufzeiten wächst jedoch die Gefahr, dass der Sparer am Ende mit einer mickrigen Rendite dasteht. Wer beim Einstieg bereits 50 oder älter ist, bekommt aufgrund der Mindestlaufzeit eventuell keine Riester-Rentenversicherung mehr, kann dann aber einen Riester-Fondssparplan wählen. Eine nennenswerte Rendite ist zwar nicht sicher – es lohnt sich jedoch allein schon aufgrund der Grund- und Kinderzulagen (ältere Eltern) sowie der Steuervorteile (gut verdienende Singles).

Bei Banksparplänen zeigt die Praxis, dass die Anbieter zu Beginn der Auszahlungsphase rund ein Drittel des gesparten Kapitals für die „Restverrentungsphase" – das ist die Zeit ab dem 85. Lebensjahr – wegpacken.

Riestern über den Betrieb

Riestern können Förderberechtigte auch über ihren Arbeitgeber. Dazu schließen sie eine betriebliche Altersversorgung ab und lassen einen Teil ihres Lohns in eine Direktversicherung, eine Pensionskasse oder einen Pensionsfonds einzahlen (siehe S. 69). Im Unterschied zu betrieblichen Modellen ohne Riester-Förderung muss das Geld hier jedoch aus dem Nettoverdienst stammen.

Die Förderung ist dieselbe wie bei privaten Modellen. Zum 1. Januar 2018 fiel zudem ein großer Nachteil der Riester-Rente über den Betrieb weg: Von den späteren Auszahlungen gehen ab sofort keine Beiträge zu Kranken- und Pflegeversicherung mehr ab. Für alle anderen Betriebsrenten besteht dagegen nach wie vor die volle Beitragspflicht.

Verluste nur in Ausnahmefällen

Gefahr, dass ihr Guthaben zu Rentenbeginn weniger als die eingezahlten Beiträge ausweist, laufen Riester-Sparer nicht. Der Anbieter ist gesetzlich verpflichtet, einen eventuell aufgelaufenen Verlust auszugleichen – jedoch erst zum Beginn der Rentenphase.

Wer seine Riester-Rentenversicherung kündigt, kann deshalb im Minus sein. Die meisten Versicherer ziehen in den ersten fünf Jahren die gesamten Abschlusskosten ab. Wer nach drei Jahren die Segel streicht, hat zwar drei Fünftel davon bezahlt, aber kaum Guthaben. Nur wenige Anbieter verteilen ihre Abschlusskosten über einen längeren Zeitraum. Für bis 2004 abgeschlossene Verträge waren noch zehn Jahre Pflicht.

Riester-Fondssparern drohen Verluste, wenn sie in einem Börsentief aus ihrem Sparplan aussteigen. Wer mit der Guthabenhöhe unzufrieden ist, sollte seinen Vertrag besser beitragsfrei stellen. Immer im Plus ist das Konto von Riester-Banksparern – auch wenn die Zinsen derzeit mickrig sind.

Sieben Wege zum Ziel

Sie wollen Ihre gesetzliche Rente ergänzen?

... und wollen sich um möglichst wenig kümmern?	... und wollen Renditechancen statt absoluter Sicherheit?	... und wollen Renditechancen und bei der Fondsauswahl mitreden?
Riester-Rentenversicherung	**Riester-Fondssparplan**	**Riester-Fondspolice**
Empfehlenswert nur klassische Variante mit Garantiezins, die schon bei Vertragsabschluss eine garantierte Rente zusichert. Zusätzliche Renditechance eher gering. Hohe Abschluss- und Verwaltungskosten. Lohnt sich nur, wenn Einzahlungen bis zum Laufzeitende gesichert sind.	Sparen in Aktienfonds und Mischfonds ermöglicht höhere Renditechancen als feste Zinsen. Nachteil: Es gibt keine von vornherein garantierte Rentenhöhe. Ein zusätzliches Plus gibt es nur, wenn die Fonds gut laufen. Mindestlaufzeit: 20, besser 30 Jahre, um Börsentiefs aussitzen zu können.	Kombination aus Rentenversicherung und Fondssparplan. Höhere Renditechancen, meist aber keine garantierte Rentenhöhe. Hohe Kosten. Nur für erfahrene Anleger. Stehen gute Fonds zur Auswahl und halten Sie bis zum Ende durch, kann sich eine Fondspolice lohnen. Mindestlaufzeit: 20, besser 30 Jahre, um Börsentiefs aussitzen zu können.
Seite 42	Seite 49	Seite 44

Sie wollen in Wohneigentum investieren?

... und wollen möglichst große Flexibilität und Sicherheit?

Sie wissen es nicht?

Riester-Banksparplan

[T]rotz Minizinsen ist dank [d]er Zulagen eine ordentli[c]he Rendite drin. Die Ver[z]insung passt sich auto[m]atisch den Marktzinsen [a]n, daher keine garantierte [R]entenhöhe. Geringe Kos[t]en, einfacher Wechsel in [a]ndere Produkte.

[L]eider kaum noch Angebo[t]e auf dem Markt.

[S]eite 47

... und wollen sofort bauen, kaufen, altersgerecht umbauen oder umschulden?

Riester-Darlehen

Für Ihre Immobilie erhalten Sie ein Darlehen mit festen Zinsen. Die staatlichen Zulagen fließen nicht in die gesamte Kreditrate, sondern nur in den Tilgungsanteil. Durch schnellere Tilgung sind erhebliche Spareffekte möglich. Der Effektivzins sollte nicht oder nur leicht höher sein als bei vergleichbaren ungeförderten Darlehen.

Seite 55

Riester-Kombikredit

Kombination aus Bausparvertrag und Darlehen. Statt Ihr Darlehen zu tilgen, zahlen Sie Sparraten auf einen Bausparvertrag. Wird dieser zugeteilt, löst er den Kredit mit seinem Guthaben und einem Bauspardarlehen ab. Staatliche Zulagen fließen sowohl in der Anspar- als auch in der Tilgungsphase.

Seite 55

... und wollen später bauen, kaufen, altersgerecht umbauen oder umschulden?

Riester-Bausparvertrag

Sie legen eine bestimmte Bausparsumme fest. Einen Teil davon sparen Sie festverzinst an, den anderen nehmen Sie als zinsfestes Darlehen in Anspruch. Dessen Konditionen stehen von Beginn an fest. Die staatlichen Zulagen erhöhen in der Ansparphase das Eigenkapital, in der Darlehensphase fließen sie in die Tilgung.

Seite 53

Riester-Rentenversicherungen

Wer eine klassische Riester-Rentenversicherung wählt, geht keinerlei Risiko ein. Reich wird er damit jedoch auch nicht: Die garantierte Verzinsung beträgt seit 2017 nur noch 0,9 Prozent.

Riester-Rentenversicherung – nicht genug damit, dass das Wort wie der Inbegriff von „Riester-Rente" klingt. Der Zusatz „Versicherung" dürfte dafür sorgen, dass noch immer ein Großteil der Riester-Sparer dieses Modell wählt. Wer würde keine Versicherung als Vorsorge wollen?

Doch sicher ist bei Rentenversicherungen kaum noch etwas: Die garantierte Verzinsung für Neuverträge beträgt nur noch 0,9 Prozent – wenn überhaupt. Denn um die Rendite aufzupeppen, rücken immer mehr Anbieter von „klassischen" Verträgen ab und gehen bei der Anlage der Kundengelder höhere Risiken ein. Ist der Versicherer mit seiner Anlagestrategie erfolgreich, erhöhen später Überschüsse die Rente. Doch garantiert ist nur der gesetzlich vorgeschriebene Beitragserhalt zu Rentenbeginn.

Der Kunde trägt ein doppeltes Risiko: Ungewiss sind die Überschussbeteiligung, der zusätzliche „Renditehebel" und folglich auch die Höhe der späteren Rente.

→ Sparpläne flexibler

Hinzu kommt: Wenn Sie nicht sicher sind, ob Sie regelmäßig einzahlen können, wählen Sie besser einen geförderten Bank- oder Fondssparplan. Rentenversicherungen lohnen sich – wenn überhaupt – nur, wenn gleichmäßig Beiträge fließen. Zudem sind die Abschlusskosten auf die Beitragssumme zugeschnitten. Wer aussetzt oder weniger einzahlt, wird meist übermäßig belastet.

Auf die Kosten achten

Immerhin: Bedient ein Sparer seinen Vertrag wie vereinbart, steht durch die Zulagen zu Auszahlungsbeginn auf jeden Fall mehr zur Verfügung als nur die eingezahlten Beiträge. Abschluss- und Verwaltungskosten führen jedoch dazu, dass in den ersten Jahren kaum eine Rendite aufläuft. Viele Sparer sind sogar auf Jahre hinaus deutlich im Minus. Nur wenn sie ihren Vertrag durchhalten, sind die mageren Anfangsjahre irgendwann vergessen. Deshalb ist eine Rentenversicherung nur Sparern zu empfehlen, die über ein regelmäßiges und langfristig sicheres Einkommen verfügen.

Obendrein gilt: Erträge bringt immer nur der Teil des Geldes, der nicht für die Kosten draufgeht. Ob am Ende eine gute Rente herauskommt, hängt deshalb auch davon ab, wie viel der Anbieter für sich abzweigt. Ob ein Vertrag teuer ist, lässt sich recht gut an der Rentenzusage ablesen, die Sparer vor Vertragsbeginn auf Anfrage erhalten. Je höher die darin garantierte monatliche lebenslange Rente, umso geringer die Kosten.

Anbieterwechsel möglich

Kunden dürfen während der Vertragslaufzeit den Anbieter wechseln. So regelt es das Gesetz. Sie können ihr bislang erspartes Guthaben in eine andere Riester-Rentenversicherung und zu einem neuen Anbieter übertragen – sofern dieser sie akzeptiert. Klappt der Wechsel nicht, können sie ihre Zahlungen stoppen und das Geld liegen lassen. Weitere Sparbeiträge zahlen sie in den neuen Vertrag ein.

Vor einem Wechsel gilt es jedoch, zwei wichtige Fragen zu klären. Erstens: Bringt der neue Vertrag wirklich mehr? Und zweitens: Wie stark schlagen die erneut fälligen Abschlusskosten zu Buche? Wer bereits den größeren Teil der Kosten des alten Vertrags bezahlt hat, steht schlecht da. Dieses Geld ist bei einem Neuanfang weg.

Ihr Augenmerk sollten Sparer zudem auf die Vertragsgestaltung legen: Wer keine Angehörigen zu versorgen hat, kann auf eine Rentengarantiezeit getrost verzichten. Sie schmälert die Höhe der Rente. Wer dagegen Hinterbliebene bedenken will, kann die Garantiezeit vereinbaren: Verstirbt der Sparer

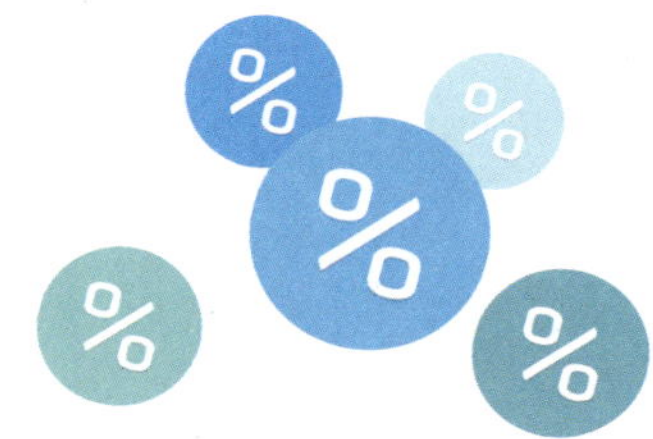

HÄTTEN SIE'S GEWUSST?

Von 100 Riester-Sparern

... haben **65** eine klassische oder fondsgebundene Rentenversicherung abgeschlossen.

... zahlen 19 in einen Fondssparplan ein.

... nutzen **11** ein Wohn-Riester-Angebot.

... besparen 5 einen Banksparplan.

... haben **40** ein Bruttojahreseinkommen von maximal 20 000 Euro.*

... zahlen derzeit Schätzungen zufolge mehr als 20 keine Beiträge mehr ein.

* hier: Zulagenempfänger / Werte von 2013, neuere endgültige Zahlen hat die ZfA noch nicht veröffentlicht.

Quellen: Bundesministerium für Arbeit und Soziales (BMAS, Stand: Dezember 2017), Gesamtverband der Deutschen Versicherungswirtschaft (GDV).

bald nach Rentenbeginn, würde seine Riester-Rente für diese Zeit weiterfließen.

Ein Teil der Beiträge darf in einen Erwerbsminderungsschutz fließen. Die Anbieter begrenzen diesen allerdings meist auf 20 Prozent. Die Auszahlung dürfte damit recht schmal ausfallen. Gleichzeitig verringert der Abzug die Altersrente spürbar. Sichern Sie sich gegen Berufsunfähigkeit besser separat ab (siehe „Berufsunfähigkeitsversicherung“, S. 24). Wer keinen Vertrag bekommt, kann versuchen, sich einen kleinen Schutz über einen Riester-Vertrag zu organisieren. Hier ist die Gesundheitsprüfung einfacher.

Das Wichtigste in Kürze

Klassische Riester-Rentenversicherungen sind geeignet für Sparer mittleren Alters bis etwa 50 Jahre, die die Beiträge über die gesamte Laufzeit aufbringen können und das richtige Angebot wählen.

→ Renditechance
↑ Sicherheit
↘ Flexibilität
↑ Bequemlichkeit

Riester-Fondspolicen

Ohne es zu wollen, schließen viele Sparer eine Fondspolice ab. Doch dieses Modell eignet sich nur für wenige Kunden.

Das klingt doch gut: Die Chancen an der Börse nutzen – ganz ohne Verlustrisiko. Doch Vorsicht: Viele Sparer unterschreiben den Vertrag für eine Fondspolice im Glauben, eine klassische Riester-Rentenversicherung abzuschließen. Dieses Modell hat leider nicht nur einen Haken.

Um den Kapitalerhalt zum Rentenbeginn zu gewährleisten, fließt – nach Abzug der Kosten – ein Teil des Geldes in das Sicherungsvermögen des Anbieters oder einen Garantiefonds. Der andere, recht kleine Teil liegt in Investmentfonds. Ob später mehr als Beiträge und Zulagen zur Verfügung stehen, hängt von dessen Entwicklung ab. Je kürzer die Laufzeit, desto schwieriger ist die Beitragsgarantie zu schaffen. Hohe Aktienquoten sind dann kaum drin.

Nur für Investmentprofis

Was die meisten Anleger nicht wissen: Für das bestmögliche Ergebnis müssen selbst gute Fonds auswählen und wieder austauschen, falls sie nicht laufen wie gewünscht. Fast alle Anbieter bieten freie Fondswahl an.

Ein Fondstausch ist meist kostenlos möglich. Unterschiedlich ist geregelt, auf wie viele Fonds Kunden ihr Guthaben verteilen können. Mehr als drei sind nicht ratsam, da sonst schnell der Überblick verloren geht.

Tipp: Je höher die Renditechance, desto riskanter die Fonds und desto höher die Gefahr, am Ende nur die eingezahlten Beiträge plus Zulagen zu haben. Wählen Sie Fonds aus, die Finanztest empfiehlt. Etwa fünf Jahre vor Ende der Ansparphase sollten Sie den Aktienanteil schrittweise reduzieren. Die meisten Anbieter bieten für diese Phase ein sogenanntes Ablaufmanagement an.

Für Anleger, die sich mit Fonds nicht auskennen oder nicht beschäftigen wollen, sind Riester-Fondspolicen ungeeignet. Von seinem Vermittler sollte man derlei Hinweise jedoch nicht erwarten. Für ihn klingelt bei jeder verkauften Fondspolice die Kasse.

ETF sind erste Wahl

Erste Wahl sind nach Meinung von Finanztest Exchange Traded Funds (ETF) – börsengehandelte Fonds, die einen Index nachbilden. Da ETF nicht aktiv gemanagt werden, sind sie sehr günstig. Das wirkt sich positiv auf die Rendite aus. Finanztest empfiehlt ETF, die einen globalen oder zumindest europäischen Aktienindex nachbilden (siehe auch „Chancenbaustein: Aktienfonds", S. 106). So listet der Index MSCI World rund 1600 große und mittelgroße Unternehmen aus zwei Dutzend Industrienationen.

Mittlerweile haben viele Versicherer ETF im Angebot. Falls nicht, kommen aktiv gemanagte Aktienfonds Welt und Europa infrage, die eine sehr gute Finanztest-Bewertung haben. Nur die besten bringen mehr Rendite als der breite Markt – und auch das oft nur über begrenzte Zeiträume.

Dritte Wahl in Sachen Fondspolice sind mindestens durchschnittliche Aktienfonds sowie Mischfonds mit hohem Aktienanteil (siehe „Verkaufsschlager Mischfonds", S. 109). Anhand des 2017 eingeführten Produktinformationsblattes (Pib) können sich Anleger vor Vertragsabschluss über Kosten infor-

Das Wichtigste in Kürze

Riester-Fondspolicen sind allenfalls etwas für Sparer, die einen Teil ihres Geldes auf mehrere Fonds verteilen möchten oder die mit ihrem Fonds-Favoriten beziehungsweise einem Ökofonds riestern wollen. Die Fondsauswahl ist hier meist größer als bei Riester-Fondssparplänen.

- → Renditechance
- ↗ Sicherheit
- ↘ Flexibilität
- ↘ Bequemlichkeit

mieren und verschiedene personalisierte Angebote vergleichen – am besten innerhalb derselben Chance-Risiko-Klasse.

Kündigen wird teuer

Eine Riester-Fondspolice vorzeitig zu kündigen ist eine schlechte Idee. Dann wäre die staatliche Förderung futsch. Hinzu kämen eventuell Wertverluste – denn der Kapitalerhalt ist erst zum Ende der Ansparphase Pflicht. Auch ein Anbieterwechsel vermiest Sparern die Laune. Auf einen anderen Riester-Vertrag übertragen können sie lediglich ihr aktuelles Guthaben inklusive Zulagen – nach Abzug der Kosten. Da Letztere in den ersten fünf Jahren abgezweigt werden, ist das Guthaben meist überschaubar.

Tipp: Lassen Sie das Spargeld bis zur Rente stehen und schließen Sie woanders einen neuen Riester-Vertrag ab. Das lohnt sich besonders, wenn Ihr Guthaben noch unter der Summe der Einzahlungen liegt. Wer nicht mehr weiterzahlt, zwingt den Versicherer, das Minus bis zur Rente auszugleichen.

Checkliste

Die Fondspolice im Griff

- ☐ **Vertrag prüfen.** Lesen Sie die jährliche Standmitteilung. Überprüfen Sie, ob Sie eine klassische oder eine fondsgebundene Riester-Rentenversicherung haben.
- ☐ **Fonds wechseln.** Checken Sie die Fonds in Ihrer Police und tauschen Sie diese falls nötig aus. Finanztest untersucht regelmäßig Riester-Fondspolicen und nennt für viele Tarife die jeweils besten Fonds (www.test.de/riester-fondspolicen). Nach dem Freischalten des „Riester-Optimierers“ erhalten Sie auch Zugriff auf Testberichte zum Thema.
- ☐ **Direkten Weg wählen.** Wer eine Riester-Fondspolice über eine Bank oder Sparkasse kauft, bekommt unter Umständen nicht das gesamte Fondsangebot präsentiert. Einige Geldinstitute empfehlen nur Fonds der eigenen Fondsgesellschaft. Spätestens beim Umschichten sollten sich Kunden deshalb direkt an die Versicherung wenden.
- ☐ **Dranbleiben.** Bietet Ihr Versicherer noch immer keine ETF an, fragen Sie ihn mindestens einmal im Jahr, ob sich mittlerweile etwas an dieser Situation geändert hat.

Riester-Banksparpläne

Kaum Zinsen und trotzdem empfehlenswert? Was paradox klingt, trifft auf Riester-Banksparpläne zu: Dank Förderung sind sie für viele eine Alternative – wenn es nur mehr davon gäbe.

Das muss man sich auf der Zunge zergehen lassen: Obwohl diese flexible und häufig günstige Art des Riesterns für viele Sparer optimal wäre, bieten viele Banken dieses Modell nicht mehr an. Das liegt vor allem am niedrigen Zinsniveau, das auf Riester-Banksparpläne durchschlägt: Die sogenannte Umlaufrendite als Richtschnur vieler Banksparpläne sackte 2016 zeitweise sogar in den negativen Bereich ab und ist derzeit mit 0,49 Prozent alles andere als berauschend (Stand: 22. Februar 2018).

Die Folge: Viele Banken bieten keine neuen Riester-Sparpläne mehr an. Laut der letzten Untersuchung von Finanztest im Oktober 2017 war die Zahl überregionaler Angebote auf zwei gesunken. Dem standen acht regionale Angebote gegenüber.

Messlatte muss sein

Banken müssen die Verzinsung ihrer Riester-Banksparpläne an einen Referenzzins koppeln. So soll verhindert werden, dass sie bei variabel verzinsten Sparplänen mit Lockzinsen werben, um später durch Zinssenkungen oder ausbleibende Erhöhungen abzukassieren. Welchen Referenzzins sie wählt, bleibt jedoch der Bank überlassen.

Auf den aktuellen Zinstrend reagieren nur solche Sparpläne unmittelbar, die an einen tagesaktuellen Referenzzins gebunden sind. In der Regel handelt es sich dabei um die Umlaufrendite, die börsentäglich das Zinsniveau von Bundeswertpapieren unterschiedlicher Laufzeiten abbildet. Der aktuelle Wert lässt sich jederzeit im Internet oder in der Tageszeitung verfolgen. Der Zins guter Sparpläne liegt in der Regel etwa 0,5 Prozentpunkte unter der Umlaufrendite und wird meist vierteljährlich angeglichen.

Die wenigen verbliebenen Sparpläne sind zumeist weder an die Umlaufrendite noch an einen anderen tagesaktuellen Zins gebunden. Ihre Verzinsung bezieht sich auf gleitende Zinsmischungen, die für längere Zeiträume zurückgerechnet werden. Das ist oft nur für Fachleute verständlich – außerdem können ein bis zwei Jahre vergehen, ehe der Zins nennenswert auf eine stärkere Zinserhöhung reagiert. Ein direkter Anbietervergleich ist Sparern hier kaum möglich.

Im Gegenzug belohnen die Anbieter solcher vergleichsweise intransparenten Sparpläne treue Kunden häufig mit Zinsstaffeln und zusätzlichen Bonuszahlungen für ihr Durchhaltevermögen. Je länger Sparer bei der Stange bleiben, desto höher ist dann ihre Chance auf eine gute Rendite.

Anbieterwechsel relativ einfach

Sparer, die mit ihrem Banksparplan unzufrieden sind und eine passendere Alternative finden, können den Anbieter relativ einfach wechseln – oder auf ein anderes Riester-Produkt umsteigen. Verluste sind beim Umstieg nicht zu befürchten. Die Kosten für eine Kündigung sind überschaubar, üblich sind 50 bis 100 Euro, in Ausnahmefällen auch 150 Euro.

Aufgrund der komfortablen Wechselmöglichkeit eignen sich Riester-Banksparpläne auch für Sparer, die noch nicht wissen, ob sie später einmal bauen wollen. Entscheiden sie sich in ein paar Jahren für den Erwerb von Wohneigentum, ist der Wechsel zu einem Wohn-Riester-Produkt schnell und verlustfrei zu realisieren (siehe „Eigenheimrente", S. 52).

Was Sparer bedenken sollten: Das derzeit niedrige Zinsniveau betrifft alle sicheren Anlagen. Die Mini-Zinsen allein sollten also kein Argument gegen einen Banksparplan sein – auch wenn sie hier aufgrund der hohen Transparenz des Produkts stärker ins Auge fallen. Nicht abschrecken lassen: Bei 25 oder 30 Jahren Laufzeit fällt es kaum ins Gewicht, wie hoch das Zinsniveau in den ersten Jahren ist. Das liegt daran, dass zunächst nur wenig Geld im Vertrag liegt. Wie sich das Zinsumfeld in fünf oder zehn Jahren darstellt, weiß heute noch kein Mensch.

Das Wichtigste in Kürze

Riester-Banksparpläne eignen sich für Sparer, die Wert auf sichere Renditen und Flexibilität legen. Die Kosten sind gering. Allerdings gibt es kaum noch überregionale Angebote.

→ bis ↘ Renditechance
↑ Sicherheit
↗ Flexibilität
↑ Bequemlichkeit

Auf die Kosten achten

Im Gegensatz zu den Zinskonditionen sind die laufenden Kosten für einen Sparplan nicht mit Vertragsabschluss fixiert. Die Banken können sie während der Laufzeit ändern oder neu einführen.

Normalerweise ist es zu verschmerzen, wenn die Bank für die Kontoführung 10 Euro im Jahr kassiert. Bei extrem niedrigen Zinsen fällt das jedoch stärker ins Gewicht – vor allem, wenn der Sparer nur relativ wenig einzahlen muss, um die Zulage zu erhalten.

Riester-Fondssparpläne

Ordentliche Renditechance, kalkulierbares Risiko: Fondssparpläne sind vor allem für jüngere Sparer eine gute Option.

Aktien? Nein, danke. Viele Menschen winken bei dem Thema ab – erst recht, wenn es um ihre Altersvorsorge geht. Nur ein Zocker würde mit seinem Ersparten va banque spielen, so der Vorwurf.

Eine solche Grundhaltung ist, mit Verlaub, etwas voreilig. Auf Sicherheit zu setzen ist prinzipiell richtig, doch das tun Riester-Sparer durch die Beitragsgarantie automatisch. Lässt man das „eingebaute" Plus durch die Förderung außer Acht, erwirtschaften Fondssparpläne als einzige Riester-Variante derzeit noch eine nennenswerte Rendite.

Läuft es an den Börsen gut, ist erheblich mehr drin als bei Banksparplänen und Rentenversicherungen. Das ist so, weil die Kosten geringer sind als bei Rentenversicherungen – und Riester-Fonds in größerem Umfang in Aktien investieren. Schätzungen zufolge liegt das Renditeplus internationaler Aktien gegenüber Anleihen bei 3 bis 4 Prozent – auch wenn die Renditen von Riester-Fondssparplänen etwas darunter liegen.

Verluste sind ausgeschlossen, wenn der Sparer bis zum Vertragsablauf durchhält. Im schlechtesten Fall bekommt er neben der Förderung keine zusätzliche Rendite – wer das nicht will, investiert in einen weniger offensiv anlegenden Fonds.

Wie bei Fondspolicen gilt: Läuft der Vertrag nur über wenige Jahre, hat es der Anbieter schwerer, die eingezahlten Beiträge bei Ablauf zu garantieren, und investiert weniger in Aktien als bei Laufzeiten von 30 Jahren und mehr. Deshalb bieten manche Anbieter Verträge erst ab 20 Jahren Laufzeit an.

Aktienquote kann schwanken

Bei Riester-Fondssparplänen fließen Sparbeiträge ausschließlich in Fonds. Ein Teil geht in Aktien- oder Mischfonds, die für Rendite sorgen sollen. Der andere Teil landet im Sicherheitsbaustein Rentenfonds.

Insgesamt lassen sich zwei Gruppen von Riester-Fondssparplänen unterscheiden: dynamisch gemanagte Sparpläne und solche, die einem Lebenszyklusmodell folgen.

Die größten Chancen haben Sparer mit einem dynamisch gemanagten Sparplan: Läuft es an der Börse gut, steckt das Geld in Aktienfonds; brechen die Kurse ein, schichtet der Anbieter in Rentenfonds um – und je nach Marktlage auch wieder zurück. Dagegen sinkt bei Lebenszyklusmodellen mit fortschreitendem Alter des Sparers die Aktienquote automatisch.

Weniger schön: Viele Sparer mit dynamisch gemanagten Sparplänen, deren Verträge nur noch wenige Jahre liefen, waren in der Vergangenheit nach Kursstürzen an der Börse massiv von solchen bereits erwähnten Umschichtungen betroffen. Die dadurch erlittenen Verluste lassen sich anschließend kaum noch wettmachen.

Der Umschichtungsfalle trotzen

Um zum Rentenbeginn die eingezahlten Beiträge plus Zulagen garantieren zu können, verkaufen Anbieter auch nach starken Kursverlusten die riskanteren, aber chancenreicheren Aktienfondsanteile und investieren das Geld in Rentenfonds. Das betrifft vor allem Verträge mit kurzen Restlaufzeiten, wodurch deren Rendite erheblich leidet.

Untersuchungen durch Finanztest zeigten, dass nach der Börsenkrise 2008 Sparern, deren Verträge noch mindestens 20 Jahre liefen, Umschichtungen meist erspart blieben. Auch wenn die Restlaufzeit beim Crash noch rund 10 Jahre betrug, konnte sich nach erfolgter Umschichtung wieder ein hoher Aktienbestand aufbauen.

Die in der Vergangenheit millionenfach verkaufte UniProfirente von Union Investment setzte jahrelang konsequent auf Aktien. Bei starken Kursverlusten an den Aktienmärkten mussten Anleger jedoch damit rechnen, dass ihr Vermögen in schwankungsarme, aber renditeschwache Rentenfonds umgeschichtet wurde.

Zum 1. Juli 2017 änderte Union Investment das Konzept: Nunmehr liegen stets mindestens 10 Prozent der Sparbeiträge im Fonds UniGlobal Vorsorge. Damit sollen auch in schlechten Marktphasen die Chancen auf Aktiengewinne bestehen bleiben. Ohnehin ist die Profirente flexibler geworden: Beiträge, die aus Sicherheitsgründen in Rentenfonds umgeschichtet wurden, können bei verbesserten Aussichten zurück in Aktien fließen. Läuft es gut, belässt das Fondsmanagement das Geld der Anleger bis kurz vor der Rente in Aktien.

Das Wichtigste in Kürze

Riester-Fondssparpläne sind besonders geeignet für Sparer bis 40. Sie können die hohen Renditechancen der Aktienfonds nutzen. Wer ein Eigenheim bauen oder kaufen will, braucht keinen Fondssparplan.

- ↗ Renditechance
- ↗ Sicherheit
- → Flexibilität
- ↑ Bequemlichkeit

Riestern mit ETF

Mit „Sutor Fairriester 2.0" gibt es auch einen Fondssparplan mit einem vergleichsweise hohen Anteil an börsengehandelten Indexfonds (ETF) zu moderaten Kosten. Das Angebot wird von der Sutor-Bank verwaltet.

Das Geld fließt in ein vorgegebenes Portfolio von bis zu 17 unterschiedlichen

Fonds. Das Anlagerisiko wird so reduziert. Der anfänglich hohe Aktienanteil wird bis Rentenbeginn kontinuierlich zugunsten von Rentenfonds abgeschmolzen. Damit gehört „Fairriester" zu den Lebenszyklusmodellen.

Finanztest hatte 2015 in einem Test von Riester-Fondssparplänen kritisiert, dass ein Teil der Kosten nicht von der Kapitalgarantie erfasst wurde: Sutor holte sich das Geld damals nicht aus dem Vertragsguthaben, sondern buchte es per Lastschrift direkt bei der Hausbank des Sparers ab.

Seit Juli 2016 werden die Kosten, wie bei anderen Riester-Fondssparplänen üblich, komplett vom Depotkonto entnommen. Das gilt sowohl für Neuabschlüsse als auch für Sparer, die bereits einen Vertrag haben.

Nicht überstürzt wechseln

Fallen die Aktien, heißt es: Nerven bewahren. Wer überstürzt in einen anderen Vertrag wechselt, zum Beispiel einen Banksparplan, ist schlecht beraten. Mitnehmen lässt sich nicht die Summe von Einzahlungen und Zulagen, sondern nur das Guthaben, das das Konto aktuell ausweist. Dieses kann auch unter den bisher geleisteten Einzahlungen liegen. Der neue Anbieter garantiert wiederum nur die Summe, die bei ihm eingezahlt wird. Börsentiefs auszusitzen bringt also auf jeden Fall mehr als Wechseln.

Eine Alternative zum Wechseln besteht darin, den alten Vertrag beitragsfrei zu stellen und einen neuen abzuschließen. Dann muss der alte Anbieter bei Rentenbeginn mindestens die bis dahin eingezahlten Beiträge plus Zulagen garantieren.

Für alle, die jung sind und nicht in absehbarer Zeit Wohneigentum kaufen wollen, ist ein Riester-Fondssparplan erste Wahl.

Fazit: Für alle, die jung sind und später einmal kein Wohneigentum kaufen wollen, ist ein Riester-Fondssparplan erste Wahl. Aber auch Sparer über 40 können noch beginnen, in einen Riester-Fondssparplan einzuzahlen. Längere Laufzeiten erlauben höhere Aktienquoten und damit höhere Renditechancen. Bei Sparern, die erst nach dem 45. Geburtstag einsteigen, sind die Renditechancen geringer. Denn die Fondsgesellschaft schichtet das Geld unter Umständen zügig in die sichereren Rentenfonds um.

Viele Verträge sehen ein Renteneintrittsalter von 60 Jahren (Verträge ab 2012: 62 Jahre) vor. Die Laufzeit lässt sich jedoch um ein paar Jahre verlängern, wodurch sich die Renditechancen erhöhen.

Eigenheimrente („Wohn-Riester“)

Nicht ganz einfach zu durchblicken, aber oft lohnenswert: Riestern für die eigenen vier Wände.

Kompliziert, schwer vermittelbar, zu bürokratisch – so lautet das Urteil vieler Kritiker über „Wohn-Riester“-Angebote. Obwohl sie damit nicht ganz falsch liegen, lohnt sich die Eigenheimrente! Auch Guthaben anderer Riester-Verträge lassen sich ins „Betongold“ stecken.

Um die Riester-Förderung für den Erwerb von selbst genutztem Wohneigentum auszuschöpfen, müssen Sparer nicht zwingend einen neuen Vertrag abschließen: Teil eins der Förderung ermöglicht die Verwendung bereits bestehender Riester-Guthaben als Eigenkapital für die eigenen vier Wände. Teil zwei bietet Eigenheimbesitzern die Möglichkeit, Zulagen und Steuervorteile gezielt für den Aufbau von Eigenkapital oder für die Tilgung ihres Immobilienkredits zu nutzen.

Bestehende Guthaben verwenden

Wer bereits einen Riester-Vertrag besitzt – also beispielsweise einen Bank- oder Fondssparplan –, kann das darin angesparte Vermögen teilweise oder ganz in den Erwerb einer selbst genutzten Immobilie stecken. Mittlerweile ist es zudem möglich, mit dem Geld eine Sondertilgung eines laufenden Baudarlehens zu leisten.

Entnehmen dürfen Häuslebauer jeden Betrag ab 3000 Euro. Wer nur einen Teil seines Guthabens benötigt, muss jedoch mindestens 3000 Euro auf dem Riester-Konto stehen lassen. Eine solche Teilentnahme ist allerdings bei einigen Riester-Verträgen ausgeschlossen.

Mithilfe einer solchen vorzeitigen Entnahme können Häuslebauer ihr Geld aus teuren und schlecht verzinsten Verträgen in die eigenen vier Wände stecken und dadurch Zinsen bei der Finanzierung sparen. Die Entnahme sollten sie möglichst früh bei der Zentralen Zulagenstelle für Altersvermögen (ZfA) beantragten, damit das Geld pünktlich zur Verfügung steht.

Mit dem Riester-Guthaben lässt sich zudem das selbst genutzte Haus oder die Eigentumswohnung alters- und behindertengerecht umbauen. Dafür muss der Sparer mindestens 20000 Euro entnehmen – in den ersten drei Jahren nach Erwerb der Immobilie mindestens 6000 Euro. Die Hälfte des Geldes muss er in Umbauten investieren, die den Vorgaben für barrierefreies

Bauen (DIN 18040-2) entsprechen, den Rest ebenfalls in die Beseitigung von Barrieren. Beides muss ein Gutachter bestätigen.

Riester-Bausparverträge

Erst sparen, dann bauen – das gilt auch für Riester-Bausparverträge. Der Bausparer zahlt zunächst regelmäßige Sparraten. Er sammelt damit nicht nur Kapital an – er erwirbt auch das Anrecht auf den späteren Kredit. Sind das Mindestguthaben von meist 40 bis 50 Prozent der Bausparsumme und eine von der Bausparkasse berechnete Bewertungszahl erreicht, wird der Vertrag zugeteilt. Das ist der Punkt, an dem der Kunde vom Sparer zum Kreditnehmer wird. Jetzt kann er Guthaben und Darlehen für seine Hausfinanzierung abrufen.

> **Bausparen ist eine gute Wahl für Sparer, die sich niedrige Zinsen für einen Teil ihrer künftigen Finanzierung sichern wollen.**

Vorteil: Die Darlehenszinsen stehen von Beginn an fest – auch wenn der Bausparer sein Darlehen erst in zehn Jahren abruft und die Zinsen am Kapitalmarkt dann um das Dreifache gestiegen sein sollten. Angesichts dieser Sicherheit fällt die mickrige Verzinsung in der Sparphase nicht so stark ins Gewicht – Banken bieten derzeit auch nicht viel mehr. Bausparen ist damit eine gute Wahl für Sparer, die sich niedrige Zinsen für einen Teil ihrer künftigen Finanzierung sichern wollen.

In der Sparphase bekommt der Kunde die staatlichen Zulagen auf seine Sparbeiträge. In der Darlehensphase kann er sie für die Tilgung des Bauspardarlehens nutzen. Unterm Strich spart er mehr Eigenkapital an als mit einem ungeförderten Vertrag. Er kommt folglich mit einem kleineren Kredit aus, kann diesen schneller tilgen und spart dadurch Zinsen.

Seit 2014 lässt sich ein Riester-Bausparvertrag auch für die Umschuldung eines laufenden Baudarlehens und den altersgerechten Umbau einer selbst genutzten Immobilie einsetzen.

Das Wichtigste in Kürze

Riester-Bausparen ist geeignet für Sparer, die mittel- bis langfristig ein Eigenheim bauen oder kaufen möchten.

Renditechance[1)]
↑ Sicherheit
↘ Flexibilität
↗ Bequemlichkeit

[1)] Angabe nicht möglich, da es sich um einen kombinierten Spar- und Darlehensvertrag handelt.

DIE 3 BESTEN BAUSPAR-TIPPS

1 Förderung nutzen. Riester-Bausparverträge sind wegen der staatlichen Förderung für den Bau oder Kauf selbst genutzter Immobilien besser geeignet als ungeförderte Verträge. Der Abschluss lohnt sich aber nur, wenn Sie Ihren Plan auch verwirklichen. Sind Sie unsicher, ist ein Riester-Banksparplan die bessere Wahl.

2 Finanzierung planen. Lassen Sie sich von der Bausparkasse einen Spar- und Tilgungsplan inklusive Riester-Zulagen erstellen. Achten Sie darauf, dass der Vertrag etwa zu der Zeit zugeteilt wird, zu der Sie tatsächlich bauen oder kaufen wollen.

3 Angebote vergleichen. Mit unserem Bausparrechner können Sie Bausparangebote mit und ohne Riester-Förderung miteinander und mit einer Bankfinanzierung vergleichen. Den Excel-Rechner können Sie unter www.test.de/bausparrechner kostenlos herunterladen.

Welches Angebot sich am besten eignet, ist nicht einfach festzustellen. Ein Bausparvertrag besteht aus mehr als einem Dutzend Konditionen: Guthaben- und Darlehenszinsen, Abschluss- und Kontogebühren, Mindestguthaben, Tilgungsbeitrag, Zuteilungsvoraussetzungen und vieles mehr. Entscheidend ist in jedem Fall das Zusammenspiel dieser Faktoren.

Außerdem ist es wichtig, die Bausparsumme auf die Ziele des Bausparers abzustimmen. Die optimale Bausparsumme ist von Tarif zu Tarif verschieden. Sie hängt aber stets davon ab, wie viel Geld der Bausparer monatlich einzahlt, wie hoch die Riester-Zulagen sind und wann er die Bausparsumme voraussichtlich benötigt.

Bausparer orientieren sich am besten an den Ergebnissen unter www.test.de und lassen sich von den Bausparkassen, die dort gut abgeschnitten haben, individuelle Angebote erstellen.

Keine Frage: Fürs Eigenheim sparen und Zulagen vom Staat kassieren können Sparer auch mit einem Riester-Banksparplan. Er ist genauso sicher wie ein Bausparvertrag und lässt sich ohne Verlust für die Finanzierung flüssig machen (siehe S. 47).

Doch welche von beiden ist unterm Strich die bessere Variante? Für die Sparphase gilt: Je höher die Rendite des Banksparplans bis zum Bau oder Kauf des Eigenheims, desto stärker ist er dem Bausparen überlegen. Über die Bilanz in der Darlehensphase entscheidet der Zinssatz, den ein

Banksparer später für sein Hypothekendarlehen zahlt. Je höher dieser ist, desto mehr lohnt sich das Bauspardarlehen mit seinem bereits zu Vertragsabschluss feststehenden niedrigen Festzins.

Riester-Baudarlehen und Riester-Kombikredite

Wer sofort Fremdkapital für sein Eigenheim braucht, kann für ein zertifiziertes Riester-Darlehen staatliche Förderung in Anspruch nehmen. Für die Tilgung dieses Darlehens erhalten Sparer dann die gleichen Zulagen und Steuervorteile wie für einen gewöhnlichen Riester-Sparvertrag. Dabei kann es sich um ein Riester-Darlehen mit direkter Tilgung handeln – oder einen Riester-Kombikredit, wie ihn Bausparkassen anbieten.

Kombikredite sind eine Kombination aus Bausparvertrag und tilgungsfreiem Darlehen. Der Kunde schließt einen Bausparvertrag mit einer Bausparsumme ab, die seinem Kreditbedarf entspricht. Mithilfe des tilgungsfreien Darlehens finanziert die Bausparkasse dem Kunden zunächst die Bausparsumme vor. Dieser zahlt dann die Sparraten für den Bausparvertrag und die Zinsen für das Vorausdarlehen.

Ist ein Mindestguthaben angespart, wird der Bausparvertrag zugeteilt. Der Kunde bekommt sein Guthaben und das Bauspardarlehen. Mit beiden löst er das Vorausdarlehen ab und zahlt in der Folge die Raten für das Bauspardarlehen. Der Zinssatz ist in der Regel für beide Phasen festgelegt.

Bausparvertrag und Vorausdarlehen bilden bei den Kombikrediten eine Einheit. Deshalb müssen Bausparkassen und Banken dafür seit März 2016 einen einheitlichen Effektivzins angeben, der alle Kosten der Finanzierung berücksichtigt. Dazu gehören neben den Zinsen auch die Sparbeiträge für den Bausparvertrag sowie Abschluss- und sonstige Gebühren. Diese bisher nur für Riester-Verträge geltende Regel gilt jetzt für alle Bauspar-Kombikredite. Anhand des Effektivzinses lassen sie sich mit einem Bankdarlehen annähernd gleicher Laufzeit vergleichen.

Damit Ehepaare die Förderung ausschöpfen können, muss jeder Partner einen eigenen Kreditvertrag abschließen.

Für beide Varianten gelten Bedingungen: Gefördert werden nur selbst genutzte Immobilien. Der Vertrag muss zudem von der Bundesanstalt für Finanzdienstleistungsaufsicht (Bafin) oder dem Bundesamt für Steuern zertifiziert sein. Die Finanzierung muss so angelegt sein, dass das Darlehen spätestens bis zum 68. Lebensjahr getilgt ist. Damit Ehepaare die Förderung ausschöpfen, muss jeder Partner einen eigenen Kreditvertrag abschließen.

Wichtig: Bei Riester-Darlehen wird nicht die gesamte Kreditrate, sondern nur der Tilgungsanteil gefördert – bis zum Höchstbetrag von jährlich 2100 Euro (einschließlich Riester-Zulage). In der Bausparvariante, in der das Vorausdarlehen zunächst überhaupt nicht getilgt wird, gibt es die Förderung bis zur Zuteilung des Bausparvertrags auf die jährlichen Sparbeiträge.

Finanztest-Berechnungen zeigen: Bauherren und Wohnungskäufer können dank Wohn-Riester viele Tausend Euro bei ihrer

Checkliste

Regeln für Riester-Darlehen

- ☐ **Angebote einholen.** Wegen der hohen Förderung vom Staat sind Riester-Darlehen für die Eigenheimfinanzierung erste Wahl. Infrage kommen hierbei Kredite mit direkter Tilgung und Kombikredite der Bausparkassen. Holen Sie auch Kreditangebote ohne Förderung ein. Achten Sie darauf, dass der Effektivzins für die Riester-Variante nicht oder nicht viel höher ist als für ein ungefördertes Darlehen.
- ☐ **Effektivzins vergleichen.** Achten Sie bei Kombikrediten der Bausparkassen auf den Gesamteffektivzins, der alle Kosten berücksichtigt. Nur über diese Angabe können Sie die Bausparmodelle mit anderen Angeboten ähnlicher Laufzeit vergleichen. Lassen Sie sich darüber hinaus einen Finanzierungsplan samt Anspar- und Tilgungsplan für den Bausparvertrag erstellen.
- ☐ **Altvertrag stilllegen.** Wenn Sie ein Riester-Darlehen abschließen, sollten Sie die Förderung künftig allein dafür nutzen. Falls Sie schon einen anderen Riester-Sparvertrag haben, stoppen Sie die Einzahlungen dafür.
- ☐ **Steuern einkalkulieren.** Als Nutzer der Riester-Förderung müssen Sie im Rentenalter Steuern auf die zuvor geförderten Beträge zahlen. Lassen Sie sich am besten von der Bank oder Bausparkasse die Summe ausrechnen, die Sie ab dem Rentenbeginn voraussichtlich versteuern müssen. So können Sie abschätzen, welche Steuerbelastung auf Sie zukommt. Lassen Sie sich aber durch die Steuern nicht von einer Riester-Finanzierung abhalten.

Finanzierung sparen. Ob allerdings ein Bankdarlehen oder ein Bauspar-Kombikredit günstiger ist, lässt sich pauschal nicht beantworten. Es kommt immer auf die aktuellen Konditionen an, die sich für Baukredite täglich ändern können. Aktuelle Zinssätze für Riester-Darlehen, aber auch für ungeförderte Hypothekendarlehen veröffentlicht Finanztest regelmäßig.

Riester-Sparer dürfen mit staatlich geförderten Baudarlehen überall in der Europäischen Union selbst genutztes Wohneigentum erwerben.

Übrigens dürfen Riester-Sparer mit staatlich geförderten Baudarlehen mittlerweile überall in der Europäischen Union Wohnungen und Häuser zur Selbstnutzung erwerben. Der Europäische Gerichtshof (EuGH) kippte 2009 die ursprüngliche Vorschrift, wonach das mit Wohn-Riester-Verträgen geförderte Kapital ausschließlich für den Kauf von Immobilien in Deutschland verwendet werden durfte (Az. C-269-07).

→ Zinsvergleich

Ab einem Zinsaufschlag von ungefähr einem halben Prozentpunkt im Vergleich zu einem ungeförderten Hypothekendarlehen bleibt von der Riester-Förderung unterm Strich kaum etwas übrig. Immobilienkäufer sollten aus diesem Grund vor Vertragsabschluss genau darauf achten, ob und in welcher Höhe sie für ein Riester-Darlehen einen Aufschlag zahlen müssen.

Zulagen auch für Genossen

Riester-Zulagen gibt es unter bestimmten Voraussetzungen auch für den Kauf von Pflichtanteilen an einer Wohnungsgenossenschaft. Voraussetzung: Der Sparer bewohnt selbst eine der Wohnungen.

Die Genossenschaften selbst können Mitgliedern auch spezielle Riester-Sparverträge anbieten. Mit ihren Beiträgen kaufen diese dann weitere Anteile an der Genossenschaft. Dafür bekommen sie die gleichen Zulagen und Steuervorteile wie für andere Riester-Verträge auch. Viele Genossenschaften zahlen außerdem jährlich 3 oder 4 Prozent Dividende.

Die besten Riester-Angebote

Sie haben sich für ein Riester-Modell entschieden? Jetzt gilt es, ein Top-Angebot zu finden. Sie dürfen dabei ruhig wählerisch sein – so wie beim Kauf eines Autos oder TV-Gerätes.

Je nach Riester-Produkt sind die Möglichkeiten, an ein gutes Angebot heranzukommen, sehr unterschiedlich. Manchmal hapert es allein schon daran, dass die eigene Bank das gewünschte Produkt nicht anbietet. Auch die Konditionen für ein und dieselbe Geldanlage können differieren – je nachdem, ob Sie sich direkt an den Anbieter, eine vermittelnde Bank oder einen freien Vermittler wenden.

Auch wenn es schwierig ist: Lassen Sie sich nicht überreden, mangels Auswahlmöglichkeiten auf ein Riester-Modell umzuschwenken, das die Bank oder Versicherung Ihnen gern verkaufen will. Hintergrund: Manche Vermittler haben statt dem optimalen Produkt für den Kunden vor allem die eigene Provision im Visier. Im Folgenden ein Überblick über den aktuellen Stand bei Riester-Modellen.

Riester-Banksparpläne

Das Geschäft mit Riester-Banksparplänen ist aufgrund des geringen Zinsniveaus in letzter Zeit weitgehend eingeschlafen. An unserem aktuellen Test überregionaler Angebote (Finanztest 10/2017) nahmen nur die Sparkassen Holstein und Niederbayern-Mitte sowie die Stadtsparkasse Mönchengladbach teil – mit durchschnittlichen Angeboten. Sieben weitere Sparkassen und Volksbanken machen zwar überregionale Angebote, lieferten uns aber keine Daten.

Wer sich für eines der Angebote interessiert, geht folgendermaßen vor: Nehmen Sie per Telefon oder Internet Kontakt zum Anbieter auf und lassen sich die Unterlagen zur Kontoeröffnung – Antrag, Postident-Formular und Dauerzulagenantrag – zuschicken. Alternativ haben Sie die Möglichkeit, die Formulare online auszufüllen und selbst auszudrucken.

Wie auch immer Sie verfahren: Mit den ausgefüllten Unterlagen gehen Sie in jedem Fall zur örtlichen Postfiliale und legitimieren sich am Schalter mithilfe des Postident-Verfahrens. Nach einigen Tagen bekommen Sie per Post die Zugangsdaten geschickt, können damit Ihren Sparplan aktivieren und die erste Rate überweisen.

Wichtig: Vergleichen Sie die Angaben aus unserem Test mit denen auf der Website der jeweiligen Bank (siehe auch „Riester-Banksparpläne", S. 47).

Riester-Rentenversicherungen

Drastisch gesunken ist auch die Zahl der Versicherer, die Riester-Rentenversicherungen mit sicherer Verzinsung anbieten. Diese ist jedoch der Garant für eine planbare Altersvorsorge. In unserem letzten Test (Finanztest 10/2017) waren nur noch zehn Tarife vertreten – den besten von ihnen hat Anbieter HanseMerkur 24 zum September 2017 vom Markt genommen. Die neun restlichen schnitten lediglich befriedigend ab.

Während Anbieter wie Ergo, SignalIduna und Württembergische keine Riester-Rentenversicherungen mehr im Angebot haben, machen andere wie Axa, Debeka und R+V Abstriche bei der Sicherheit. Im Gegenzug stellen sie zwar höhere Renditen in Aussicht, die jedoch unsicher sind. Marktführer Allianz fährt zweigleisig und bietet einen klassischen („Klassik") sowie einen Tarif mit abgesenkten Garantien („Perspektive") an.

Verfügt die Versicherung über ein Filialnetz, können Sie telefonisch einen Termin mit einem Vertreter vereinbaren. Füllen Sie dabei am besten gleich einen Dauerzulagenantrag aus! Wer auf einen Vermittler verzichten kann, lässt sich die Vertragsunterlagen einfach zuschicken. Handelt es sich um einen Direktversicherer, lassen sich die Unterlagen auf dessen Internetseite ausfüllen und ausdrucken – inklusive Dauerzulagenantrag.

Gehen Sie damit zur Post und legitimieren Sie sich über das Postident-Verfahren. Nach einigen Tagen bekommen Sie eine Nachricht, auf welches Konto Sie die Raten künftig überweisen sollen (siehe auch „Riester-Rentenversicherungen", S. 42).

Riester-Fondspolicen

Eine von zwei Möglichkeiten, Riester-gefördert in Fonds zu investieren, bieten fondsgebundene Rentenversicherungen („Fondspolicen"). Eine Fondspolice kommt infrage, wenn Sie nur einen kleinen Teil Ihres Geldes in Fonds stecken und diese obendrein selbst aussuchen wollen.

Unter den Riester-Fondspolicen mit moderater Renditechance hatten in unserem jüngsten Test (Finanztest 10/2017) der Volks-

---

Extra-Tipp für Anleger. Unter dem Suchbegriff „Fondsvermittler" finden Anleger auf test.de weitere Informationen zum günstigen Kauf aktiv gemanagter Investmentfonds. Bei Fondsvermittlern im Internet gibt es Tausende dieser Fonds ohne Ausgabeaufschlag – allerdings keine ETF. Zusätzlich haben wir eine Übersicht mit 29 Fondsvermittlern und 5 kooperierenden Fondsbanken zusammengestellt, inklusive Depotkosten.

wohlBund und die Stuttgarter günstige Angebote. Beide bieten börsengehandelte Indexfonds, ETF, zur Wahl (siehe S. 45). Bei den Fondspolicen mit begrenzten Renditechancen eignet sich das Angebot der HanseMerkur. Für den Abschluss eines Vertrages gilt dasselbe Prozedere wie für eine klassische Riester-Rentenversicherung (siehe auch „Riester-Fondspolicen", S. 44).

Riester-Fondssparpläne

Einen Fondssparplan wählen Sie, wenn Sie Ihr Geld ausschließlich in Fonds anlegen wollen. Die Fondssparpläne mit den höchsten Renditechancen im aktuellen Test (Finanztest 10/2017) waren UniProfiRente und UniProfiRente Select – jeweils mit dem Fonds Uni-Global Vorsorge.

Bei den Verträgen mit moderaten Renditechancen eignet sich die UniProfiRente Select mit dem UniGlobal II. Die UniProfiRente bekommen Sie bei Ihrer Volksbank vor Ort. Von den Fondssparplänen mit begrenzter Renditechance und geringem Nullzinsrisiko empfiehlt Finanztest Sutor Fairriester 2.0 sowie DWS TopRente Balance und DWS RiesterRente Premium Balance. Fairriester und DWS-Toprente bekommen Sie über die Internetseiten der Anbieter.

Für einen Vertragsabschluss füllen Sie die Unterlagen inklusive Dauerzulagenantrag aus und drucken sie zusammen mit dem Postident-Coupon aus. Damit gehen Sie zur Post und legitimieren sich. Nach einigen Tagen bekommen Sie die Zugangsdaten und können anschließend Fondsanteile kaufen und deren Wertentwicklung online verfolgen (siehe auch „Riester-Fondssparpläne", S. 49).

→ Ausgabeaufschlag

Der Ausgabeaufschlag ist eine Art Kaufgebühr. Er beträgt bei Aktienfonds meist um die 5 Prozent der Anlagesumme, bei Rentenfonds rund 3 Prozent. Ein Rabatt auf den Ausgabeaufschlag sollte nicht den Ausschlag für oder gegen ein Angebot geben. Ein guter Sparplan kann trotz vollem Ausgabeaufschlag mehr erwirtschaften als ein mittelmäßiger mit Rabatt. Sparer, die monatlich nur sehr wenig sparen und bei ihrer Bank ein kostenloses Depot bekommen, sind damit oft am besten bedient – selbst wenn sie den vollen Ausgabeaufschlag zahlen müssen.

Riester-Bausparverträge

Auch wer mit Riester-Förderung in Wohneigentum investieren möchte, sollte nicht den erstbesten Anbieter wählen.

Für Sparer, die in einigen Jahren ein Eigenheim bauen oder kaufen wollen, ist ein Riester-Bausparvertrag trotz teilweise extrem niedriger Verzinsung der Sparbeiträge erste Wahl. Mithilfe der staatlichen Riester-Förderung lässt sich Eigenkapital ansparen und später das Bauspardarlehen tilgen. In den drei Modellfällen unseres aktuellen Tests (Finanztest 11/2017) tauchten im Spitzenfeld am häufigsten die Anbieter Schwäbisch-Hall, LBS Ost, Deutsche Bank Bauspar und LBS Saar auf.

Kontaktieren Sie am besten drei der besten Bausparkassen und lassen Sie sich einen persönlichen Spar- und Tilgungsplan erstellen. Daraus muss hervorgehen, wann der Vertrag voraussichtlich zugeteilt wird, welches Guthaben sich bis dahin angesammelt hat, wie hoch das Darlehen ist und welche Rate Sie dafür zahlen müssen.

Die Zuteilung der Bausparsumme sollte in etwa an Ihrem Wunschtermin erfolgen. Erst wenn alles geklärt ist, unterschreiben Sie einen Vertrag. Dann schickt Ihnen die Bausparkasse einen Dauerzulagenantrag zu, den Sie ausfüllen und zurückschicken.

Riester-Kombidarlehen

Wer sofort Geld für sein Eigenheim braucht, kann ein Kombidarlehen abschließen – eine Kombination aus Bausparvertrag und tilgungsfreiem Darlehen. Die Bausparkasse finanziert die Bausparsumme vor – der Kunde zahlt anschließend die Sparraten für den Bausparvertrag sowie die Zinsen für das Vorausdarlehen. Dieses wird später mit Guthaben und Bausparkredit abgelöst.

Kontaktieren Sie drei Anbieter, die im jüngsten Finanztest-Vergleich von Riester-Bausparverträgen gut abgeschnitten haben, und lassen Sie sich individuelle Angebote erstellen. Dazu gehören ein Anspar- und ein Tilgungsplan für den enthaltenen Bausparvertrag. Achten Sie vor allem auf den Gesamteffektivzins für das Darlehen, der neben den Zinsen auch die Sparraten und Gebühren für den Bausparvertrag berücksichtigt. Nur darüber können Sie verschiedene Kombidarlehen untereinander sowie mit Hypothekendarlehen von Banken vergleichen.

Wichtig: Der Zinssatz für das Vorausdarlehen sollte unbedingt bis zur Zuteilung des Bausparvertrages festgeschrieben sein – sonst müssen Sie in dieser Zeit steigende Zinsen befürchten. Weiterer Ablauf siehe „Riester-Bausparverträge“ oben.

Riester-Baudarlehen

Allianz („RiesterDarlehen“) und Postbank/DSL („Förder Baudarlehen“) sind derzeit die einzigen bundesweiten Anbieter von Riester-Darlehen mit direkter Tilgung (Annuitätendarlehen). Ihre Darlehen werden jedoch oft auch von Vermittlungsgesellschaften und manchmal sogar von anderen Banken vermittelt – mitunter sogar zu einem günstigeren Zinssatz als das „Original“.

Generell gilt: Damit Ihnen die staatliche Förderung unterm Strich einen Vorteil verschafft, sollte der Effektivzins des Riester-Baudarlehens nicht oder nur geringfügig über dem eines vergleichbaren ungeförderten Annuitätendarlehens liegen. Falls Sie kein günstiges Angebot finden können, ist ein Riester-Kombidarlehen von der Bausparkasse eventuell die bessere Alternative (siehe auch „Eigenheimrente“, S. 52).

Betriebliche Altersversorgung: Über den Job zur Zusatzrente

Attraktiv ist die betriebliche Vorsorge, wenn der Chef etwas drauflegt. Spätestens ab 2022 ist er dazu sogar verpflichtet.

Arbeitnehmer haben einen Rechtsanspruch auf betriebliche Altersversorgung. Will die Belegschaft über den Betrieb vorsorgen, muss der Arbeitgeber mitziehen – darf jedoch Modell und Anbieter bestimmen. Dabei kann er zwischen fünf „Durchführungswegen" wählen. Die größte Rolle spielen derzeit Direktversicherung und Pensionskasse – mit Abstrichen auch Pensionsfonds. In allen drei Fällen überweist der Arbeitgeber die Spar-Euros an externe Versorgungsträger. Hinzu kommen zwei traditionelle Varianten, Direktzusage und Unterstützungskasse, bei denen die betriebliche Vorsorge direkt über die Firma oder ein firmeneigenes Institut läuft.

Der Arbeitgeber ist grundsätzlich verpflichtet, einen günstigen Anbieter herauszusuchen und seine Mitarbeiter über Nachteile umfassend aufzuklären. Tut er das nicht, macht er sich unter Umständen schadenersatzpflichtig, hat das Arbeitsgericht Stuttgart entschieden (Az. 19 Ca 3152/04).

Am besten beteiligt der Chef Mitarbeiter oder Betriebsrat an der Auswahl. Bestimmt er allein, muss er den Betriebsrat während der Planung zumindest informieren. Laut Bundesarbeitsgericht reicht es nicht, dies erst zu tun, wenn die Firma den Vertrag bereits abgeschlossen hat (Az. 3 ABR 13/74).

Steuer- und Abgabenfreiheit

So funktioniert die Entgeltumwandlung: Der Arbeitnehmer beauftragt den Betrieb, einen bestimmten Teil seines Bruttoverdienstes anzusparen. Der Betrieb schließt zugunsten des Beschäftigten einen Vorsorgevertrag ab und überweist die Beiträge. Das lohnt sich: Ein Sparer mit 3000 Euro Monatsverdienst, der jeweils 100 Euro davon einzahlt, hat unterm Strich nur 52 Euro weniger netto. Die Differenz ergibt sich durch die gesparten Steuern und Sozialabgaben.

Nachteil: Da der Bruttoverdienst geringer wird, zahlt der Sparer weniger Geld in die gesetzliche Rentenversicherung ein und hat später eine geringere Rente. Ein lediger Gutverdiener mit 58000 Euro Jahresgehalt „bezahlt" 100 Euro monatlichen Beitrag zur Betriebsrente später mit etwa 16 Euro weniger bei der gesetzlichen Rente.

Am schwersten wiegen die Nachteile für Arbeitnehmer, die 2018 ein monatliches Bruttoeinkommen zwischen 4425 Euro und

6500 Euro haben. Sie sparen nur den Beitrag zur Kranken-, nicht aber den zur Rentenversicherung. Trotzdem werden bei Auszahlung die vollen Sozialabgaben fällig.

Neue Regelungen seit 2018

Zu Jahresbeginn 2018 traten mit dem Betriebsrentenstärkungsgesetz zahlreiche Änderungen in Kraft: So können Arbeitnehmer ab sofort jedes Jahr 8 Prozent (bislang: 4 Prozent) der Beitragsbemessungsgrenze (West) in der gesetzlichen Rentenversicherung steuerfrei in eine Direktversicherung, eine Pensionskasse oder in einen Pensionsfonds einzahlen. Für 2018 sind das 6240 Euro (8 Prozent von 78000 Euro) – also bis zu 520 Euro im Monat. Im Gegenzug fiel der bislang geltende zusätzliche steuerliche Höchstbetrag von 1800 Euro pro Jahr weg. Von Sozialabgaben befreit bleiben weiterhin nur bis zu 4 Prozent, also maximal 3120 Euro im Jahr oder 260 Euro im Monat.

Arbeitgeber und Gewerkschaften dürfen sich ab sofort in Tarifverträgen auf eine neue Vorsorgeform einigen („Sozialpartnermodell"). Die bislang übliche Garantie zur Höhe der Rente gibt es dabei nicht. Stattdessen soll die Chance auf höhere Renditen und damit höhere Betriebsrenten steigen.

Auf Einzahlungen in Verträge, die unter dem Sozialpartnermodell laufen, muss der Arbeitgeber ab sofort 15 Prozent zuschießen – soweit das Geld in eine Direktversicherung, eine Pensionskasse oder einen Pensionsfonds fließt. Ab 2019 gilt das für sämtliche Neuverträge und ab 2022 auch für alte Verträge über Betriebsrenten.

Neu ist schließlich der Förderbetrag für Geringverdiener mit einem Verdienst von bis zu 2200 Euro brutto im Monat: Legt der Arbeitgeber auf deren Sparbeiträge pro Jahr zwischen 240 und 480 Euro drauf, übernimmt der Staat 30 Prozent dieser zusätzlichen Einzahlung. Für den Arbeitnehmer bleibt die Aufstockung steuerfrei.

Auf die Kosten achten

Sowohl bei der Leistung als auch bei den Kosten gibt es bedeutende Unterschiede.

Das Wichtigste in Kürze

Betriebsrenten per Gehaltsumwandlung sind geeignet für Sparer jeden Alters. Die Renditechancen sind stark abhängig von der Einkommenshöhe des Sparers und von Zuschüssen des Chefs. Der Vertrag sollte bis zur Rente laufen. Ein sicherer Arbeitsplatz in einer stabilen Firma spricht dafür, in eine betriebliche Altersversorgung einzuzahlen.

↑ bis ↘ Renditechance
↗ Sicherheit
↘ Flexibilität
↗ Bequemlichkeit

30

SEKUNDEN FAKTEN

17,7

Millionen Beschäftigte hatten Ende 2015 Anspruch auf mindestens eine Betriebsrente.

105 EURO

im Monat zahlten Arbeitnehmer 2015 im Schnitt in eine Pensionskasse ein,

104 EURO

in Pensionsfonds,

95 EURO

in Direktversicherungen.

578

Euro betrug 2015 im Schnitt die Netto-Betriebsrente eines zuvor in der Privatwirtschaft tätigen Mannes (Frauen: 245 Euro).

Quelle: TNS Infratest Sozialforschung im Auftrag des Bundesministeriums für Arbeit und Soziales (BMAS), 2016

Im Vergleich zu privaten Angeboten profitieren vor allem Mitarbeiter größerer Firmen von Kostenvorteilen. Vereinbart der Chef für sie einen Gruppentarif, steht ein größerer Teil der Beiträge für die Vorsorge zur Verfügung. Das ist gut für die Rendite.

Firmen- oder Branchenpensionskassen setzen üblicherweise keine Vertriebskosten an, wodurch der Abstand zwischen Rechnungszins und tatsächlicher Rendite ebenfalls schmilzt. Bei Betriebsrentenangeboten „normaler" Lebensversicherer schlagen die Kosten insgesamt stärker zu Buche. Das kann zu hohen Verlusten führen, wenn der Arbeitnehmer seine Einzahlungen schon nach kurzer Zeit stoppt.

Nicht für jeden geeignet

Am besten fahren Mitarbeiter, die einen sicheren Arbeitsplatz haben und nicht häufig den Arbeitgeber wechseln. Zwar haben sie einen Rechtsanspruch darauf, ihr Guthaben mitzunehmen – nicht jedoch darauf, dass ihr Vertrag fortgeführt wird. Der neue Arbeitgeber muss das Guthaben lediglich in eines seiner Versorgungssysteme einzahlen.

Auch können bei einem Neuabschluss gute Konditionen, die der alte Chef ausgehandelt hat, verloren gehen. Zudem gelten dann die jeweils aktuellen Bedingungen. Statt des ursprünglichen Garantiezinses, der um die Jahrtausendwende noch 4 Prozent betrug, werden Beiträge bei Neuverträgen nur noch mit 0,9 Prozent verzinst. Nur wenn ein Vertrag mit einer branchenweiten

Pensionskasse besteht, kann der Arbeitnehmer ihn in einer anderen Firma derselben Branche problemlos fortführen.

Eine Möglichkeit, sich wenigstens den Mitnahmestress zu ersparen, ist es, den bisherigen Vertrag beitragsfrei zu stellen, das Guthaben liegen zu lassen und beim neuen Arbeitgeber einen neuen Vertrag zu starten. Nachteil: Wer das öfter praktiziert, verliert schnell den Überblick über seine bei verschiedenen Firmen verstreuten Ansprüche auf Minirenten.

Wer außerdem schon weiß, dass er in ein paar Jahren bauen will und jeden Cent dafür braucht, sollte eine andere Sparform wählen. Während der Ansparphase ist kein vorzeitiger Zugriff auf das Vermögen möglich.

Zumindest einen Teil der eingesparten Steuer holt sich der Staat bei der späteren Auszahlung zurück – diese ist voll steuerpflichtig (siehe „Steuern und Sozialabgaben einkalkulieren", S. 140). Das lohnt sich jedoch für viele trotzdem – denn meist ist der persönliche Steuersatz im Alter niedriger.

Abzüge bei Auszahlung

Eine andere gesetzliche Regelung trifft viele Neurentner deutlich empfindlicher: Sind sie im Ruhestand gesetzlich krankenversichert – egal, ob pflichtversichert oder freiwillig –, müssen sie auf ihre Betriebsrente die vollen Beiträge zur Kranken- und Pflegeversicherung zahlen. Nach jetzigem Stand werden auf diese Weise aktuell gut 18 Prozent von der Rente abgezwackt.

Die Abgabenpflicht betrifft auch Ruheständler, die sich das Geld auf einen Schlag auszahlen lassen. Ihnen wird jedoch nicht sofort der volle Kassenbeitrag abgezogen, sondern auf 120 Monatsraten verteilt.

Ausnahme: In der Krankenversicherung pflichtversicherte Rentner, deren monatliche Betriebsrente höchstens 152,25 beträgt, zahlen keine Beiträge zur Krankeversicherung. Die Grenze steigt jährlich etwas an.

Ein gutes Angebot vorausgesetzt, ist die betriebliche Altersversorgung lukrativer als ein privater Vorsorgevertrag. Wer sich die Beiträge leisten kann und vom Chef einen Zuschuss bekommt, etwa in Höhe der eingesparten Lohnnebenkosten von rund 20 Prozent, sollte einen Vertragsabschluss prüfen. Im Ruhestand kann es allerdings 20 Jahre und mehr dauern, bis man das eingezahlte Geld wieder „heraus" hat. Dafür haben Sparer die Sicherheit einer lebenslangen Rente.

→ Extra vom Chef

Attraktiv wird die betriebliche Altersversorgung, wenn Ihr Chef ab spätestens 2019 Einzahlungen aufstockt. Holen Sie parallel ein Angebot über eine Riester-Rente sowie ein privates ungefördertes Angebot ein und vergleichen Sie es mit dem Angebot des Arbeitgebers. Basis ist jeweils die garantierte Leistung.

Fünf Formen der Betriebsrente

In vielen Unternehmen ist ein Vorsorgemodell per Tarifvertrag oder Betriebsvereinbarung gesetzt. In anderen Firmen können Mitarbeiter wählen. Hier die Vor- und Nachteile aller Modelle.

Das Prinzip der betrieblichen Versorgung ist stets gleich: Die Einzahlungen werden vom Staat gefördert, auf die Auszahlungen zahlt der Sparer Steuern und Abgaben. Unterschiede gibt es dagegen etwa bei Renditechancen und Zusatzbausteinen.

Modell 1: Direktversicherung

Eine Direktversicherung ist eine Lebensversicherung, die ein Arbeitgeber für einen Mitarbeiter abschließt. Bietet er nichts anderes an, kann der Mitarbeiter verlangen, dass der Chef eine Direktversicherung abschließt. Hat der Arbeitgeber dagegen bereits die Möglichkeit geschaffen, in eine Pensionskasse oder einen Pensionsfonds zu investieren, ist seine Schuldigkeit getan.

Neben klassischen Direktversicherungen mit Garantiezins gibt es zunehmend Angebote mit verhandlungsabhängigen Konditionen: Hier ist die garantierte Rente höher, wenn zehn oder mehr Mitarbeiter das Angebot des Chefs annehmen. Bei Einzelverträgen kann die Beitragsrendite sogar negativ sein, falls der Versicherer keine Überschüsse erwirtschaftet. Die dritte Variante sind Angebote mit abgesenkten Garantien. Sie sollen höhere Renditechancen bieten, die jedoch nicht sicher sind. Die spätere Rente ist kaum planbar. Teilweise ist das garantierte Kapital geringer als die Einzahlungen.

- **Verträge bis 2004.** Die bislang komplizierte Abgrenzung von Alt- und Neuverträgen wird durch das „Betriebsrentenstärkungsgesetz“ vereinfacht: Wurden bis 31. Dezember 2017 Einzahlungen bis zu 1752 Euro im Jahr pauschal mit 20 Prozent besteuert, bleibt dies auch in Zukunft so – lebenslang. Hinzu kommen Solidaritätszuschlag und eventuell Kirchensteuer – macht zusammen knapp 22 Prozent. Das lohnt sich umso mehr, je höher der Verdienst und damit der Grenzsteuersatz sind. Wichtig: Auch pauschal besteuerte Beiträge werden auf den neuen steuerfreien Höchstbetrag angerechnet. Obendrein sozialabgabenfrei bleiben Sparbeiträge, wenn sie aus einer Sonderzahlung wie Weihnachts- oder Urlaubsgeld stammen. Wird das Kapital später in einem Betrag ausgezahlt, bleibt dieser steuerfrei. Auszahlungen als Rente werden mit dem Ertragsanteil besteuert. Dieser ist vergleichsweise niedrig und hängt vom Alter bei Rentenbeginn ab. Beginnt die

Rente mit 65 Jahren, sind dauerhaft 18 Prozent steuerpflichtig. Wird die erste Rente mit 67 Jahren gezahlt, beläuft sich der Ertragsanteil auf 17 Prozent (siehe Tabelle „Beiträge versteuert", S. 144).

- **Verträge ab 2005.** Im Gegensatz dazu sind bei ab 2005 abgeschlossenen Verträgen die Beiträge gänzlich von der Steuer befreit. Steuerfrei einzahlen lassen sich bis 8 Prozent der jährlichen Beitragsbemessungsgrenze (West) in der gesetzlichen Rentenversicherung (2018: 6 240 Euro). Bis zu Einzahlungen in Höhe von 4 Prozent der Bemessungsgrundlage (2018: 3120 Euro) fallen darüber hinaus auch keine Sozialabgaben an. Auszahlungen aus solchen Neuverträgen sind in voller Höhe steuerpflichtig – egal, ob das Guthaben als Rente oder auf einen Schlag ausgezahlt wird.

Ein Vertragsangebot, das Sie mit Ihrem eigenem Gehalt finanzieren wollen, sollten Sie zuvor kritisch prüfen. Holen Sie dazu auf privater Basis gleichlautende Angebote mehrerer Lebensversicherer ein. An der Höhe der jeweils garantierten Leistungen sehen Sie, ob der Anbieter der Direktversicherung kostengünstig arbeitet.

Aufpassen heißt es bei einem Jobwechsel.

Verliert ein Arbeitnehmer seinen Job oder macht sich selbstständig, kann er seine Direktversicherung beitragsfrei stellen oder privat weiterführen. Die Beiträge sind dann allerdings nicht mehr steuerlich begünstigt.

Aufpassen heißt es bei einem Jobwechsel: Wer einen mehrere Jahre alten Vertrag mit hohem Garantiezins hat, lässt diesen besser beim alten Arbeitgeber beitragsfrei stehen und beginnt einen neuen Vertrag. Der alte ließe sich zwar ohne erneute Abschlusskosten fortführen – der ursprüngliche Garantiezins wäre allerdings futsch.

Riester inklusive? Arbeitnehmer dürfen Direktversicherungen auch fürs Riestern nutzen. Dann stammen die Beiträge zunächst aus dem Nettoeinkommen. Den Steuervorteil gibt es erst mit der Steuererklärung. Neu ist seit 2018, dass gesetzlich Krankenversicherte nur noch in der Ansparphase Kranken- und Pflegeversicherungsbeiträge zahlen müssen – in der Auszahlphase dagegen nicht mehr. Damit wird das Riestern über den Arbeitgeber mit privat abgeschlossenen Riester-Verträgen gleichgestellt.

Modell 2: Pensionskasse
Seit Arbeitnehmer einen Rechtsanspruch auf eine Betriebsrente haben, drängen private Lebensversicherer in den Markt und machen alteingesessenen Pensionskassen Konkurrenz. Unternehmen wie Debeka und Ergo haben eigene Pensionskassen gegründet, deren Angebote und Vertriebsstrukturen denen der Muttergesellschaften ähneln. Da die Versicherer Beratung anbieten und mit ihren Vertriebsleuten in die Unternehmen gehen, sind ihre Angebote oft teuer.

Je freier die Anbieterwahl für den Arbeitgeber, desto größer auch die Chance für Ar-

Checkliste

Untiefen umschiffen

Bietet der Betrieb eine Pensionskasse an, stehen Mitarbeiter vor der Frage: Lohnt sich das für mich oder lasse ich besser die Finger davon? Bei der Entscheidung können folgende Schritte helfen:

- ☐ **Garantierente vergleichen.** Lassen Sie sich ein individuelles Angebot für eine bestimmte Laufzeit und Beitragszahlung vorrechnen. Achten Sie auf die verbindliche Rentenzusage. Erfragen Sie gleichlautende Angebote für eine klassische private Rentenversicherung. Fordern Sie dabei auch Angebote bei Online-Anbietern an, weil diese meist sehr kostengünstig arbeiten.
- ☐ **Wertentwicklung checken.** Riskieren Sie keinen Verlust! Lassen Sie sich vom Ansprechpartner der Pensionskasse ausrechnen, wie hoch Ihr Sparguthaben nach zwei, drei oder fünf Jahren ist. Daraus können Sie ablesen, ob der Anbieter die Abschlusskosten von den ersten Beiträgen kassiert oder diese über die Laufzeit verteilt. Ist die Rente gering, zeigt das, dass anfangs kaum Kapital zum Sparen da ist.
- ☐ **Risiken abwägen.** Hohe Anfangskosten sind eventuell von Nachteil: Können Sie nach kurzer Zeit etwa wegen Arbeitslosigkeit nicht weiter einzahlen, verlieren Sie viel Geld. Wechseln Sie den Arbeitgeber, ist nicht viel im Topf, was Sie mitnehmen könnten. Wer plant, seinen Betrieb zu verlassen, um seinen Job oder die Existenz der Firma fürchtet, sollte Angebote ausschlagen.

beitnehmer, darauf Einfluss zu nehmen. Votiert zum Beispiel der Betriebsrat mit stichhaltigen Argumenten für eine bestimmte Pensionskasse, wird der Arbeitgeber diesen Vorschlag kaum übergehen.

Anders als Lebensversicherer sind allerdings nicht alle Pensionskassen an den aktuell gültigen Rechnungs- beziehungsweise Garantiezins (0,9 Prozent für Neuverträge seit 2017) gebunden. Manche Kassen verwenden einen höheren Zinssatz, der die dem Kunden vorab garantierte Rente erhöht.

Die garantierte Rente hängt darüber hinaus von etwaigen Zusatzleistungen ab. So geht eine extra vereinbarte Hinterbliebenen- oder Erwerbsminderungsrente zulasten der Rentenhöhe. Am meisten Rente gibt es am Schluss, wenn der Mitarbeiter zusätzliche Optionen so weit wie möglich abwählt. Doch auch hier lohnt es sich, genau hinzuschauen: So können Beschäftigte, die aufgrund von Vorerkrankungen auf dem freien Markt keine oder eine eingeschränkte Berufsunfähigkeitsversicherung bekommen würden, diesen Schutz oft problemlos in ihre betriebliche Vorsorge einschließen.

Eine hohe Garantierente hat eine weitere Kehrseite: Sie verringert die Chance auf zusätzliche Überschussbeteiligung. Zuverlässige Vorhersagen zur Höhe der Überschussbeteiligung gibt es zwar nicht – doch Kassen, die für den Ruhestand weniger Rente garantieren, müssen auch weniger Geld in gering verzinsten Anlagen binden und bieten dadurch höhere Chancen.

Modell 3: Pensionsfonds

Pensionsfonds sind die jüngste Form der betrieblichen Altersversorgung. Sie stehen in der Regel Firmen aller Branchen offen und dürfen das Sparkapital uneingeschränkt in börsennotierte Geldanlagen wie Aktien und Aktienfonds stecken. Im Gegenzug müssen Sparer Abstriche bei der Garantie machen: Zu Beginn der Rente ist nur das eingezahlte Kapital sicher. Da der Arbeitgeber dem Pensionssicherungsverein angehören muss, ist im Pleitefall das gesamte Guthaben abgesichert (siehe „Insolvenz – was jetzt?", S. 75).

„Viele Pensionsfonds verteilen die Kosten über die gesamte Laufzeit.

Welche Rente ein Pensionsfonds zahlt, hängt von seinen Erträgen ab. Entscheidend sind außerdem die Kosten, die der Fonds für Vertragsabschluss, Verwaltung und Zusatzleistungen wie Hinterbliebenenschutz kassiert. Auch der Beitragserhalt zu Rentenbeginn ist nicht gratis. Viele Pensionsfonds verteilen die Kosten über die gesamte Laufzeit. Besonders für jüngere Arbeitnehmer ist das wichtig, denn sie wechseln statistisch gesehen häufiger den Arbeitgeber.

→ Fonds-Check

Über die Qualität der angebotenen Investmentfonds kann in vielen Fällen unser Fondsdauertest fundierte Auskunft geben (Internet: www.test.de/produktfinder-fonds). Wenn ein Fonds dort nicht zu finden ist, liegt es oft daran, dass er noch zu jung ist, um valide Aussagen über seine Qualität machen zu können. Finanztest bewertet ausschließlich Fonds, die bereits seit mindestens fünf Jahren am Markt sind.

Auch bei Pensionsfonds spielen Gruppenrabatte eine Rolle. Sie machen die Verträge günstiger. Wichtig ist, dass der Rabatt einem Arbeitnehmer auch dann erhalten bleibt, wenn er die Firma wechselt.

Modell 4: Unterstützungskasse

Unterstützungskassen sind selbstständige Versorgungseinrichtungen. Einzahlungen sind fast unbegrenzt steuerfrei. Deshalb gilt diese Variante als besonders geeignet für Beschäftigte in den mittleren und oberen Etagen eines Unternehmens.

Verpflichtet sich ein Betrieb, Mitarbeitern eine Altersversorgung über eine Unterstützungskasse zu finanzieren, muss er dieser ausreichend Geld zukommen lassen. Entweder zahlt die Beiträge der Arbeitgeber, der Mitarbeiter – oder beide gemeinsam. Genaueres kann im Arbeitsvertrag, in einer Betriebsvereinbarung oder im Tarifvertrag festgeschrieben sein. Geht die Firma pleite, sind Ansprüche der Mitarbeiter über den Pensionssicherungsverein geschützt.

Die Höhe der Betriebsrente hängt stark von der Zusage des Arbeitgebers ab. Dieser garantiert nur eine versicherungsmathematisch errechnete Mindestauszahlung. Gehen regelmäßig Beiträge ein, ist diese Leistung sicher. Sie kann sich um Überschüsse erhöhen. Wie hoch diese ausfallen, hängt von den Kosten der Kasse und ihren Erträgen ab. Arbeitet sie mit einem Rückdeckungsversicherer zusammen, beeinflusst auch dessen Art zu wirtschaften die Überschüsse.

Nachteil für Arbeitnehmer: Unterstützungskassen sind wenig flexibel. So lassen sie keine sinkenden Beiträge zu. Wer einzahlt, muss einen stabilen oder gleichmäßig wachsenden Betrag leisten. Außerdem kann ein Arbeitnehmer, der den Job wechselt, seine Altersvorsorge nur fortsetzen, wenn er in derselben Branche bleibt oder die Unterstützungskasse branchenübergreifend tätig ist. Die Übertragung des Vorsorgeguthabens auf eine andere Kasse ist zwar möglich, aber schwierig. Ein Rechtsanspruch darauf besteht, anders als bei Direktversicherungen, Pensionskassen und Pensionsfonds, nicht.

Modell 5: Direktzusage

Mit einer Direktzusage, auch Pensionszusage genannt, verpflichtet sich der Arbeitgeber, Mitarbeitern im Alter oder bei Invalidität eine Betriebsrente zu zahlen oder ihre Angehörigen im Todesfall finanziell zu unterstützen. Eine Direktzusage kommt ohne externen Versorgungsträger aus. Damit der Chef sein Versprechen gegenüber den Mitarbeitern halten kann, muss er Rückstellungen bilden – wobei es genügt, wenn er das auf dem Papier tut.

Laufen die Geschäfte der Firma gut, sind Verpflichtungen gegenüber ehemaligen Mitarbeitern kein Problem.

Dank dieses Vorgehens zahlt das Unternehmen weniger Steuern und hat erst einmal mehr Geld zur Verfügung. Die zugesagten Leistungen muss es irgendwann in einer Art Umlageverfahren aus laufenden Erträgen zahlen. Da die Betriebsrente jedoch bei Zahlungsschwierigkeiten gefährdet wäre, zahlt das Unternehmen Beiträge an den Pensionssicherungsverein. Dieser würde im Fall einer Insolvenz einspringen.

Solange eine Firma ihre Geschäfte ausbaut und die Erträge steigen, sind die Verpflichtungen gegenüber ehemaligen Mitarbeitern kein Problem. Zu einer Belastung werden sie, wenn es schlechter läuft oder das Unternehmen seine Verpflichtungen falsch eingeschätzt hat. Das kann passieren, wenn die Firma etwa Beschäftigten einen Invaliditätsschutz zusagt und dann mehr Mitarbeiter invalide werden als kalkuliert. Außerdem kann die stetig steigende Lebenserwartung dazu führen, dass das Unternehmen Renten viel länger zahlen muss.

Damit ihnen die Betriebsrenten nicht über den Kopf wachsen, finanzieren viele Unternehmen die Anwartschaften bereits in der Ansparphase. Sie legen dann tatsächlich Kapital zurück. Dieses ist dann allerdings zweckgebunden. Die Rückdeckung funktioniert auch, indem der Betrieb Beiträge an eine Versicherung oder Pensionskasse zahlt. Dann trägt diese die Verpflichtungen des Unternehmens. Der Arbeitgeber haftet zwar immer noch für die Leistung, muss aber nur einspringen, wenn der Rückdeckungsversicherer zahlungsunfähig wird.

Sicherheiten und Risiken der betrieblichen Versorgung

Bevor Sie das Angebot Ihres Betriebs annehmen, sollten Sie ein paar entscheidende Dinge bedenken. Dazu gehört die Frage, was mit Ihrer Rente bei Jobwechsel oder Insolvenz passiert.

Falls Sie mit einem Vertrag über eine betriebliche Altersversorgung liebäugeln, dann sollten Sie sich vor der Unterschrift ein paar Gedanken über die vielen Jahre machen, in denen Sie Beiträge zahlen werden. Haben Sie Grund zu der Annahme, dass Sie das schaffen, oder müssen Sie davon ausgehen, Ihren Arbeitsplatz zu verlieren? Können Sie vielleicht aufgrund einer Krankheit irgendwann nicht mehr arbeiten?

Natürlich lässt sich heute noch nicht im Detail absehen, was die nächsten Jahre bringen. Vielleicht läuft ja bei Ihnen alles nach Wunsch: Sie bleiben gesund und können ohne Einschränkungen Ihrer Arbeit nachgehen – eventuell sogar bis zur Rente beim selben Arbeitgeber. Dieser wiederum gerät im Idealfall nie in finanzielle Schieflage oder muss sogar Insolvenz anmelden.

Dieses Szenario klingt verlockend, und möglicherweise spricht vieles dafür. Dennoch sieht die Realität oft anders aus. Angenommen, Sie haben mithilfe des Staates und eventuell des Arbeitgebers ein ansehnliches Guthaben angespart – könnten Sie es problemlos zu einem anderen Arbeitgeber mitnehmen? Ist es sicher, wenn Ihr Betrieb insolvent wird? Was wird daraus, sollten Sie schwer krank werden oder sogar sterben?

Zusatzschutz kostet extra

Über den Betrieb können Arbeitnehmer grundsätzlich auch für den Fall vorsorgen, dass sie berufsunfähig werden oder frühzeitig versterben. Das geht allerdings nur, wenn der Arbeitgeber ein entsprechendes Angebot macht. Berufsunfähigkeits- und Hinterbliebenenschutz sind sowohl bei Direktversicherungen, Pensionskassen und Pensionsfonds als auch bei Direktzusagen und Unterstützungskassen möglich.

Optimal ist ein Angebot, wenn der Versicherte in seinen Vertrag einen Risikoschutz einbauen kann, der auf seine Bedürfnisse zugeschnitten ist. Ein obligatorischer Hinterbliebenenschutz wäre etwa für Singles nicht passend. Sie können niemanden begünstigen und würden dann für den Schutz anderer zahlen. Paare und Familien, die nicht anderweitig vorsorgen, können so dagegen die finanziellen Folgen abfedern, falls der Hauptverdiener verstirbt.

Im Fall von Pensionskassen und Pensionsfonds müssen Arbeitnehmer übrigens nicht sofort entscheiden, ob sie mehr als die reine Altersrente wollen. Sie können Zusatzbausteine auch noch später in ihren Vertrag aufnehmen lassen.

Für den Fall, dass der Sparer vorzeitig verstirbt, kann er im Rahmen seiner betrieblichen Versorgung sowohl eine Hinterbliebenenrente, eine Rentengarantie, als auch eine Beitragsrückgewähr vereinbaren. Besteht ein Anspruch auf eine Hinterbliebenenrente, bekäme der verwitwete Ehe- oder Lebenspartner beispielsweise 60 Prozent der Altersrente ausgezahlt.

Eine Rentengarantie beinhaltet, dass die Altersrente auf jeden Fall für eine gewisse Zeit gezahlt wird. Meist liegt dieser Zeitraum zwischen fünf und zehn Jahren. Stirbt der Versicherte vor Ablauf dieser Zeitspanne, bekommen die Erben die Rente bis zum Ende der Frist weitergezahlt.

Ist eine Beitragsrückgewähr vereinbart, erhalten im Todesfall die Hinterbliebenen die eingezahlten Beiträge zurück. Ohne diese Vereinbarung hätte der Versicherte umsonst eingezahlt. Seine Beiträge, etwa an eine Pensionskasse, kämen nach seinem Tod den anderen Versicherten zugute.

Was tun bei Jobwechsel?

Wer den Arbeitgeber wechselt, muss seine betriebliche Altersversorgung nicht zwangsläufig unter- oder abbrechen. Viele Arbeitnehmer haben das Recht, sie auf ihre neue Firma zu übertragen. Diese muss das mitgebrachte Kapital dann in ihr Versorgungssystem integrieren. Nach dem Ausscheiden aus dem alten Betrieb haben Arbeitnehmer ein Jahr lang Zeit für die Übertragung.

Dieses Mitnahmerecht gilt für alle seit 1. Januar 2005 abgeschlossenen Verträge über eine Pensionskasse, einen Pensionsfonds oder eine Direktversicherung. Ältere Verträge sind dagegen davon ausgenommen – genauso wie Verträge über Unterstützungskassen und Direktzusagen.

Mitnehmen können Jobwechsler jedoch nur „unverfallbare" Rentenansprüche (siehe S. 75). Die Kosten trägt der Arbeitnehmer. Sie werden vom übertragenen Kapital abgezogen. Der neue Chef muss eine „wertgleiche

---

Günstige Alternative. Hinterbliebenen- und Berufsunfähigkeitsversicherung kosten immer Geld und schmälern die Altersrente. Sinnvoller als der zusätzliche Schutz im Rahmen der betrieblichen Vorsorge ist deshalb oft eine private Risikolebensversicherung. Diesen Schutz gibt es schon ab einem Jahresbeitrag von weniger als 150 Euro.

Zusage" stricken. Was das heißt, ist im Einzelfall zu klären. Enthält der alte Vertrag etwa einen Invaliditätsschutz, kann dieser entfallen oder geringer werden, wenn es im Gegenzug mehr Alters- oder Hinterbliebenenrente gibt.

Interessenten sollten sich in jedem Fall bei ihrer Firma erkundigen, welche Rentenansprüche sie bereits erworben haben und wie viel Geld sie mitbekämen. Unternehmen sind verpflichtet, Angestellte bei berechtigtem Interesse über die voraussichtliche Höhe ihrer Zusatzrente zu informieren.

“ Wenden sie damit eine Pleite ab, dürfen Arbeitgeber in die von ihnen finanzierte Altersversorgung eingreifen.

Wer dagegen seine Betriebsrente nicht mitnehmen will, lässt sie bei der alten Firma stehen. Meist lässt sie sich mit privaten Beiträgen weiter auffüllen – dann allerdings weder steuer- noch abgabenfrei. Im Gegenzug würde der Anteil der Betriebsrente, der aus eigener Tasche bezahlt wurde, später nur gering besteuert und ohne Abzug von Sozialabgaben ausgezahlt.

Wenn die Pleite droht

Wenden sie damit eine Pleite ab, dürfen Arbeitgeber in die von ihnen finanzierte Altersversorgung ihrer Mitarbeiter eingreifen. Faustregel: Je weiter Versicherte noch von der Rente entfernt sind, desto einfacher ist ein solcher Eingriff möglich.

Während an laufenden Rentenzahlungen normalerweise nichts geändert wird, müssen Menschen, die noch im Berufsleben stehen, eher mit Nachteilen rechnen. Wohlgemerkt: Betroffen wäre immer nur der Teil der Vorsorge, den der Arbeitgeber finanziert. Das heißt konkret: Leidet die Firma unter einer erheblichen wirtschaftlichen Belastung, darf sie die Anwartschaft auf den bereits vom Arbeitnehmer erworbenen Teil beschränken und einfrieren.

Doch das ist nur eine Möglichkeit: Würde dem Betrieb ein nachhaltiger Substanzverlust drohen, falls er die betriebliche Altersversorgung ohne jegliche Einschränkung weiterfinanzierte, kann der Arbeitgeber bei der Rentenberechnung nicht nur kommende Jahre der Betriebszugehörigkeit ausklammern. Er dürfte außerdem die Betriebsrenten auf Basis des aktuellen Verdienstes berechnen, statt nach dem – höheren – letzten Verdienst vor Rentenbeginn.

Am härtesten trifft es Arbeitnehmer, wenn der Arbeitgeber ihre bereits erworbenen Ansprüche kürzt. Ein solcher Eingriff muss jedoch sehr vorsichtig geschehen und ist grundsätzlich nur in einer wirtschaftlichen Notlage möglich. Die gute Nachricht: Geht eine Firma pleite, existiert in jedem Fall ein Sicherungssystem für die Betriebsrentner. Arbeitnehmer können jedoch Ansprüche verlieren.

Insolvenz – was jetzt?

Bei Insolvenz springt in den meisten Fällen der Pensionssicherungsverein (PSV) ein. Er steht sowohl für laufende Betriebsrenten gerade als auch für die bis zur Pleite erworbenen Ansprüche der Arbeitnehmer. Er übernimmt jedoch nur Anwartschaften, die bereits unverfallbar sind.

Der Begriff „Unverfallbarkeit“ ist unterschiedlich definiert, je nachdem, ob Arbeitgeber oder Mitarbeiter die betriebliche Altersversorgung finanzieren.

Anwartschaften, die der Arbeitgeber seit 1. Januar 2009 zugesagt hat und finanziert, können nicht mehr verfallen, wenn der Arbeitnehmer mindestens 25 Jahre alt ist und die Zusage seit wenigstens fünf Jahren besitzt. Zu den fünf Jahren zählt auch eine Pause wegen Elternzeit. Für zwischen 1. Januar 2001 und 31. Dezember 2008 gemachte Zusagen gilt ein Mindestalter von 30 Jahren. Junge Arbeitnehmer, die erst wenige Jahre in einer Firma sind, können also bei einer Pleite – aber auch bei einem Arbeitgeberwechsel – ihre gesamten Ansprüche verlieren. Doch Änderungen sind in Sicht.

Ab 1. Januar 2018 gilt nach Umsetzung der EU-Mobilitätsrichtlinie: Zusagen für eine betriebliche Altersversorgung können bereits nach drei Jahren und ab einem Alter von 21 Jahren nicht mehr verfallen.

Der Anspruch von Arbeitnehmern, die ihre Betriebsrente per Gehaltsumwandlung selbst bezahlen, ist seit 1. Januar 2001 sofort in voller Höhe unverfallbar. Finanzieren Arbeitgeber und Arbeitnehmer die künftige Rente gemeinsam, ist nur der Teil sofort unverfallbar, den der Arbeitnehmer selbst anspart. Firmen, die eine Direktzusage, eine Unterstützungskasse oder einen Pensionsfonds anbieten, sind gesetzlich verpflichtet, Mitglied im PSV zu werden.

Direktversicherungen werden von Lebensversicherern angeboten. Geht ein Betrieb pleite, ist das Geld der Kunden demzufolge über die Protektor Lebensversicherungs AG, den Sicherungsfonds der Lebensversicherer, geschützt. In Ausnahmefällen springt jedoch auch hier der Pensionssicherungsverein ein.

Dagegen stehen Pensionskassen unter der Kontrolle der Bundesanstalt für Finanzdienstleistungsaufsicht (Bafin). Die meisten Kassen haben die Rechtsform eines Versicherungsvereins auf Gegenseitigkeit. Es gibt jedoch auch Pensionskassen, die als Aktiengesellschaften auftreten und damit Lebensversicherern gleichgestellt sind. Diese Kassen sind Mitglieder im Sicherungsfonds Protektor. Dagegen können die Versicherungsvereine laut Satzung Beiträge erhöhen oder Leistungen kürzen. Zudem stehen die Trägerunternehmen für sie ein.

Kommt es in der Praxis zu Beitragserhöhungen, Leistungskürzungen oder sogar zu einer Insolvenz, muss der Arbeitgeber dafür geradestehen, nicht der Versicherte. Der Arbeitgeber hat die Pflicht, Verluste seiner Mitarbeiter auszugleichen – auch die ehemaliger Beschäftigter.

Zusatzversorgung im öffentlichen Dienst

Für pflichtversicherte Angestellte von Bund, Ländern und Kommunen ist die Zusatzversorgung im öffentlichen Dienst (ZÖD) tariflich festgeschrieben. Zuletzt gab es massive Kürzungen.

Die Zusatzversorgung soll die gesetzliche Rente der Angestellten im öffentlichen Dienst ergänzen. Seit dem Jahr 2002 müssen sie allerdings massive Kürzungen in Kauf nehmen. Der mit Abstand größte Träger der ZÖD ist die Versorgungsanstalt des Bundes und der Länder (VBL) mit 1,8 Millionen Versicherten. Die übrigen 24 Zusatzversorgungskassen zählen insgesamt drei Millionen Versicherte. Sie haben sich in der Arbeitsgemeinschaft kommunale und kirchliche Zusatzversorgung (AKA) zusammengeschlossen.

Die ZÖD hatte ursprünglich zum Ziel, Beschäftigte des öffentlichen Dienstes in Sachen Altersvorsorge mit Beamten gleichzustellen. Die Zusatzrente war so bemessen, dass sie zusammen mit der gesetzlichen Rente etwa die Höhe einer Beamtenpension erreichte. Die öffentlichen Arbeitgeber finanzierten das System durch Umlagen.

Systemwechsel seit 2002

Dieses Gesamtversorgungssystem wurde 2002 aus Kostengründen in ein Betriebsrentensystem überführt. Die Zusatzrente berechnet sich seitdem nicht mehr nach dem letzten Gehalt und ist von der gesetzlichen Rente abgekoppelt. Nunmehr werden verdienst- und altersabhängig Versorgungspunkte ermittelt. Diese werden mit einem Messwert multipliziert und auf diesem Weg in eine „Punkterente" umgewandelt.

Größtenteils leisten auch Beschäftigte einen Beitrag zur Zusatzrente, allerdings in unterschiedlicher Höhe.

Ihre Finanzierung regelt jede Kasse selbst. Die Umlagefinanzierung durch den Arbeitgeber kann dabei durch kapitalgedeckte Elemente ergänzt werden. Größtenteils leisten auch die Beschäftigten einen Beitrag, allerdings regional in unterschiedlicher Höhe. Für VBL-Versicherte beträgt der Umlagesatz im Westen 7,86 Prozent vom Bruttoverdienst – davon trägt der Arbeitgeber 6,45 Prozent, der Beschäftigte 1,41 Prozent. Seit 2015 zahlen Arbeitnehmer einen zusätzlichen Beitrag zur Umlage. Dieser steigt bei der VBL West zum 1. Juli 2018 von 0,3 Prozent auf 0,4 Prozent.

Im Osten zahlten beide Seiten früher jeweils 2 Prozent ein, sodass der Umlagesatz 4 Prozent vom Brutto betrug. Ab 1. Juli 2015 wurde in der VBL Ost ein zusätzlicher Arbeitnehmerbeitrag eingeführt, der sich bislang je nach geltendem Tarifvertrag unterschied. Ab 1. Juli 2018 beträgt dieser Zusatzbeitrag einheitlich 2,25 Prozent, sodass dann alle Arbeitnehmer 4,25 Prozent zahlen.

→ Höhe der Punkterente

Wie viel ein Beschäftigter später bekommt, ist abhängig von der Anzahl der Versicherungsjahre und der jährlichen Entgeltsteigerung. Faustregel: Je mehr Versicherungsjahre und/oder je geringer das Plus beim Verdienst, desto höher die Rente in Relation zum letzten Gehalt. Ihre Rente können Versicherte – auch anderer Zusatzversorgungskassen – ausrechnen unter www.vbl.de („Online-Rechner" – „Betriebsrentenrechner").

Fünf Jahre Wartezeit

Für einen Anspruch auf eine Betriebsrente müssen Beschäftigte – analog zur gesetzlichen Rentenversicherung – eine fünfjährige Wartezeit erfüllt haben. Wer nicht auf die fünf Jahre kommt, hat später lediglich die Möglichkeit, sich seine Beiträge wieder erstatten zu lassen. Freiwillige Einzahlungen sind dagegen nicht möglich.

Die ZÖD bietet ihren Versicherten neben einer lebenslangen Betriebsrente auch einen Erwerbsminderungs- und Hinterbliebenenschutz. Deren Leistungen entsprechen weitgehend denen der gesetzlichen Rentenversicherung, inklusive der Abschläge bei vorgezogenem Rentenbeginn.

Pflichtversicherte in der ZÖD, zum Beispiel Versicherte im Basistarif VBLklassik, können obendrein über eine freiwillige Versicherung – etwa im Rahmen des Zusatztarifs VBLextra oder der PlusPunktRente – zusätzlich für das Alter vorsorgen und dabei wahlweise von der staatlichen Förderung der Entgeltumwandlung oder der Riester-Förderung profitieren.

Rürup-Rente: Steuerbonus für Selbstständige

Die Rürup-Rente bringt Sparern Steuervorteile, zwängt sie aber auch in ein starres Korsett aus Bedingungen. Zudem sind die zu Vertragsbeginn garantierten Rentenhöhen deutlich gesunken.

Versicherungsunternehmen nennen die Rürup-Rente auch „Basisrente" und bieten Vorsorgeverträge unter dieser Bezeichnung an. Einen Vertrag abschließen können sowohl Selbstständige und Freiberufler als auch Beamte und Arbeitnehmer. Die letzteren beiden Gruppen sollten jedoch eine Riester-Rente vorziehen. Für Arbeitnehmer kann zudem eine betriebliche Altersvorsorge vorteilhafter sein (siehe S. 62).

Im Gegensatz zur Riester-Rente bezuschusst der Staat die Rürup-Rente nicht mit Zulagen. Stattdessen gewährt er Steuervorteile für weit größere Einzahlungen: Sparer können ihre Beiträge in der Steuererklärung als Altersvorsorgeaufwand angeben. Einen Teil davon erkennt das Finanzamt dann als Sonderausgaben an. Im Gegenzug müssen alle, die ihre Rürup-Rente ab 2040 ausgezahlt bekommen, 100 Prozent versteuern.

Die Obergrenze für förderfähige Beiträge ist seit 2015 an den Höchstbetrag zur knappschaftlichen Rentenversicherung (West) gekoppelt. Für 2018 können Sie bis zu 23712 Euro (Ehepaare/gesetzliche Lebenspartner: 47424 Euro) geltend machen.

Steuerabzug wächst

Geblieben ist die Staffelung des abzugsfähigen Beitragsanteils: Von den Beiträgen des Jahres 2018 – bis zur Obergrenze – erkennt das Finanzamt 86 Prozent steuermindernd an. Alleinstehende können auf diese Weise ihr zu versteuerndes Einkommen für 2018 um bis zu 20393 Euro drücken, Ehepaare und gesetzliche Lebenspartner um bis zu 35476 Euro. Und jedes Jahr wird es mehr: Für 2019 sind 88 Prozent, für 2020 dann 90 Prozent und ab 2025 schließlich die vollen 100 Prozent steuerlich abzugsfähig.

Unflexible Bedingungen

Flexibilität ist dagegen keine Stärke der Rürup-Rente. Im Gegenteil: Eine Auszahlung auf einen Schlag ist unmöglich – auch nicht teilweise wie bei der Riester-Rente. Die Rente kann frühestens mit 60 Jahren beginnen, bei ab 2012 geschlossenen Verträgen ab 62 Jahren. Sparer können ihren Vertrag nicht kündigen – es gibt keinen Rückkaufswert. Möglich ist nur eine Beitragsfreistellung.

Fangen Sparer bei einem anderen Anbieter neu an, müssen sie noch einmal Abschlusskosten zahlen. Dasselbe gilt, wenn der alte Anbieter es in seinen Vertragsbedingungen erlaubt, dass Sparer ihr Kapital mitnehmen. In unserem letzten Test (Dezember 2016) ließen das 7 von 18 Anbietern zu.

Nicht möglich sind schließlich das Vererben, Übertragen oder Beleihen eines Rürup-Guthabens.

Wer viel verdient und mehr Steuern zahlt, profitiert von der Rürup-Rente deutlich stärker als Durchschnitts- und Geringverdiener.

Faustregel: Wer viel verdient und mehr Steuern zahlt, profitiert von der Rürup-Rente deutlich stärker als Durchschnitts- und Geringverdiener. Flauten beim Verdienst machen sich in jedem Fall negativ bemerkbar. Selbstständige, die nicht wissen, ob sie ihre Beiträge immer pünktlich zahlen können, sollten einen Anbieter wählen, der die Beiträge bei Engpässen zinslos stundet. Umgekehrt erlauben manche Anbieter bei guter Auftragslage Extrazahlungen.

Guthaben teilweise geschützt

Entgegen den Werbeversprechen der Versicherer sind Rürup-Guthaben während der Sparphase nicht unantastbar. Sie müssen unter Umständen aufgelöst und verbraucht werden, bevor ein Sparer etwa Arbeitslosengeld II oder Prozesskostenhilfe beziehen kann. Sich etwa über eine Einmalzahlung in eine Rürup-Versicherung „arm zu machen" und in der Folge staatliche Leistungen zu beziehen wird als Missbrauch geahndet. Wer vorsätzlich oder grob fahrlässig die eigene Hilfsbedürftigkeit herbeigeführt hat, muss gezahlte Leistungen erstatten und – im Fall von Hartz IV – zusätzlich mit einer Kürzung der Leistungen rechnen.

Hinzu kommt: Gläubiger und Insolvenzverwalter können Rürup-Guthaben pfänden lassen. Wie der Bundesgerichtshof (BGH) entschied, schützt ein vertraglich vereinbarter „Verwertungsausschluss" nur in Ausnahmefällen davor (Az. IX ZR 79/11). Dieser soll dem BGH zufolge lediglich sicherstellen, dass der Sparer sein Guthaben nicht selbst vor Rentenbeginn verbrauchen kann.

Zum Vergleich: Bei Riester-Verträgen sind in der Ansparphase die steuerlich geförderten Einzahlungen geschützt – nicht aber „überzahlte", also über den Mindesteigenanteil hinausgehende Beiträge. Damit sind Riester-Guthaben immerhin zumindest teilweise pfändungssicher.

Kosten drücken Rente

Wie hoch die Rürup-Rente später ist, hängt wesentlich von den Abschluss- und Verwaltungskosten des Versicherers ab – sowie vom Erfolg seiner Kapitalanlagen. Je höher die Kosten, die der Anbieter abzieht, desto weniger fließt in den Spartopf und desto niedriger ist die garantierte Rente.

Der Unterschied zwischen einem guten und einem schlechten Vertrag kann sich im Alter über die Jahre leicht auf 30 000 Euro summieren. Wer mit Rürup vorsorgen will, sollte deshalb unbedingt ein gutes Angebot wählen. Finanztest filtert diese regelmäßig heraus. Im letzten Test lagen Europa, Hanse-Merkur und Huk24 bei den klassischen Rürup-Rentenversicherungen vorn – und bekamen als Einzige das Qualitätsurteil „Gut".

Aufgrund des immer weiter gesunkenen Garantiezinses sind die zugesicherten Rentenhöhen in den vergangenen Jahren stark gesunken. Viele Versicherer garantieren nur noch den Erhalt der eingezahlten Beiträge. Ob und in welcher Höhe am Ende Überschüsse hinzukommen, ist ungewiss.

Übrigens: Wie viel Rendite ein Rürup-Sparer erzielt, hängt auch von seinem Alter ab. Vorsorgesparer, die heute nur noch wenige Jahre bis zur Rente haben, profitieren am meisten, denn bei ihnen ist der steuerfreie Teil der Einzahlungen größer als später der steuerpflichtige Teil der Rente.

Nachteil für Arbeitnehmer

Auch Arbeitnehmer können einen Rürup-Vertrag abschließen – können jedoch nicht genauso viel gefördert einzahlen wie Selbstständige. Hintergrund: Sie müssen von der Höchstsumme zunächst ihren Jahresbeitrag zur gesetzlichen Rentenversicherung abziehen. Erst den Restbetrag berücksichtigt das Finanzamt als Bemessungsgrundlage für den Sonderausgabenabzug.

Dieser Vorteil für Selbstständige ist vom Gesetzgeber gewollt. Denn für viele von ihnen ist die Rürup-Rente die einzige Möglichkeit, steuerbegünstigt fürs Alter zu sparen.

Die meisten Selbstständigen können nur riestern, wenn ihr Ehepartner sozialversicherungspflichtig beschäftigt ist und einen Riester-Vertrag abschließt. Die betriebliche Förderung können sie gar nicht nutzen.

Rürup-Rentenversicherung

Die Rürup-Rente existiert als klassische und als fondsgebundene Rentenversicherung sowie als Fondssparplan. Bisher bieten vor allem Lebensversicherer Verträge an, Fondsgesellschaften und Banken nur vereinzelt.

Mehr als die Hälfte der Verträge entfällt auf fondsgebundene Rentenversicherungen. Hier bekommt der Kunde in der Ansparphase keine garantierte Verzinsung seiner Beiträge, sondern trägt das volle Anlagerisiko. Wer sich dafür entscheidet, die Fonds selbst auszuwählen, sollte rechtzeitig vor Rentenbeginn in risikoarme umschichten.

→ Vorsicht, Fondspolice

Laufen die Fonds schlecht, drohen Rürup-Sparern Verluste. Anders als bei der Riester-Rente müssen Anbieter von Rürup-Fondspolicen nicht garantieren, dass die Beiträge bei Rentenbeginn zur Verfügung stehen. Finanztest rät Vorsorgesparern deshalb von Rürup-Fondspolicen ab!

Sicherer legen Sparer ihr Geld mit einer klassischen Rentenversicherung an. Sie bekommen dann auf den Sparanteil ihrer Beiträge einen Garantiezins. Der Sparanteil ist der Teil, der nach Abzug der Kosten und des Beitrags für den Hinterbliebenen- und Berufsunfähigkeitsschutz übrig bleibt. Für seit 2017 abgeschlossene Verträge liegt der Garantiezins bei 0,9 Prozent.

Sparer können den Anbieter wechseln und ihr Guthaben mitnehmen – aber nur, wenn dies im Vertrag erwähnt ist. Wenige Versicherer gestatten das von sich aus. Ob sich der Versicherer auf einen entsprechenden Zusatz im Vertrag einlässt, ist ungewiss.

Eine Alternative zum Wechsel des Anbieters ist eine Beitragsfreistellung. Einige Versicherer verlangen jedoch, dass der Sparer bis dahin einen bestimmten Betrag angesammelt hat. Ist dieser noch nicht erreicht, wären bei einer Beitragsfreistellung die gesamten Einzahlungen verloren.

→ Nicht für jeden geeignet

Eine Rürup-Rente kommt nur für gut verdienende Selbstständige und Freiberufler infrage, die sich die Beiträge bis zum Rentenbeginn leisten können und eine lebenslange Rente haben wollen. Wer dagegen eventuell eine Kapitalauszahlung bevorzugt, ist bei der Rürup-Rente falsch.

Bereits zu Beginn des Vertrags erfährt der Kunde, wie hoch seine Rente mindestens sein wird. Das macht die Vorsorge planbar.

Das Wichtigste in Kürze

Bei einer **klassischen Rürup-Rente** bekommt der Kunde eine garantierte Verzinsung von 0,9 Prozent (Neuverträge) auf den Teil der Beiträge, der nach Abzug der Abschluss- und Vertragskosten übrig bleibt.

→ Renditechance
↗ Sicherheit
↘ Flexibilität
↑ Bequemlichkeit

Das Wichtigste in Kürze

Bei einer **fondsgebundenen Rürup-Rente** gibt es keine garantierte Verzinsung. Die Höhe der Rente ist völlig ungewiss. Nicht einmal die eingezahlten Beiträge sind garantiert.

↗ Renditechance
↘ Sicherheit
↘ Flexibilität
→ Bequemlichkeit

Hinzukommen können Überschüsse, die der Anbieter mit dem Kundengeld erwirtschaftet. Der Sparer wird auf unterschiedliche Weise daran beteiligt. Die günstigste Variante ist die sogenannte Bonusrente. Hier werden die jährlichen Überschüsse wieder in die Rürup-Rente investiert. Dies erhöht die garantierte Rente.

Hinterbliebene absichern

Eine Rürup-Rente lässt sich – wie andere private Renten – nicht vererben. Schließt der Kunde einen Vertrag ab, kann er aber Zusatzleistungen vereinbaren: Bis zu 49 Prozent des Beitrags können in Hinterbliebenen- und Berufsunfähigkeitsschutz oder in eine der beiden Zusatzleistungen fließen. Im Gegenzug fällt die spätere Rente geringer aus.

In Sachen Berufsunfähigkeit sollte nicht die Rentenhöhe das vorrangige Kriterium sein. Dreh- und Angelpunkt sind die Vertragsbedingungen. Ein Hinterbliebenenschutz gilt nur für Ehepartner und zu versorgende Kinder bis zum 25. Lebensjahr, nicht aber für unverheiratete Partner. Ohne Zusatzversicherung kommt das angesparte Kapital im Todesfall der Versichertengemeinschaft zugute. Wer lange lebt, profitiert also vom Schutz der Gemeinschaft – wer früh stirbt, zahlt drauf.

Stellt der Kunde seinen Vertrag beitragsfrei, lassen sich etwaige Zusatzversicherungen in der Regel nicht separat weiterführen. Der bereits erworbene Hinterbliebenen- und Berufsunfähigkeitsschutz reicht womöglich nicht aus oder fällt ganz weg. Besser ist es daher, eine separate Berufsunfähigkeitsversicherung abzuschließen und die Familie durch eine günstige Risikolebensversicherung zu schützen.

Rürup-Fondssparplan

Rürup-Fondssparpläne müssen Sparer mit der Lupe suchen. Wer doch fündig wird, sollte einen Vertrag wählen, der zu Rentenbeginn das eingezahlte Geld garantiert.

Fondssparpläne mit Rürup-Förderung bieten derzeit unter anderem die Fondsgesellschaften DWS („BasisRente Premium“), Deka („BasisRente“) sowie Allianz Global Investors („BasisRente InvestFlex“) an. Anbieter Fairr.de hat einen Fondssparplan mit Indexfonds (ETF) im Angebot („fairrürup“).

Sicherheit und Flexibilität der Fondsanlage hängen vom Konzept des Anbieters ab. So bietet die DWS in den Jahren vor Rentenbeginn die Umschichtung des Guthabens in schwankungsärmere Fonds sowie den Erhalt von 90 Prozent des Guthabens an. Bei der Deka können Sparer ohne Zusatzkosten Zahlungen aussetzen oder Sonderzahlungen leisten. Der Rentenbeginn kann zwischen dem 62. und 75. Lebensjahr liegen. Die Allianz erlaubt es Sparern, die Höhe der Beitragsgarantie selbst zu bestimmen.

Für die Auszahlphase schließen die Fondsgesellschaften eine private Rentenversicherung ab. Sparer, die ihr Guthaben von einem anderen Anbieter verrenten lassen wollen, sollten dies der Fondsgesellschaft rechtzeitig mitteilen.

Checkliste

Erst nachdenken, dann unterschreiben

- ☐ **Finanzlage checken.** Die Rürup-Rente eignet sich für Selbstständige, die im Alter eine lebenslange Rente – keine Einmalzahlung – wollen und sicher sind, die Beiträge langfristig aufbringen zu können.

- ☐ **Varianten prüfen.** Eine Rürup-Rentenversicherung wird klassisch oder fondsgebunden angeboten. Außerdem gibt es Rürup-Fondssparpläne. Bei Fonds tragen Sie als Kunde ein erhöhtes Risiko. Laufen die Börsen schlecht, drohen Verluste.

- ☐ **Garantien sichern.** Wählen Sie ein Rürup-Produkt mit Fonds, dann nehmen Sie einen Vertrag mit Beitragsgarantie. Hier sind wenigstens die Beiträge sicher. Ein Fonds-Produkt ohne Garantien ist auf jeden Fall die falsche Wahl, wenn Sie mit einer Rürup-Rente Ihren Grundbedarf im Alter abdecken wollen. Die Rentenhöhe ist dann völlig ungewiss. Nicht einmal Ihre eingezahlten Beiträge sind garantiert.

- ☐ **Wechsel zusichern lassen.** Viele Anbieter lassen von sich aus einen Anbieterwechsel nicht zu. Bestehen Sie darauf, dass eine Wechselmöglichkeit im Vertrag verankert wird.

- ☐ **Produkte vergleichen.** Ein Rürup-Zertifikat gibt Ihnen keineswegs Sicherheit, dass es sich bei einem Angebot um ein gutes Produkt handelt. Im letzten Test klassischer Rürup-Rentenversicherungen hat Finanztest Qualitätsurteile von gut bis mangelhaft vergeben.

Vermögenswirksame Leistungen (VL)

Millionen Beschäftigte haben Anspruch auf den monatlichen Bonus vom Betrieb. Wer einen VL-Sparplan abschließt, kann obendrein Zulagen vom Staat bekommen.

Ob die Firma vermögenswirksame Leistungen (VL) bezahlt und wie viel, regeln der Tarifvertrag, eine Betriebsvereinbarung oder der Arbeitsvertrag. Beschäftigte bekommen bis zu 40 Euro pro Monat – Teilzeitkräfte entsprechend weniger. Einen Anspruch haben können auch Auszubildende, Beamte, Richter und Soldaten. Fließt das Geld nicht laut Tarifvertrag zwingend in die betriebliche Altersversorgung, muss der Sparer selbst einen VL-Sparvertrag abschließen und dem Arbeitgeber eine Bestätigung seines Vertragspartners vorlegen. Der Arbeitgeber überweist anschließend direkt die Beiträge.

Will ein Sparer die staatliche Arbeitnehmersparzulage bekommen, schließt sich eine obligatorische Wartezeit von einem Jahr an.

Für VL gibt es viele Anlagemöglichkeiten: Bank- und Fondssparpläne, Bausparverträge, aber beispielsweise auch die Tilgung eines Baudarlehens oder die betriebliche Altersvorsorge. Bei Bank- und Fondssparplänen wird meist sechs Jahre lang gespart.

Will ein Sparer die staatliche Arbeitnehmersparzulage bekommen, schließt sich eine obligatorische Wartezeit von einem Jahr an. Erst dann kann er über sein Guthaben verfügen. Während des siebten Jahres kann jedoch bereits ein neuer Sparvertrag laufen.

Beste Wahl in Sachen Renditechancen sind Fondssparpläne mit börsengehandelten Indexfonds (ETF) auf einen breit streuenden Aktienindex, etwa auf den Weltaktienindex MSCI World (siehe auch „Chancen nutzen mit Fonds", S. 104). Allerdings gibt es solche Sparpläne für Vermögenswirksame Leistungen derzeit nur online bei der Direktbank Comdirect (der Direktbanktochter der Commerzbank) und beim Fondsvermittler Finvesto. Bei Filialbanken sind sie nicht zu haben.

Für Bausparverträge ist keine Laufzeit vorgeschrieben. Wer die Arbeitnehmersparzulage will, muss aber die Sperrfrist einhalten. Erst nach sieben Jahren darf er frei über sein Guthaben verfügen, ohne die Förderung zu verlieren. Vorher darf er es nur für „wohnwirtschaftliche Zwecke" verwenden, vor allem für Kauf, Bau oder Modernisierung einer Immobilie oder die Umschuldung einer laufenden Finanzierung.

Wer bereits ein Baudarlehen abbezahlt, sollte auch die VL dafür nutzen. Während jedoch Bausparkassen das Aufstocken der Raten um die VL-Beiträge meist akzeptieren, müssen Bankkunden in ihren Vertrag schauen. Sind Sondertilgungen darin nicht in ausreichender Anzahl vorgesehen, kann der Sparer seinen Arbeitgeber bitten, ihm das Geld aufs eigene Konto zu überweisen. Im Gegenzug muss die Bank dem Arbeitgeber schriftlich bestätigen, dass der Kunde es für die Tilgung verwendet.

Wer ein Hypothekendarlehen abschließt oder ein solches Darlehen nach Ablauf der

Was der Staat dazugibt

Arbeitnehmer mit geringem Einkommen haben Anspruch auf staatliche Förderung.

Anlageform	Einkommensgrenzen für zu versteuerndes Einkommen [1] (Euro, Alleinstehende/Ehepaare)	Geförderte Einzahlung pro Jahr bis zu ... (Euro, Alleinstehende/Ehepaare)	Förderhöhe (Prozent)	Maximaler Zuschuss pro Jahr (Euro, Alleinstehende/Ehepaare)
Arbeitnehmersparzulage				
Bausparen	17 900/35 800	470/940	9,0	43/86
Tilgung eines Kredits	17 900/35 800	470/940	9,0	43/86
Aktienfonds [2]	20 000/40 000	400/800	20,0	80/160
Wohnungsbauprämie [3]				
Bausparen [2]	25 600/51 200	512/1 024	8,8	45/90

1) Orientierung gibt das zu versteuernde Einkommen des Vorjahres. Es steht im Steuerbescheid.
2) Gleiche Grenzen gelten für den Erwerb von Genossenschaftsanteilen.
3) VL müssen für Immobilienzwecke verwendet werden, Ausnahme: Sparer unter 25 Jahre.

Stand: April 2018

Zinsbindungsfrist umschuldet, sollte die VL-Beiträge von Beginn an in den Tilgungsplan einbauen lassen.

Was der Staat drauflegt

Auf einige VL-Anlageformen können Sparer eine jährliche Arbeitnehmersparzulage vom Staat erhalten (siehe Tabelle „Was der Staat dazugibt", S. 85). Dafür gelten allerdings relativ niedrige Einkommensgrenzen. Maßgeblich für die Arbeitnehmersparzulage (und die Wohnungsbauprämie) ist das zu versteuernde Einkommen. Dieses ergibt sich, wenn ein Arbeitnehmer von seinem Bruttoverdienst die ihm zustehenden Pausch- und Steuerfreibeträge sowie steuerlich relevante Kosten wie die Entfernungspauschale abzieht. Vor allem bei Arbeitnehmern mit Kindern darf der Bruttolohn die Einkommensgrenze deshalb deutlich übersteigen.

Zur Orientierung: Das zu versteuernde Einkommen des Vorjahres steht jeweils im Steuerbescheid.

Die Einkommensgrenze und die Höhe der staatlichen Zulage hängen von der Anlageform ab. Bausparer erhalten auf ihre Beiträge eine Sparzulage von 9 Prozent (maximal 43 Euro pro Jahr). Dasselbe gilt für das Tilgen eines Baudarlehens. Fließen VL in einen Aktienfonds, sind es sogar 20 Prozent (maximal 80 Euro im Jahr). Für klassische Banksparpläne gibt es dagegen keinen Zuschuss vom Staat.

→ Selbst aufstocken

Zahlt der Arbeitgeber nur wenig oder gar keine vermögenswirksamen Leistungen, können Beschäftigte dennoch von den vollen staatlichen Zulagen profitieren – indem sie die Sparrate mit eigenem Geld aufstocken oder komplett allein bezahlen. Wichtig ist nur, dass die Beiträge von der Firma überwiesen werden.

Wer Anspruch auf Zulagen hat, verliert diese in der Regel, wenn er den Vertrag vorzeitig kündigt. Auch der Bonus für einen Banksparplan ginge bei einer vorzeitigen Kündigung verloren. Gerade dieser Bonus macht Angebote aber erst attraktiv. Besser ist es, den Vertrag durchzuhalten und sich für die nächsten sieben Jahre etwas Besseres zu suchen. Lohnen kann sich die Kündigung dagegen bei einem schlechten Aktienfonds ohne staatliche Zulagen.

Zusatzförderung für Bausparer

Bausparer können für ihren VL-Vertrag unter Umständen auch eine Wohnungsbauprämie von bis zu 45 Euro (Ehepaare/gesetzliche Lebenspartner: bis 90 Euro) pro Jahr erhalten. Voraussetzung ist ein zu versteuerndes Einkommen von maximal 25600 Euro im Jahr (Ehepaare/gesetzliche Lebenspartner: 51200 Euro).

Seit 2009 ist die Prämie zudem an „wohnwirtschaftliche Zwecke" gebunden. Das bedeutet: Der Sparer muss sein Guthaben nutzen, um etwa ein Haus zu bauen, zu kaufen oder zu modernisieren. Früher konnten sich Sparer das Geld aus dem Bausparvertrag wie bei der Sparzulage nach sieben Jahren auszahlen lassen und frei darüber verfügen, ohne dass ihre Wohnungsbauprämie verloren ging. Heute ist das nur noch Sparern möglich, die bei Vertragsabschluss unter 25 Jahre alt waren.

Die Einkommensgrenze für die Wohnungsbauprämie liegt viel höher als für die Sparzulage. Ist ihr Einkommen für die Spar-

Checkliste

So schöpfen Sie die maximale Förderung aus

- ☐ **Verdienst checken.** Übersteigt Ihr zu versteuerndes Einkommen pro Jahr nicht die Obergrenze von 17 900 Euro (Ehepaare/gesetzliche Lebenspartner: 35 800 Euro), können Sie dreimal Zulagen und Prämien vom Staat kassieren. Sie müssen dafür jedoch zwei Verträge abschließen und in beide insgesamt 1 382 Euro im Jahr einzahlen.
- ☐ **Fondssparplan abschließen.** Sie schließen zunächst einen VL-fähigen Aktienfonds-Sparplan ab und bekommen zu Ihren Beiträgen 20 Prozent Arbeitnehmersparzulage dazu. Wer den Maximalbetrag von 400 Euro im Jahr spart, erhält die Höchstförderung von 80 Euro.
- ☐ **Bausparvertrag abschließen.** Zusätzlich schließen Sie einen Bausparvertrag ab und sichern sich so zunächst eine weitere Arbeitnehmersparzulage von 9 Prozent für Einzahlungen bis 470 Euro im Jahr. Die Höchstförderung beträgt dafür 43 Euro pro Jahr.
- ☐ **Ausreichend einzahlen.** Wenn Sie den Bausparvertrag für wohnwirtschaftliche Zwecke einsetzen, steht Ihnen zusätzlich die Wohnungsbauprämie zu. Allerdings gibt es die Förderung nicht für Beiträge, für die Sie schon Arbeitnehmersparzulage bekommen haben. Um die maximale Wohnungsbauprämie von 45 Euro (Ehepaare/gesetzliche Lebenspartner: 90 Euro) herauszuholen, müssen Sie also pro Jahr weitere 512 Euro (Ehepaare: 1 024 Euro) in den Bausparvertrag einzahlen.

HÄTTEN SIE'S GEWUSST?

Hohe Renditechancen mit VL-Fondssparplänen. Zwischen 1962 und 2016 ließ sich mit VL-Sparplänen (Aktienfonds Deutschland) pro Jahr eine durchschnittliche Rendite von 7,6 Prozent nach Kosten erzielen.

Wer dazu noch die Arbeitnehmersparzulage kassiert hat, konnte sich sogar über 10,53 Prozent im Jahr freuen.

Sparer, die ihre VL seit 1995 in deutsche Aktienfonds investiert und 20 Jahre durchgehalten haben, hätten ihre Einzahlung von 9 600 Euro – 20 Jahre lang 40 Euro pro Monat – trotz Börsenkapriolen am Ende fast verdoppelt gehabt.

Quelle: Bundesverband Investmentfonds (BVI)

zulage zu hoch, können viele Arbeitnehmer auf ihre VL stattdessen die Wohnungsbauprämie erhalten. Arbeitnehmer mit niedrigem Einkommen können sogar beides gleichzeitig kassieren: die Sparzulage auf ihre VL und die Wohnungsbauprämie auf zusätzliche Einzahlungen in den Bausparvertrag, die sie selbst überweisen.

Förderung richtig beantragen

Die Arbeitnehmersparzulage müssen Arbeitnehmer jedes Jahr im Rahmen ihrer Steuererklärung beantragen. Dazu bekommen sie von ihrem Vertragspartner eine Bescheinigung, die sie der Anlage N ihrer Steuererklärung beifügen. Die Wohnungsbauprämie ist über die Bausparkasse zu beantragen. Zeit dafür ist bis Ende des zweiten Folgejahres, also für 2017 bis Ende 2019.

> **Nur in wenigen Fällen bleibt die Förderung bei vorzeitiger Vertragsauflösung erhalten.**

Ein wichtiger Unterschied gilt für die Auszahlung der Fördergelder: Die Arbeitnehmersparzulage fließt am Ende der siebenjährigen Sperrfrist auf einen Schlag in den Vertrag. Die Wohnungsbauprämie wird dagegen erst gezahlt, nachdem der Bausparer die wohnwirtschaftliche Verwendung seines Guthabens nachgewiesen hat. Ausnahme:

War der Bausparer bei Vertragsabschluss noch keine 25 Jahre alt, fließt die Prämie – analog zur Sparzulage – automatisch nach sieben Jahren.

Nur in wenigen Fällen bleibt die Förderung bei vorzeitiger Vertragsauflösung erhalten. Ausnahmen macht das Finanzamt für Sparer, die länger arbeitslos sind oder erwerbsunfähig werden. Auch für Arbeitnehmer, die sich selbstständig machen wollen, existieren Sonderregelungen. Bausparer, deren VL-Vertrag vor Ende der Sperrfrist zugeteilt wird, können ebenfalls mit den Zulagen rechnen, wenn sie das Guthaben für ihre Immobilienfinanzierung einsetzen.

VL und betriebliche Altersvorsorge

Für Beschäftigte, die über den Einkommensgrenzen liegen, ist es oftmals die beste Variante, mit den VL ihre betriebliche Altersversorgung aufzustocken. Auf diese Weise lassen sich in der Ansparphase Steuern und Sozialabgaben sparen. Wer seine VL in die betriebliche Vorsorge steckt, kommt jedoch – anders als andere VL-Sparer – erst im Ruhestand an sein Geld heran. Besitzt er bereits einen Vertrag für eine betriebliche Altersversorgung, kann der Sparer seine Beiträge mit den Vermögenswirksamen Leistungen aufstocken oder mit ihrer Hilfe zumindest seinen Eigenanteil senken.

Für viele Arbeitnehmer ist die Altersvorsorge sogar die einzige Möglichkeit, ihre VL zu investieren: Die Tarifverträge der Metall- und Elektroindustrie schreiben eine Verwendung dafür zwingend vor. Neben der betrieblichen Versorgung kommt hier allenfalls noch ein Riester-Vertrag infrage.

Privat vorsorgen

Langfristiger Vermögensaufbau oder schnell verfügbare Rücklage? Chancen nutzen oder Risiken vermeiden? Am besten von allem etwas. Bei privaten Angeboten kommt es auf die richtige Mischung an. Diese sollte sich an wechselnde Lebensumstände anpassen lassen.

→ **Sparen ist kein Selbstzweck.** Wer sein Geld zu Hause hortet, kann es zwar anfassen und sich immer wieder vergewissern, dass es noch da ist. Leider verliert es jedoch auf diese Weise stetig an Kaufkraft. Für diesen Wertverfall sorgt bereits das Wachstum der Verbraucherpreise.

So haben 1000 Euro bei 2 Prozent Inflation in 20 Jahren nur noch eine Kaufkraft von 673 Euro, in 30 Jahren nur noch 552 Euro. Zwar war die offizielle Inflationsrate 2017 mit 1,8 Prozent eher niedrig – ist im Vergleich zu den drei Vorjahren jedoch kräftig gestiegen. Eine Teuerungsrate von 2 Prozent ist erklärtes Ziel der Europäischen Zentralbank (EZB): Steigende Preise sollen die Wirtschaft ankurbeln.

Wer spart, sollte deshalb grundsätzlich danach trachten, sein Geld zu vermehren. Dazu muss er es so anlegen, dass es Erträge abwirft. Leichter gesagt als getan, wenn die Sparzinsen zumeist eine Null vor dem Komma aufweisen. In Niedrigzinsphasen wie der aktuellen sind Zuwächse für die meisten Sparer in weite Ferne gerückt: Mit ihren Anlagen schaffen sie es derzeit nicht einmal, die Inflationsrate auszugleichen – geschweige denn, reale Gewinne zu erzielen.

Mancher hat das Sparen inzwischen eingestellt und gibt sein Geld lieber aus. Doch zum einen ist das keine allzu weitsichtige Strategie, zum anderen gibt es Alternativen. Eine davon: mehr sparen. Eine andere: die Kosten drücken. Oder: das Risiko erhöhen.

Risiko? Allein das Wort provoziert bei vielen Menschen Widerspruch, vor allem wenn es um ihre Altersvorsorge geht. Wer sich mit dem Thema befasst, entdeckt jedoch, dass das Eingehen kalkulierter Risiken nichts mit Zockerei zu tun hat. Wahr ist auch: An der Börse zu investieren erfordert Zeit und ist nicht frei von Rückschlägen.

Um nicht Kopf und Kragen zu riskieren, sollten Vorsorgesparer ihr Geld für mindestens zehn Jahre investieren und das Anlagerisiko breit streuen. Letzteres funktioniert etwa, indem sie ihr Erspartes nicht in einzelne Aktien oder Anleihen investieren, sondern auf Investmentfonds setzen.

Die Zahlen sprechen für sich: Wer seit 20 Jahren jeden Monat 100 Euro in einen weltweit investierenden Aktienfonds gesteckt hat, konnte sich im Schnitt pro Jahr über 5,1 Prozent Gewinn freuen – trotz zwischenzeitlicher Kurseinbrüche. Aus 24 000 Euro wurden in diesem Zeitraum 41 112 Euro. Zum Vergleich: Über 10 Jahre lag der durchschnittliche Ertrag bei jährlich 7,5 Prozent, über 35 Jahre bei 6,5 Prozent (Quelle: BVI).

Investieren Sie Ihr Geld dagegen niemals in ein Produkt, das Sie nicht verstehen. Finger weg also von Zertifikaten, bei denen Sie vor lauter Kleingedrucktem das Risiko nicht einschätzen können. Auch geschlossene Fonds und Unternehmensbeteiligungen sind für die Altersvorsorge ungeeignet.

Lassen Sie sich nicht von märchenhaften Gewinnversprechen blenden, wie sie etwa mittels Zeitungsanzeigen und Werbeflyern unters Volk gebracht werden. Dahinter stecken oft windige Geschäftemacher, denen es nicht um Ihren Ruhestand, sondern um den eigenen Geldbeutel geht. Wer auf sie hereinfällt, steht nicht selten innerhalb weniger Jahre vor dem finanziellen Ruin.

Faustregel: Sicher ist immer nur das, was es als feste Verzinsung gibt. Derzeit ist das nun mal wenig. Höhere Gewinnchancen müssen Sie sich zwingend mit einem erhöhten Verlustrisiko erkaufen – auch wenn das oft nicht dazugesagt wird.

Grundsätzlich lassen sich private Vorsorgeangebote ohne staatliche Förderung in vier Gruppen einteilen:

- Bankprodukte,
- Börseninvestments,
- Versicherungen sowie
- Immobilien.

Sie wollen auf der sicheren Seite sein? Dann prüfen Sie regelmäßig, wie es um Ihre Altersvorsorge steht. Stecken Sie zu viel oder zu wenig Geld hinein? Stimmt der Mix zwischen sicheren und riskanteren Anlagen noch? Kommen Sie bei Bedarf an einen Teil Ihres Ersparten heran? Wer flexibel bleiben will (oder muss), findet unter den ungeförderten Anlagen geeignete Produkte.

Auf sichere Zinsen setzen

Die Zinsen sind seit Jahren im Keller. Wer sein Anlageziel ohne Risiko erreichen will, muss deshalb mehr oder länger sparen oder auf Spitzenangebote setzen. Am besten alles zugleich.

→ **Zinsprodukte** waren jahrzehntelang erste Wahl für Anleger, die auf Sicherheit setzen. So einfach ist es nicht mehr. Nach wie vor sind die Angebote zwar auch für Laien zu durchschauen und verursachen meist keine Kosten. Mit den Zinsen hapert es aber: Wer ein reales Plus haben will, muss Anbieter und Konditionen vergleichen.

Je nachdem, ob Sie auf einen Schlag eine größere Summe einzahlen oder regelmäßig sparen wollen, kommen eine Einmalanlage oder ein Sparplan infrage. Bei Einmalanlagen geht es vor allem darum, ein Produkt mit der passenden Laufzeit zu wählen.

Faustregel: Je länger die Laufzeit, desto höher die Verzinsung. Wer jedoch glaubt, dass die Zinsen bald steigen, sollte sein Geld für höchstens drei Jahre anlegen. Auf diese Weise lässt es sich ohne allzu großen Verzug in rentablere Angebote umschichten.

Banksparpläne

Sie stehen kurz vor der Rente und wollen kein Risiko mehr eingehen? Sie benötigen zu einem festen Zeitpunkt einen bestimmten Betrag? Sie wollen sich nicht ständig – wie beim „Tagesgeld-Hopping" – kümmern müssen und den Anbieter wechseln, sondern wollen Ihr Geld ein paar Jahre liegen lassen? Dann eignet sich ein Banksparplan.

Banksparpläne können nicht ins Minus rutschen und verursachen keine Kosten. Viele Angebote sind so gestrickt, dass der Sparer zu Beginn weiß, was er am Ende bekommt. Der Haken: Viele Banken bieten derzeit gar keine Sparpläne an – geschweige denn besonders attraktive. Doch es gibt sie: Im April 2017 empfahl Finanztest die Anbieter Denizbank („Sparplan mit fixer Verzinsung") und VTB Direktbank („VTB Flex"). Je nach Laufzeit brachten sie Anfang 2018 zwischen 1,2 und 1,9 Prozent.

Das Wichtigste in Kürze

Banksparpläne sind geeignet für sicherheitsbewusste Sparer, die regelmäßig sparen wollen.

→ bis ↘ Renditechance
↑ Sicherheit
↗ Flexibilität
↑ Bequemlichkeit

Im Sparvertrag werden monatliche Sparrate, Laufzeit und Verzinsung vereinbart. Die Laufzeit liegt zwischen 1 und 25 Jahren. Manchmal muss sich der Sparer festlegen und kann nicht vorzeitig aussteigen. Andere Produkte sind nach einer gewissen Wartefrist vorzeitig kündbar. Die Mindestsparrate beträgt häufig 25 Euro im Monat.

Checkliste

Banksparpläne – das sollten Sie beachten

- ☐ **Verzinsung checken.** Bevorzugen Sie Sparpläne mit fest vereinbartem Zins. Einen Vertrag mit variablem Zins sollten Sie nur abschließen, wenn die Bezugsgröße für Zinsänderungen genannt wird.
- ☐ **Angebote vergleichen.** Holen Sie vor Vertragsabschluss mehrere Angebote ein. Bestehen Sie auf der Angabe einer jährlichen Rendite oder lassen Sie sich die Höhe des Guthabens zum Laufzeitende ausrechnen. Sie haben sonst keine Möglichkeit, verschiedene Banksparpläne zu vergleichen.
- ☐ **Flexibel bleiben.** Wählen Sie möglichst einen Vertrag, den Sie nach einer gewissen Mindestdauer – drei oder vier Jahre – verlustfrei kündigen können. So bleiben Sie flexibel und können bei steigenden Zinsen ein besseres Angebot nutzen.
- ☐ **Laufzeit begrenzen.** Ist eine vorzeitige verlustfreie Kündigung nicht möglich, legen Sie sich für höchstens fünf Jahre fest. Nur in Hochzinsphasen ist es sinnvoll, längere Laufzeiten mit Festzins zu wählen.
- ☐ **Rate variieren.** Prüfen Sie, ob Sie die Raten während der Laufzeit senken oder erhöhen können, ohne dass Ihnen Nachteile entstehen.
- ☐ **Alternativen prüfen.** Wollen Sie flexibel sparen, bietet sich auch ein Tagesgeldkonto an (siehe S. 96). Die Zinsen können sich hier zwar täglich ändern und liegen meist unter denen länger laufender Banksparpläne – dafür steht es Ihnen bei steigenden Zinsen jederzeit frei, Ihr Geld woanders zu investieren. Kurzfristigen Sparplänen sind dauerhaft gute Tagesgeldangebote nicht selten sogar überlegen.

Große Unterschiede herrschen bei den Zinsbedingungen. Einige Banken schreiben die Höhe der Zinsen für die gesamte Laufzeit fest. Andere bieten einen variablen Zins an, der sich dem Auf und Ab der Geldmärkte anpasst – derzeit also nahe null liegt. Solche Sparpläne kommen nur infrage, wenn die Bank jährlich steigende Boni bietet.

Dagegen sagen Prämien, Zuschläge und Boni, die erst am Ende der Laufzeit gezahlt werden, nichts über die Rendite aus. Anleger sollten sich deshalb nicht davon blenden lassen. Wichtiger sind die Zinsbedingungen. Es gibt folgende Varianten:

- ▶ Zinssatz wird fest vereinbart und bleibt über die gesamte Laufzeit gleich,
- ▶ Zinssatz steigt auf einer fest vereinbarten Zinstreppe Jahr für Jahr an,
- ▶ Basiszinssatz wird variabel angepasst, hinzu kommen meist laufzeitabhängig steigende Boni.

Erste Wahl für Sparer sind Angebote mit fest vereinbartem Zins – entweder einem festen Wert oder einer Zinstreppe. Das Prinzip einer Zinstreppe: Je länger der Sparer bei der Stange bleibt, desto höher steigt der Zins. Vorteil beider Varianten: Die spätere Auszahlungssumme steht von Beginn an fest.

Viele dieser Verträge lassen zudem ein Hintertürchen offen: Benötigt der Sparer unerwartet Geld oder will er es zu besseren Konditionen anlegen, kann er den Sparplan mit einer gewissen Frist kündigen – oft nach ein oder zwei Jahren.

Anleger, die einen Banksparplan mit variablem Zins abschließen, wissen dagegen nicht genau, wie viel sie am Ende herausbekommen. Ihr Geld ist zwar genauso sicher und ein Minus ebenfalls ausgeschlossen. Der Ertrag hängt jedoch von der allgemeinen Zinsentwicklung ab. Steigen die Zinsen über längere Zeit, profitieren Anleger mit variabel verzinstem Vertrag automatisch. Sinken die Zinsen, ist ein Ausstieg meist mit einer Frist von drei Monaten möglich.

In der Vergangenheit haben viele Banken bei Zinssteigerungen nur sehr zögerlich reagiert. Nach aktueller Rechtsprechung des Bundesgerichtshofes (BGH) müssen sie aber für Sparpläne mit variablem Zins und Boni eine feste Bezugsgröße angeben. Als Maßstab kommt beispielsweise der Euribor infrage, ein Zinssatz, zu dem sich die Banken kurzfristig gegenseitig Geld leihen.

Wer also vorhat, einen Ratensparplan mit variablem Zins abzuschließen, sollte nur einen Vertrag mit fester Bezugsgröße für Zinsänderungen akzeptieren. Sonst kann es sein, dass die Bank die Zinsen nach Gutsherrenart verändert.

Extra-Tipp: Kaum ein Sparer kann die Rendite eines Sparplans mit dem Taschenrechner in Eigenregie ausrechnen. Finanztest bietet Ihnen deshalb auf seiner Internetseite ein Gratis-Rechenprogramm an, mit dem Sie die Rendite aller gängigen Angebotsvarianten verlässlich kalkulieren können. Sie finden den Rechner unter www.test.de/sparplanrechner.

Tagesgeld

Der Name verrät es bereits: Wer Geld auf ein Tagesgeldkonto packt, kann ohne Kündigungsfrist, also täglich darüber verfügen. Die Bank hat im Gegenzug jedoch das Recht, den Zins täglich zu ändern – je nach Zinstrend am Geldmarkt. Im Januar 2018 zahlten Tagesgeldanbieter in der Spitze 0,8 Prozent Zinsen pro Jahr.

Ein Tagesgeldkonto ist der ideale Parkplatz für den Notgroschen. Angesichts der aktuellen Minizinsen leistet es aber auch Anlegern mit längerfristigem Sparziel wertvolle Dienste: Wer keinen guten Banksparplan findet oder keine regelmäßigen Raten aufbringen kann, schiebt ab und zu kleinere Summen aufs Tagesgeldkonto und schafft so irgendwann die Mindestsumme für eine höher verzinste Einmalanlage (siehe „Sparbriefe und Festgelder", S. 98). Die meisten guten Tagesgeldkonten verzinsen Beträge bereits ab dem ersten Euro. Schließlich kann Tagesgeld auch als Sicherheitsbaustein für ein Pantoffel-Portfolio dienen (siehe S. 111).

Ein Konto zu eröffnen ist in aller Regel unkompliziert. Die besten Konditionen bieten häufig Direktbanken, denn sie verzichten auf ein kostspieliges Filialnetz. Der Geschäftsverkehr läuft dann allerdings ausschließlich per Telefon und Internet.

Achten Sie bei der Anbieterwahl darauf, dass Kontoeröffnung und -führung kostenlos sind. Falls nicht, würde die ohnehin schon mäßige Rendite weiter schrumpfen.

Das Wichtigste in Kürze

Tagesgeld ist geeignet für sicherheitsbewusste Sparer, die Geld für kurze Zeit mit minimalem Aufwand anlegen wollen oder die flexibel eine größere Summe ansparen möchten.

↘ Renditechance
↑ Sicherheit
↑ Flexibilität
↑ Bequemlichkeit

→ Postident-Verfahren

Direktbanken sind laut Geldwäschegesetz vor einer Kontoeröffnung verpflichtet, die Identität des Kunden zu prüfen und dessen rechtsgültige Unterschrift einzuholen. Dazu erhält der Kunde meist ein Postident-Formular zugeschickt, mit dem er in eine Postfiliale geht und sich ausweist. Das Formular kann er sich aber auch von der Website der Bank herunterladen und ausdrucken. Der Postmitarbeiter vergleicht die Angaben auf dem Formular mit dem Personaldokument. Anschließend unterschreibt der Kunde auf dem Formular, das per Post an die Bank zurückgeht. Eine Gebühr wird nicht fällig.

Aufpassen: Ein Tagesgeldkonto ist ein „One-Way-Konto": Ein- und Auszahlungen sind nur auf ein vorab definiertes Referenzkonto möglich – in der Regel das Girokonto.

Mit hohen Tagesgeldzinsen locken Banken Kunden an. Haben sie ihr Ziel erreicht, senken sie die Zinsen wieder. Achten Sie deshalb auf Kontinuität. Hohe Zinsen in der Vergangenheit sind keine Garantie, aber ein Anhaltspunkt. Auf unserer Internetseite unter www.test.de/zinsen können Sie gegen eine geringe Gebühr nach dauerhaft guten Tagesgeldangeboten suchen.

Kurzfristiges Festgeld

Sparer, die in erster Linie flexibel bleiben wollen, sind auch mit kurzfristigem Festgeld gut bedient. Als Fest- oder Termingelder werden Anlagen mit festem Zins und vereinbarter Laufzeit bezeichnet. Üblich sind zwischen 30 und 360 Tage, während derer der Anleger nicht an sein Geld herankommt. Anders als beim Tagesgeld will die Bank jedoch fast immer eine Mindestsumme von bis zu 5000 Euro sehen.

Faustregel: Je länger die Laufzeit, desto höher die Zinsen. Viele Banken und Sparkassen staffeln ihre Konditionen außerdem nach der Höhe der Anlagebeträge. Höhere Zinsen gibt es deshalb häufig erst ab 25000 oder 50000 Euro.

Der Zinssatz hängt also von Anlagesumme, Anlagedauer und allgemeinem Zinsniveau ab. Er liegt meist über dem für Sparbücher, zum Teil aber unter dem sehr guter Tagesgeldangebote. Dafür haben Festgeldsparer für die gesamte Laufzeit Zinssicherheit.

Die höchsten Zinsen bieten Sparern meist ausländische Direktbanken. Im Januar 2018 warfen Topangebote mit sechs Monaten Laufzeit bis zu 1,0 Prozent Zinsen ab. Dasselbe galt für Spitzenangebote mit einer Laufzeit von einem Jahr.

In Sachen Einlagensicherung gelten die gleichen Bestimmungen wie für Tagesgeld und Banksparpläne (siehe „Schutz bei Bankenpleiten", S. 100). Das Einrichten eines Festgeldkontos ist ähnlich einfach wie die Eröffnung eines Tagesgeldkontos.

Sparer sollten prüfen, ob die Bank zum Laufzeitende das Guthaben von sich aus überweist oder ob sie das Festgeld kündigen müssen.

Wichtig: Prüfen Sie unbedingt rechtzeitig, was am Laufzeitende mit Ihrem Guthaben passiert. Überweist es Ihnen die Bank von selbst auf Ihr Girokonto oder müssen Sie das Festgeld einige Tage vor der Fälligkeit kündigen?

Gilt letztere Variante und versäumen Sie die Kündigungsfrist, kann es passieren, dass die Bank das eigentlich zum Fälligkeitstermin frei werdende Festgeld zu den dann gerade geltenden Konditionen für die gleiche Laufzeit erneut anlegt.

Sparbriefe und Festgelder: Längerfristige Einmalanlagen

Für Sparer, die ihr Geld zwischen einem und zehn Jahren sicher und ohne Kursrisiko anlegen wollen, eignen sich festverzinste Einmalanlagen. Banken und Sparkassen bieten diese mit und ohne vorzeitige Kündigungsmöglichkeit an.

Gute Angebote ohne Kündigungsmöglichkeit werfen in der Regel höhere Zinsen ab als Angebote mit Ausstiegsoption. Für sie gilt fast immer eine Mindestanlage, häufig zwischen 500 und 5 000 Euro. Die Zinsen unterscheiden sich sehr stark, sodass ein Konditionenvergleich sinnvoll ist. Folgende Sparformen kommen infrage:

- Langfristige Festgelder. Einige Banken bieten mehrjährige Festzinsanlagen als Festgeld an. Bei den meisten Angeboten werden die Zinsen jährlich ausgezahlt – bei anderen jährlich auf dem Anlagekonto gutgeschrieben und dann mitverzinst. Sinnvoller ist die zweite Variante, da der Sparer so vom Zinseszinseffekt profitiert. Zudem muss er sich nicht um die Wiederanlage der Zinsen kümmern.

Das Wichtigste in Kürze

Langfristige Festgelder und **Sparbriefe** sind für sicherheitsbewusste Sparer geeignet, die mittelfristig Geld anlegen wollen und mehr Zinsen als beim Sparbuch erwarten.

→ Renditechance
↑ Sicherheit
↘ Flexibilität
↑ Bequemlichkeit

- Festverzinste Sparkonten. Ganz ähnlich funktionieren Sparkonten mit Festzinsvereinbarung. Oft muss der Anleger hier jedoch drei Monate vor dem Vertragsende kündigen, um ohne Einschränkungen über sein Kapital verfügen zu können. Auch hier gibt es Angebote, die die Zinsen ausschütten, und solche, die sie wieder anlegen.
- Sparbriefe. Sparbriefe sind von Banken und Sparkassen herausgegebene Wertpapiere. Der Sparer muss sie üblicher-

Die besten Angebote finden. Gerade im Zinstief lohnt es sich, gezielt nach guten Zinsangeboten Ausschau zu halten. Welche Einmalanlagen aktuell am besten abschneiden, können Sie in unserem Produktfinder „Festgeld und Sparbrief" unter www.test.de/produktfinder gegen eine geringe Gebühr nachschauen.

weise nicht am Ende der Laufzeit kündigen. Neben jährlich ausschüttenden gibt es auf- und abgezinste Sparbriefe. Hier werden die Zinsen angesammelt und am Laufzeitende ausgeschüttet. Aufpassen: Die Zinsen sind dann häufig auf einen Schlag steuerpflichtig und überschreiten eventuell den Sparerpauschbetrag – also den steuerfreien Höchstbetrag für Kapitalerträge von jährlich 801 Euro pro Person.

Zinsportale: Genau aufpassen

Viele attraktive Angebote für Tages- und Festgeld finden Anleger über Online-Zinsportale wie Savedo, Weltsparen und Zinspilot. Sie bieten bequemen Zugang zu Sparangeboten – vor allem ausländischer Banken –, die sonst unerreichbar wären. Nutzen lassen sie sich, indem man sich einmalig identifiziert und bei der deutschen Partnerbank ein Verrechnungskonto eröffnet.

Unser Test dieser Zinsportale im April 2017 zeigte jedoch: Nur wenige der dort erhältlichen Angebote sind wirklich empfehlenswert. Zwar werben die Portale mit Zinsen, die alles in den Schatten stellen, was in- und ausländische Banken in Deutschland bieten. Doch in Sachen Sicherheit gibt es nicht unerhebliche Risiken.

Zwar ist das Geld laut EU-Recht bis zu 100 000 Euro pro Anleger und Bank sicher. Doch sollte die Bank tatsächlich pleitegehen, sind verschiedene Szenarien denkbar (siehe S. 100, „Schutz bei Bankenpleiten“).

Checkliste

Einmalanlagen – das sollten Sie beachten

- ☐ **Kurze Laufzeit.** Greifen Sie in der aktuellen Niedrigzinsphase nur zu Angeboten mit kürzeren Laufzeiten (bis maximal drei Jahre), sonst können Sie bei steigenden Zinsen nicht umschichten.
- ☐ **Einlagensicherung.** Für sehr hohe Anlagebeträge sind Banken mit deutscher Einlagensicherung erste Wahl. Bei Banken innerhalb der EU gilt zwar mittlerweile überall die Sicherungsgrenze von 100 000 Euro pro Kunde. Allerdings muss im Pleitefall die ausländische Einlagensicherung einspringen. Existiert kein Sicherungssystem oder ist es nicht leistungsfähig, muss der jeweilige Staat aushelfen, was sehr langwierig werden kann.
- ☐ **Zinseszinseffekt.** Wählen Sie besser ein Angebot, bei dem die Zinsen nicht ausgeschüttet, sondern Jahr für Jahr wieder angelegt werden. Nur so profitieren Sie vom Zinseszinseffekt.

Einige Länder erheben zudem auf Zinszahlungen eine Quellensteuer. Während in Ländern wie Tschechien und Irland eine Erklärung ausreicht, um den Steuerabzug zu vermeiden, funktioniert das etwa in Portugal, Bulgarien und Polen nicht.

Beispiel: In Portugal werden Sparern ohne Ansässigkeitsbescheinigung 28 Prozent ihrer Zinserträge abgezogen. Mit einer Ansässigkeitsbescheinigung des Finanzamts beträgt der Abzug immer noch 15 Prozent. Zwar lässt sich dieser in der Steuererklärung geltend machen – doch das Finanzamt rechnet die im Ausland gezahlte Quellensteuer nicht in jedem Fall vollständig auf die in Deutschland fällige Abgeltungsteuer an.

Schließlich zahlen manche Anbieter die Zinsen für mehrjährige Anlagen nicht jährlich, sondern erst zum Laufzeitende in einer Summe aus – das könnte den Sparerpauschbetrag sprengen. Einige Banken zahlen zudem keinen Zinseszins für mehrjähriges Festgeld. Das schmälert die Rendite.

Schutz bei Bankenpleiten

Viele in Deutschland ansässige Kreditinstitute garantieren über zusätzliche Sicherungssysteme weit höhere Beträge als die gesetzliche Einlagensicherung von 100 000 Euro pro Sparer. Zu den gesicherten Kundeneinlagen zählen Geld auf Giro- und Sparkonten, Fest- und Tagesgeldkonten sowie Sparbriefe – nicht aber Aktien, Anleihen und Zertifikate.

Bei Pleiten von Privatbanken springt die Entschädigungseinrichtung deutscher Banken (EdB ein). Zudem gehören die meisten deutschen Privatbanken dem Einlagensicherungsfonds des Bundesverbands deutscher Banken (BdB) an. Über ihn sind Einlagen über die vorgeschriebenen 100 000 Euro hinaus gesichert – bis zu mindestens einer Million Euro. Die genaue Haftungsgrenze einer Bank lässt sich unter www.bdb.de abfragen. Bei privaten Bausparkassen sind Spareinlagen seit März 2017 nur noch bis 100 000 Euro pro Anleger geschützt.

Öffentliche Banken, Sparkassen sowie Genossenschaftsbanken – inklusive Landesbausparkassen und die Bausparkasse Schwäbisch Hall – bieten über die „Institutssicherung" unbegrenzten Schutz. Geriete ein Institut in Schwierigkeiten, würde es mit Mitteln aus Regionalfonds – und notfalls bundesweiter Hilfe – gestützt. Kunden bekämen davon nicht einmal etwas mit.

Sparer, die Geld bei deutschen Zweigstellen von Banken mit Sitz in der EU haben, müssen seit 2015 im Pleitefall keinen Papierkrieg mehr führen. Die deutsche Einlagensicherung entschädigt sie binnen sieben Werktagen mit bis zu 100 000 Euro inklusive Zinsen. Das Geld muss die Einlagensicherung aus dem Herkunftsland der Bank an das deutsche Sicherungssystem überweisen. Tut sie das nicht, müssen Sparer darauf hoffen, dass der jeweilige Staat der Pleitebank hilft oder die EU fehlende Mittel im Sicherungsfonds des Landes ausgleicht.

Anleger, die in einem EU-Mitgliedsland maximal 100 000 Euro investieren, gehen

Wo es sichere Zinsen gibt – und wo nicht

Checkliste

Bewusst anlegen

- ☐ **Ziel fixieren.** Verlieren Sie auf der Suche nach einer geeigneten Sparform nicht Ihr Anlageziel aus den Augen. Wollen Sie keine Verluste riskieren, sind Festzinsanlagen der richtige Weg.

- ☐ **Genau nachfragen.** Lassen Sie sich beim Thema Sicherheit nicht auf eine falsche Fährte führen. Wollen Sie null Risiko eingehen, dann fragen Sie nach, ob ein Verlust bei der vorgeschlagenen Anlage tatsächlich nicht möglich ist – vor allem, wenn der Berater Sie mit hohen Gewinnen ködern will. Lassen Sie sich das am besten schriftlich geben.

- ☐ **Alternativen nutzen.** Hohe Sicherheit kostet Renditechancen. Setzen Sie deshalb in jüngeren Jahren verstärkt auf welt- oder europaweit investierende Aktienfonds. Je älter Sie werden, desto stärker können Sie den Schwerpunkt in Richtung festverzinsliche Papiere verschieben, in die Sie etwa über Euro-Rentenfonds investieren können.

theoretisch kein Risiko ein: Im Fall einer Bankenpleite müssen sie entschädigt werden, egal um welches EU-Land es sich handelt. In besonderen Fällen – unter anderem Heirat, Scheidung, Renteneintritt, Ruhestand, Entlassung und Behinderung – kann der Schutz sogar für bis zu sechs Monate auf 500 000 Euro erhöht werden.

Aber: Bislang fehlt eine gemeinsame EU-Einlagensicherung. Bis auf Weiteres ist die nationale Einlagensicherung des jeweiligen Landes zuständig. Problem: In einigen EU-Ländern befindet sich diese erst im Aufbau, in anderen steht sie auf wackligen Füßen.

Wäre nun die nationale Einlagensicherung eines Landes mit der Regulierung einer Bankenpleite überfordert, müsste notfalls der Staat einspringen. In Ländern mit schwacher Wirtschaftskraft droht Anlegern dann eine langwierige Zitterpartie.

In Zinsvergleiche von Finanztest schaffen es nur Angebote von Banken aus EU-Ländern, die von Ratingagenturen Bestnoten für ihre Wirtschaftskraft erhalten. Neben Deutschland sind das derzeit zum Beispiel Belgien, Frankreich, Großbritannien, die Niederlande, Österreich und Schweden. Ausgeschlossen sind aufgrund mangelnder Wirtschaftskraft unter anderem Angebote aus Bulgarien, Griechenland, Italien, Lettland, Malta, Rumänien und Portugal.

Verzinsliche Wertpapiere

Für Anleger, die sicher anlegen und trotzdem flexibel bleiben wollen, kommen verzinsliche Wertpapiere infrage. Diese werden auch als Anleihen oder Rentenpapiere bezeichnet. Mit der Ausgabe solcher Papiere beschafft sich der Herausgeber („Emittent") Geld am Kapitalmarkt. Im Gegenzug bietet er Käufern eine feste oder variable Verzinsung („Kupon"), die zumeist jährlich gezahlt wird. Am Ende der Laufzeit zahlt der Emittent den Geldgebern den Nominalwert der Anleihe zurück.

Börsengehandelte Anleihen kann der Anleger auch vorzeitig zum aktuellen Kurs verkaufen. Liegt dieser über dem Einstiegspreis, erzielt der Anleger einen Kursgewinn. Kursgewinn und Zinskupon ergeben dann zusammen die Rendite. Liegt der Verkaufspreis jedoch unter dem Kaufpreis, fährt der Anleger einen Kursverlust ein.

Von großer Bedeutung bei der Auswahl von Anleihen ist die Zahlungsfähigkeit („Bonität") des jeweiligen Emittenten. Die Bonität wird von Ratingagenturen ermittelt und ist ein wichtiger Indikator dafür, ob Anleger sicher damit rechnen können, ihr Geld zurückzubekommen.

Anleger, die einzelne Anleihen für die Altersvorsorge nutzen, sollten unbedingt Papiere unterschiedlicher Restlaufzeiten mischen. Wer gleich ein größeres Vermögen investieren will, kann dafür beispielsweise Papiere mit Laufzeiten zwischen einem und zehn Jahren zu gleichen Teilen kaufen. Jedes Jahr wird dann eines der Papiere fällig, und jedes Mal kauft der Anleger ein neues zehnjähriges Papier dazu.

Bundespapiere mit Minirenditen

Auch die Bundesrepublik Deutschland gibt verzinsliche Wertpapiere aus. Sie gilt als einer der zuverlässigsten Schuldner der Welt. Sicherheitsbewusste Anleger vertrauen deshalb ihr Geld trotz aktuell niedriger Zinskupons weiterhin dem Bund an.

Für die Altersvorsorge grundsätzlich geeignet sind Bundesanleihen und inflationsindexierte Bundeswertpapiere. Eine Mindestanlagesumme oder einen Höchstbetrag müssen Anleger hier nicht beachten. Allerdings sind Kauf und Verkauf seit einiger Zeit nur noch über eine Bank oder Sparkasse möglich. Dabei schmälern Depot-, Kauf- und Verkaufsgebühren die derzeit ohnehin nur minimalen Renditen.

- **Bundesanleihen.** Bundesanleihen gibt es mit Laufzeiten von 10 und 30 Jahren ab dem Zeitpunkt der Emission. Sie werden zu einem Kurs nahe 100 Prozent ausgegeben und bei Fälligkeit zu 100 Prozent, also ihrem vollen Nennwert, zurückgezahlt. Inhaber von Bundesanleihen erhalten jährlich einen festen Zinskupon. Aufgrund ihrer langen Laufzeiten und des – bei Halten bis zur Fälligkeit – exakt kalkulierbaren Ertrages kommen Bundesanleihen für die Altersvorsorge durchaus infrage. Faustregel: Je länger die Restlaufzeit und je niedriger der Nominalzins, desto stärker reagiert der Kurs auf sich verändernde Marktzinsen. Auf Kursgewinne zu spekulieren und Anleihen an der Börse zu handeln ist allerdings nur sehr erfahrenen Anlegern zu empfehlen.

- **Inflationsindexierte Bundeswertpapiere.** Mit speziellen, über fünf oder zehn Jahre laufenden Bundesanleihen und -obligationen können Anleger ihr Geld inflationssicher investieren. Der Staat koppelt bei diesen Wertpapieren Zinskupon und Rückzahlung an die Inflationsrate. So bleiben der reale Wert des angelegten Geldes und seine Kaufkraft weitgehend erhalten.

Börseninvestments – Chancen nutzen mit Fonds

Fonds sind ein wichtiger Baustein für die private Altersvorsorge. Mit ihnen können Sie Chancen an der Börse nutzen. Besonders bequem sind die „Pantoffel-Portfolios" von Finanztest.

Eine ordentliche Rendite ist mit Tages- und Festgeld allein derzeit nicht zu erreichen. Wer langfristig anlegt, kommt um Fonds nicht herum. Auf 10, 20 oder 30 Jahre gesehen ging es bislang immer bergauf – dem einen oder anderen Durchhänger zum Trotz. Die Hauptvorteile von Fonds: Anleger können mit wenig Geld einsteigen. Sie dürfen zudem einzahlen, wie es ihnen beliebt: monatlich, vierteljährlich oder auch länger gar nicht. Schließlich ist das gesparte Geld jederzeit verfügbar. Dennoch sollten Sie nur Geld in Fonds stecken, auf das Sie langfristig verzichten können, damit Sie ein Börsentief aussitzen könnten.

→ Investmentfonds

Viele Anleger zahlen in einen gemeinsamen Topf ein und lassen das Geld von einem Fachmann verwalten – so funktionieren aktiv gemanagte Fonds. Der Fondsmanager investiert je nach Ausrichtung des Fonds in Aktien (Aktienfonds), Anleihen (Rentenfonds), Immobilien (offene Immobilienfonds) oder mischt Anlageformen, etwa Aktien und Anleihen (Mischfonds). Im Gegensatz dazu bilden börsengehandelte Indexfonds (ETF) einen Börsenindex nach (siehe „Was ist ein Index?" rechts).

Da sich das Geld auf viele verschiedene Papiere verteilt, sinkt das Verlustrisiko. Allein bekäme ein Anleger eine solche Mischung niemals hin. Im Gegenzug erhält er Fondsanteile. Deren Anzahl errechnet sich aus dem eingezahlten Betrag geteilt durch den Kurs der im Fonds enthaltenen Wertpapiere zum Kaufzeitpunkt. Aktuelle Anteilspreise werden in Tageszeitungen und im Internet veröffentlicht, etwa auf den Seiten von Direktbanken und Fondsgesellschaften.

Geht eine Fondsgesellschaft pleite, hat der Insolvenzverwalter keinen Zugriff auf das Vermögen der Fondsanleger.

Darüber, dass alles seinen ordentlichen Gang nimmt, wacht zum Beispiel die Bundesanstalt für Finanzdienstleistungsaufsicht (Bafin). So muss das Geld der Anleger getrennt vom Vermögen der Fondsgesellschaft verwaltet werden. Die Wertpapiere werden aus Sicherheitsgründen bei separaten Depotbanken verwahrt. Geht eine Fondsgesellschaft pleite, hat der Insolvenzverwalter keinen Zugriff auf das Vermögen der Fondsanleger.

Der Mix macht's

Wer Fonds für die Altersvorsorge kauft, sollte Chancen und Sicherheit mischen. Für den langfristigen Vermögensaufbau eignen sich Aktienfonds am besten, weil sie die höchsten Renditen versprechen. Fonds mit Anleihen, sogenannte Rentenfonds, lassen sich als Sicherheitsbaustein beimischen.

Das optimale Verhältnis hängt zum einen von der Anlagedauer ab. Jemand, der nur noch fünf Jahre Zeit bis zum Rentenbeginn hat, möchte vielleicht stärker auf Sicherheit setzen als jemand, der noch 30 Jahre hat. Je länger man spart, desto stärker wirken sich die Ertragschancen auf das Sparergebnis aus.

Eine entscheidende Rolle spielen auch die persönliche Risikoneigung und die eige-

Was ist ein Index? Der bekannteste Börsenindex hierzulande ist der Deutsche Aktienindex Dax. Er misst die Wertentwicklung der 30 größten Aktien am deutschen Markt, ist also eine Art Kursbarometer für den deutschen Aktienmarkt. Solche Indizes gibt es auch für andere Märkte. Der Dow Jones ist zum Beispiel der Index der New Yorker Börse, der MSCI World misst die Entwicklung von über 1 600 Unternehmen weltweit.

nen Vermögensverhältnisse. Wer nicht mehr ruhig schlafen kann, wenn seine Geldanlage zwischendurch im Minus ist, oder später dringend eine bestimmte Summe benötigt, um seinen Alltag zu bestreiten, sollte sich für die sicherere Variante mit einem geringeren Aktienfondsanteil entscheiden. Wer hingegen auf Rendite aus ist und sein Grundeinkommen über andere Vorsorgebausteine abgedeckt hat, kann Aktienfonds stärker gewichten.

Erste Wahl sind ETF

Die meisten Anleger wollen ihr Geld arbeiten lassen und nur ab und zu nach dem Rechten sehen. Die Rendite soll natürlich trotzdem stimmen. Vor diesem Hintergrund empfiehlt Finanztest Vorsorgesparern ETF (engl. „Exchange Traded Funds"). Das sind börsengehandelte Fonds, die in der Regel einen Index abbilden.

Anders als bei aktiv gemanagten Fonds wählt hier kein Manager die Wertpapiere aus, in die der Fonds investiert. Ein ETF bildet einfach einen Index nach, etwa den Dax oder den weltweiten Index MSCI World. Neben Aktien-ETF gibt es auch Fonds, die einen Rentenindex nachbilden. Solche Fonds enthalten keine Aktien, sondern Anleihen.

ETF bieten Anlegern mehrere Vorteile: Zum einen sind sie vergleichsweise günstig. Zum anderen benötigen sie weniger Beobachtung als aktiv gemanagte Fonds. Da sie dem jeweiligen Markt folgen, hängt ihre Performance nicht von der – oft schwankenden – Leistung eines Managers ab. Der Anleger muss nicht regelmäßig die aktuelle Bewertung seines Fonds im Auge behalten.

Das Wichtigste in Kürze

Aktienfonds Welt und **Europa** sind geeignet für risikobereite Sparer, die langfristig, mindestens 10, besser 20 Jahre sparen möchten und mögliche Kursverluste ertragen oder aussitzen können. Bequem sind ETF.

↑ Renditechance
↘ Sicherheit
→ Flexibilität
↗ bis ↘ Bequemlichkeit

Chancenbaustein: Aktienfonds

Aktien-ETF bilden einen Börsenindex nach. Anteile an ihnen zu kaufen ist für Sparer nicht nur günstiger und bequemer, als in gemanagte Aktienfonds zu investieren. Es lohnt sich auch: Immer wieder zeigen Studien, dass die meisten aktiv verwalteten Fonds mittel- bis langfristig schlechter abschneiden als ein passend gewählter Indexfonds. Außerdem sind die wenigen Gewinnerfonds aus der Vergangenheit nicht zwangsläufig auch in Zukunft Spitze.

Doch auch ETF können zwischenzeitlich abstürzen. Während sie in guten Zeiten pro Jahr schon mal um 20 oder 30 Prozent zulegen, bricht nicht selten zwischenzeitlich ein

Großteil ihres Wertes weg. Entscheidend für Anleger ist, dass über Zeiträume von mindestens zehn Jahren bislang unterm Strich immer ein Plus stand.

Zum Vermögensaufbau mit Aktien eignen sich vor allem ETF, die weltweit oder zumindest europaweit investieren. Das Fondsportfolio sollte dabei möglichst breit über Länder und Branchen gestreut sein, um das Chance-Risiko-Verhältnis zu optimieren. Die Erträge stammen zum einen aus den Kursgewinnen der Aktien an der Börse, zum anderen aus den Dividenden, die die Aktiengesellschaften ausschütten.

“ In Aktien-ETF einsteigen können Anleger schon mit 25 bis 100 Euro pro Monat.

Die gute Nachricht: Einsteigen können Anleger schon mit kleinen Summen. Bereits 25 bis 100 Euro pro Monat summieren sich über die Jahre zu einem ordentlichen Guthaben. Einige Direktbanken bieten Varianten an, die sich quartalsweise besparen lassen – der Anleger zahlt dann zum Beispiel alle drei Monate 50 Euro ein. Der Anleger kann die Höhe der Einzahlungen beliebig ändern und jederzeit ganz oder teilweise über sein Guthaben verfügen. Wer einen Sparplan abschließt, muss sich auf keine feste Rate und keine Laufzeit festlegen, sondern kann einfach drauflossparen.

Grundsätzlich ist kein anderes Ratensparprodukt so flexibel wie ein Fondssparplan: Das Investment bleibt auch dann bestehen, wenn ein Sparer für Monate oder Jahre gar nichts einzahlt. Ist er wieder besser bei Kasse, kann er die regelmäßigen Zahlungen wieder aufnehmen.

Auch bei Einmalanlagen in Aktien-ETF müssen sich Anleger nicht auf eine Laufzeit festlegen. Sie können täglich über ihr Geld verfügen und es ganz oder teilweise abheben. Kündigungsfristen gibt es keine. Wer sich entschließt, Anteile zu verkaufen, hat das Geld üblicherweise nach drei, vier Werktagen auf seinem Konto.

Der Haken an der Sache ist die Fondsauswahl. Ohne fachkundige Hilfe gleicht sie der Suche nach der Nadel im Heuhaufen. Hilfe bieten Ratingagenturen, die die Qualität von Fonds ermitteln. Auch die Stiftung Warentest bewertet Investmentfonds. Die Ergebnisse werden jeden Monat auszugsweise in der Zeitschrift Finanztest veröffentlicht und sind im Internet im Produktfinder Investmentfonds unter www.test.de/fonds gegen eine geringe Gebühr abrufbar.

Der regelmäßige Kauf zu ständig wechselnden Kursen hat eine glättende Wirkung auf das Ergebnis eines Sparplans. Fondsgesellschaften heben diesen sogenannten Cost-Average-Effekt gern hervor. Statistisch gesehen sind Sparplanrenditen jedoch keineswegs verlässlicher als die Rendite bei einem einmaligen Fondskauf.

Das Wichtigste in Kürze

Rentenfonds Euro sind geeignet für relativ sicherheitsbewusste Sparer. Bei einer Anlagedauer von mehr als fünf Jahren ist das Verlustrisiko gering. Bequem sind ETF.

→ Renditechance
↗ Sicherheit
↗ Flexibilität
↗ bis → Bequemlichkeit

Dennoch gibt es einen großen Unterschied: Wer bei der Einmalanlage einen extrem ungünstigen Kaufzeitpunkt erwischt, etwa auf dem Höhepunkt eines Aktienbooms, läuft Gefahr, beim Verkauf einen Teil seines Geldes zu verlieren.

Mindestens so wichtig wie der richtige Einstieg ist der günstige Moment für den Ausstieg. Wer einen langjährigen Sparplan kurz nach einem Börsencrash beendet, muss eventuell einen Großteil der Rendite abschreiben. Bevor jemand im Börsentief aussteigt, sollte er deshalb besser noch ein, zwei Jahre weitersparen. Manchmal reichen auch schon wenige Monate, um den Großteil der Verluste auszugleichen.

Sicherheitsbaustein: Tagesgeld

Als Sicherheitsbaustein für das Depot lässt sich ein Tagesgeldkonto einsetzen – auch das bereits bestehende. Insbesondere Anleger, die an einen baldigen Zinsanstieg glauben, sind mit Tagesgeld am besten bedient. Hintergrund: Würde das allgemeine Zinsniveau steigen, müsste die Bank von sich aus die Zinsen für Tagesgeld anpassen. Dagegen hätte ein solcher Zinsanstieg einen Verfall der Anleihekurse zur Folge – in diesem Fall wären Renten-ETF (siehe unten) als Sicherheitsbaustein nur zweite Wahl. Im Vergleich zu Tagesgeld eignet sich Festgeld eher nicht, weil sich dessen Anteil am Gesamtdepot aufgrund der vertraglich vereinbarten Laufzeit nicht schnell genug verändern lässt.

Sicherheitsbaustein: Renten-ETF

Alternativ zu Tagesgeld können sogenannte Rentenfonds als Sicherheitsbaustein fungieren. Diese Fonds investieren in Anleihen, auch verzinsliche Wertpapiere oder Rentenpapiere genannt. Die Erträge stammen zum einen aus den regelmäßigen Zinseinkünften der Anleihen. Zum anderen hängt die Rendite der Rentenfonds davon ab, wie sich die Börsenkurse der Anleihen entwickeln.

Manager von Rentenfonds tun sich generell sehr schwer damit, einen Mehrwert gegenüber der allgemeinen Marktentwicklung zu erzielen. Ein Grund dafür: Anleihemärkte sind sehr effizient und die Renditen nicht hoch genug, als dass sich Fehlentscheidungen leicht kompensieren ließen.

Auch die Rentenmärkte sollten sich Anleger in Form von börsengehandelten Indexfonds (ETF) erschließen. Für die Altersvorsorge geeignet ist entweder ein Index auf

Euroland-Staatsanleihen (zum Beispiel der Barclays Euro Treasury) oder ein Index für gemischte Euro-Anleihen, der zusätzlich zu Staats- auch Unternehmensanleihen abbildet (etwa der Barclays Euro Aggregate). In beiden Fällen sollte der Index sowohl kurze als auch lange Laufzeiten und nur sichere Anleihen berücksichtigen.

Wegen der Zinsänderungsrisiken empfiehlt Finanztest Rentenfonds Euro jedoch generell nur für die langfristige Geldanlage. Denn: Kommen neue, höher verzinste Anleihen auf den Markt, geben die Kurse früher herausgegebener Anleihen nach. Zwischenzeitliche Kursrückgänge können Anleger nur mit einem Zeithorizont von sieben, besser: zehn Jahren aussitzen.

Verkaufsschlager Mischfonds

Der Gedanke, die richtige Mischung aus Chancenorientierung und Sicherheit Profis zu überlassen, hat zweifellos etwas Verlockendes. Folglich sind Mischfonds bei Anlegern nach wie vor sehr beliebt. Allein von Januar bis Oktober 2017 flossen 25,6 Milliarden Euro in diese Fondsklasse, auf die damit rund 43 Prozent aller Nettozuflüsse von Privatanlegern entfielen.

Mischfonds investieren vorwiegend in Aktien und Anleihen. Je nach Anlagerisiko kann man sie als eher offensiv, eher defensiv oder ausgewogen bezeichnen. Theoretisch verkörpern Mischfonds die Fondsidee am besten, denn Anleger bekommen einen fertigen Aktien- und Anleihemix und müssen nicht selbst entscheiden, wie sie ihr Geld auf Aktien und Anleihen aufteilen.

In jedem Fall sollte das Risikoprofil zum Anleger passen. Deshalb ist es sinnvoll, wenn sich der Fonds auf minimale und maximale Aktienquoten festlegt. Daneben gibt es flexible Mischfonds. Sie nehmen sich die Freiheit heraus, zum Beispiel zu 0 Prozent oder auch zu 100 Prozent in Aktien zu investieren. Das Risiko von Mischfonds ist schwerer einzuschätzen – zudem führt die

---

Hilfe bei der Fondsauswahl bietet unser Produktfinder Investmentfonds. Dort sind die Fonds in Gruppen eingeteilt, zum einen grob sortiert nach Aktien-, Renten-, Misch- und offenen Immobilienfonds, zum anderen fein sortiert nach dem Anlageschwerpunkt. In den Tabellen finden sich nicht nur aktiv gemanagte Fonds, sondern auch börsengehandelte Indexfonds (ETF) – in der Rangfolge ihrer Bewertung. Der monatlich aktualisierte Produktfinder ist gegen eine geringe Gebühr im Internet abzurufen unter www.test.de/fonds.

Flexibilität nicht zwangsläufig zu einem besseren Ergebnis.

Als Anleger sollten Sie Ihren Mischfonds nicht einfach laufen lassen. Prüfen Sie etwa einmal pro Jahr, ob er noch gut ist. Nutzen Sie unseren Produktfinder Fonds (siehe S. 109). Vergleicht man einen Mischfonds mit einem entsprechenden Mix aus einem Fonds, der in einen Aktienindex (zum Beispiel „MSCI World"), und einem Fonds, der in einen Anleiheindex (zum Beispiel „Barclays Euro Aggregate") investiert, schafft es der Mischfonds kaum, ein besseres Chance-Risiko-Verhältnis aufzuweisen. Das liegt auch daran, dass sie meist noch höhere Kosten veranschlagen als bei Aktien- und vor allem Rentenfonds.

Auch bei der Fünfjahresrendite liegen nur wenige Mischfonds über einem Indexmix – ein weiteres Argument, sich mit ETF seine persönliche Chance-Risiko-Mischung zu basteln. Wie die von Finanztest entwickelten Depotvorschläge zeigen, kann das ein lohnenswerter Weg sein.

Der Welt-Pantoffel

Geeignet für alle Anlegertypen als Basisanlage, vor allem für Sparer, die wenig Fondserfahrung mitbringen oder nur eine geringe Summe investieren wollen.

Bestandteile	1. Aktienfonds Welt	2. Tagesgeld oder Rentenfonds Euro
Fonds zur Wahl	Folgende thesaurierenden ETF auf den Weltaktienindex MSCI World empfiehlt Finanztest derzeit: Amundi (Isin: FR 001 075 609 8) Lyxor (FR 001 107 946 6) iShares (IE 00B 4L5 Y98 3) Source (IE 00B 60S X39 4) db x-trackers (LU 027 420 869 2) Comstage (LU 039 249 456 2) SPDR (IE 00B 44Z 5B4 8)	Für den Sicherheitsbaustein empfiehlt Finanztest derzeit unter anderem folgende ETF: Euro-Staatsanleihen: iShares (IE 00B 4WX JJ6 4), db x-trackers (LU 029 035 571 7) Gemischte Anleihen: iShares (IE 00B 3DK XQ4 1) SPDR (IE 00B 41R YL6 3)
Aufbau	Je nach Risikobereitschaft mit 25, 50 oder 75 % Aktienfonds.	Aktien Welt 50 % / Staatsanleihen Euroland 50 % Ausgewogene Variante

Ein Pantoffel-Portfolio – die clevere Lösung

Die von uns empfohlene Anlagestrategie heißt: Pantoffel-Portfolio. Warum Pantoffel-Portfolio? Weil sie äußerst bequem ist. Einmal aufgebaut, läuft das Portfolio fast von allein. Nur hin und wieder braucht es ein wenig Pflege. Und so funktioniert die Sache: Der Anleger investiert über einen längeren Zeitraum breit gestreut sowohl in Aktien als auch in Zinsprodukte. Für Ersteres kauft er Anteile an börsengehandelten Aktienindexfonds (ETF). Als Zinsprodukte verwendet er sein Tagesgeldkonto oder kauft Anteile an Anleihen-ETF.

Ein Pantoffel-Portfolio setzt sich aus zwei oder drei Bausteinen zusammen, die sich unterschiedlich gewichten lassen. Für Zwecke der Altersvorsorge – also für eine längerfristige Anlage bei überschaubarem Risiko – empfehlen wir grundsätzlich den „Welt-Pantoffel" unten links. Wer auch Aktien aus Schwellenländern dabeihaben möchte, kann auf einen „Tiger-Pantoffel" setzen.

Der Tiger-Pantoffel

Ein Portfolio mit drei Fonds ist aufwendiger zu pflegen als eines mit zweien. Wegen der Gebühren bei der Anpassung eignet sich der Tiger-Pantoffel nur für größere Beträge.

Bestandteile	**1. Aktienfonds Welt**	**2. Tagesgeld oder Rentenfonds Euro**	**3. Aktienfonds Schwellenländer (Emerging Markets)**
Fonds zur Wahl	Infrage kommen dieselben ETF auf den Index MSCI World wie beim Welt-Pantoffel links.	Hier kommen dieselben Rentenfonds auf Euro-Staatsanleihen-Indizes infrage wie beim Welt-Pantoffel links.	ETF auf den Schwellenländerindex MSCI Emerging Markets: Amundi (FR 001 095 967 6) Lyxor (FR 001 042 906 8) Comstage (LU 063 517 801 4)
Aufbau	Je nach Risikobereitschaft mit 20, 40 oder 60% Aktienfonds Welt sowie 5, 10 oder 15% Schwellenländerfonds. Das restliche Geld fließt in die Rentenfonds. Geeignet für Anleger mit größeren Depots auf der Suche nach Zusatzrendite.		

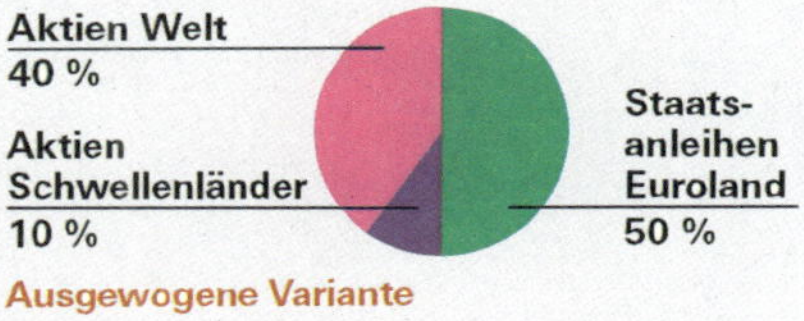

Als Anleger müssen Sie lediglich festlegen, ob Sie Ihr Portfolio in der chancenorientierten, sicherheitsorientierten oder ausgewogenen Variante haben wollen. Dementsprechend fällt die Gewichtung zwischen Chancen- und Sicherheitsbaustein aus.

In den ausgewogenen Portfolios liegen zur Hälfte Tagesgeld oder Euro-Rentenfonds – in den sicheren Portfolios drei und in den riskanten nur ein Viertel. Sichere und riskante Portfolios benötigen eventuell mehr Pflege – also häufigere Umschichtungen.

Sich ein Pantoffel-Portfolio per Einmalanlage zusammenzustellen lohnt sich bei Direktbanken schon ab 10 000 Euro Anlagesumme – bei Filialbanken wegen der höheren Gebühren erst ab 25 000 Euro.

“ Pantoffel-Portfolios sind sehr pflegeleicht. Laufen die Aktienmärkte nicht aus dem Ruder, genügt es, sie einmal im Jahr zu überprüfen.

Die Portfolios funktionieren aber auch als Sparplan: Der Anleger kauft dann – entsprechend seinem Portfolio-Typ und dem gewählten Risikoprofil – im Rahmen von Sparplänen monatlich Anteile der im Portfolio enthaltenen Fonds.

Gute Nachricht für alle, die sich nicht ständig um ihr Geld kümmern wollen: Pantoffel-Portfolios sind in aller Regel pflegeleicht. Sofern die Aktienmärkte nicht aus dem Ruder laufen, genügt es, das Portfolio einmal im Jahr zu überprüfen.

Erst wenn sich die anfängliche Aufteilung von Aktien- und Rentenfonds oder Tagesgeld aufgrund der Börsenentwicklung um mehr als 20 Prozent verschoben hat, müssen Anleger gegensteuern. Sie lenken ihre Sparrate vorübergehend komplett in den Baustein um, dessen Anteil steigen soll – so lange, bis das ursprüngliche Verhältnis wiederhergestellt ist.

Positiver Nebeneffekt: Umschichtungen erfolgen antizyklisch. Stürzen die Aktienmärkte ab, muss der Anleger Aktien nachkaufen, um das Ausgangsverhältnis wiederherzustellen. Aktien gibt es dann günstig, was die Chance eröffnet, von einem anschließenden Aufschwung zu profitieren.

In fünf Schritten zum Pantoffel-Portfolio

1. **Pantoffel auswählen.** Wählen Sie zwischen Welt- und Tiger-Pantoffel. Für die meisten Sparer ist aufgrund seines Chance-Risiko-Profils der Welt-Pantoffel erste Wahl. Die Beimischung von Schwellenländern im Tiger-Pantoffel bedeutet zwar höhere Gewinnchancen, aber auch höhere Risiken, zum Beispiel infolge unsicherer politischer Verhältnisse. Diese können sich langfristig auf den Anlageerfolg auswirken.

2. **Risikoprofil festlegen.** Legen Sie fest, welches Risiko Sie eingehen wollen, und entscheiden Sie sich dann für die riskante, ausgewogene oder sicherheitsorientierte Variante des in Punkt 1 ausgewählten Pantoffel-Portfolios.
3. **Depot eröffnen.** Falls Sie noch kein Wertpapierdepot besitzen, eröffnen Sie eines. Das können Sie entweder bei einer Filialbank oder bei einer Direktbank im Internet erledigen. Filialbankkunden sollten sich vorher erkundigen, ob sie bei ihrer Bank problemlos ETF kaufen und einen Sparplan abschließen können. Tipp für Kostenbewusste: Direktbanken sind in der Regel deutlich preiswerter. Manche Depots sind sogar gratis. Eine Kurzanleitung, wie Sie ein Depot eröffnen, finden Sie unter www.test.de/fonds.
4. **Tagesgeldkonto eröffnen.** Wer sich statt des Renten-ETF für Tagesgeld als Sicherheitsbaustein entscheidet, eröffnet bei der Bank ein Tagesgeldkonto oder stockt ein bereits bestehendes Tagesgeld-Guthaben je nach gewünschter Pantoffel-Zusammensetzung auf.
5. **Fondsanteile kaufen.** Kaufen Sie die Fonds für Ihr Portfolio. Welche infrage kommen, finden Sie ab S. 114.

Neue Steuer für Investmentfonds

Für Fondsanleger begann zu Jahresbeginn 2018 eine neue Zeitrechnung. Seit 1. Januar gelten andere Spielregeln, was die Besteuerung von Investmentanteilen betrifft. Die Reform betrifft auch Vorsorgesparer, die sich nach dem Konzept des Pantoffel-Portfolios ein ETF-Depot mit börsengehandelten Indexfonds aufgebaut haben oder aufbauen wollen. Die wichtigsten Änderungen:

- Deutsche Fonds zahlen künftig auf bestimmte Erträge 15 Prozent Körperschaftsteuer und können daher weniger ausschütten oder reinvestieren.
- Sparer bekommen zum Ausgleich Freistellungen von der Abgeltungsteuer. Diese gelten sowohl für deutsche als auch für ausländische Fonds.
- Vor 2009 gekaufte Anteile verlieren ihre Steuerfreiheit.

Ziel der Reform: Der Aufwand für Anleger soll sich reduzieren. Viele Aufgaben, die ihnen bisher zufielen, erledigt nun die Depotbank. Sie sollten sich aber nicht blind auf die Bank verlassen, sondern wissen, was die Reform für sie und ihre Geldanlage bedeutet. Details dazu lesen Sie im Kapitel „Frühzeitig die Rentenphase planen“ ab S. 133.

Die besten Fonds finden und günstig kaufen

Bei ihrer Hausbank bekommen Vorsorgesparer nicht zwingend Spitzenfonds vorgesetzt. Zum Glück gibt es Alternativen.

Vorsorgesparern, die auf Fondssparpläne ohne Riester-Förderung setzen wollen, empfiehlt Finanztest ETF. Dagegen kommen gemanagte Fonds nur für Anleger infrage, die Zeit in ihre Geldanlage investieren wollen und das nötige Fachwissen haben, um ihre Strategie regelmäßig anpassen zu können.

Börsengehandelte Indexfonds

Für die Verwahrung Ihrer Fondsanteile benötigen Sie ein Wertpapierdepot. Dieses können Sie bei einer Filial- oder Direktbank eröffnen. Bei Direktbanken ist die Depotführung meist gratis – dafür ist der Kontakt nur per Internet oder Telefon möglich.

Aufpassen: Während Sie ETF-Anteile bei Direktbanken problemlos bekommen, ist bei Filialbanken oft Stehvermögen gefragt: Anders als bei ETF verdient die Bank an aktiv gemanagten Fonds und verkauft sie deshalb lieber. Insbesondere Sparpläne auf Renten-ETF haben Filialbanken kaum im Angebot.

Kunden von Direktbanken können Depoteröffnung und Fondskauf im Internet selbst erledigen. Depotantrag und Freistellungsauftrag lassen sich online ausfüllen und ausdrucken. Zusammen mit dem Postident-Coupon geben Sie die Unterlagen bei der Post ab, legitimieren sich – fertig.

Beim Kauf von ETF fallen Provisionen an. Meist ist der Kauf über eine Filialbank teurer. Mehr als 1 Prozent des Kaufpreises sollte sie aber nicht kassieren. Bei Direktbanken geht das oft schon für die Hälfte.

Beim regelmäßigen Anteilskauf verlangt die Bank bei jeder Einzahlung eine Gebühr. Diese kann prozentual oder fix sein. Bei einer prozentualen Gebühr ist es egal, ob Sie monatlich oder vierteljährlich sparen. Ist sie fix, kann vierteljährliches Sparen günstiger sein. Bei ETF-Sparplänen gibt es oft Angebote ohne Kaufkosten (siehe „Börseninvestments – Chancen nutzen mit Fonds", S. 104).

Aktiv gemanagte Fonds

Sie gibt es bei jeder Bank, sei es in der Filiale um die Ecke, bei der Direktbank oder beim Online-Fondsvermittler. Da der Fondsmanager seine eigene Strategie fährt, kann ein Fonds im Vergleich zur Konkurrenz gut oder schlecht abschneiden. Anleger müssen sich regelmäßig um ihre Anlage kümmern und sollten bei Bedarf schlechte Fonds gegen gute tauschen. Wer zur Hausbank geht, bekommt meist hauseigene Fonds aufgetischt. Das muss nicht schlecht sein, doch häufig gibt es bessere Alternativen. In der Filiale wird zudem meist der volle Ausgabeaufschlag fällig.

Direktbanken geben auf viele Ausgabeaufschläge einen Rabatt. Dann kostet der Fondskauf nur 2,5 Prozent oder sogar noch weniger.

Billiger kommt auch hier weg, wer seinen Sparplan bei einer Direktbank abschließt. Die Depotführung ist hier nur über Telefon oder Internet möglich. Direktbanken wie comdirect, Cortal Consors oder ING-Diba geben auf viele Ausgabeaufschläge Rabatt. Dann kosten Aktienfonds nicht 5, sondern 2,5 Prozent oder weniger. Aber nicht jeder Anbieter bietet Sparpläne auf alle Fonds an.

Wer Fondsanteile in seiner Bankfiliale kaufen will, kann dennoch sparen. Weisen Sie dazu Ihren Berater an, die Anteile über die Börse zu erwerben. Auf diese Weise sparen Sie die Ausgabeaufschläge. Stattdessen werden die üblichen Spesen für den Börsenkauf fällig, die jedoch in vielen Fällen niedriger sind. Filialbanken verlangen dafür in der Regel 1 Prozent vom Kurswert, Direktbanken noch weniger. Aufpassen: Bei geringen Beträgen lohnt sich der Kauf über die Börse nicht, da die Bank eine Mindestgebühr in Rechnung stellt. Diese beträgt bei Filialbanken pro Order oft zwischen 20 und 50 Euro, bei Direktbanken weniger.

Auch müssen Anleger auf den „Spread“ achten – den Unterschied zwischen An- und Verkaufskurs. Bei einigen stark gehandelten Fonds beträgt er 0,5 Prozent, bei seltener gehandelten Fonds bis zu 2 Prozent.

Während die Transaktionsgebühren direkt vom Geldanleger zu zahlen sind, werden die Verwaltungsgebühr und weitere Kostenblöcke (zwischen 0,1 und 2 Prozent pro Jahr) direkt vom Fondswert abgezogen. Faustregel: Rentenfonds kosten weniger als Aktienfonds, börsengehandelte Indexfonds weniger als aktiv gemanagte. Immer häufiger verlangen Gesellschaften eine erfolgsabhängige Gebühr (engl. „Performance Fee“). Diese fällt an, wenn der Fonds besser abgeschnitten hat als sein Vergleichsindex oder wenn er eine bestimmte Rendite übertrifft.

Gut zu wissen: In den Fondsbewertungen von Finanztest sind sämtliche fondsinternen Kosten bereits berücksichtigt. Dagegen haben wir die Kauf- und Depotkosten nicht eingerechnet, weil sie je nach Anleger und dessen Bankverbindung sehr unterschiedlich ausfallen können.

▶ Die besten ETF fürs Pantoffel-Portfolio finden Sie auf S. 110/111. Informationen zur Performance von über 17 000 Fonds können Sie im Produktfinder „Investmentfonds“ unter www.test.de/fonds abrufen.

Versicherungen – magere Renditen, wenig Flexibilität

Rente und Versicherung – diese Kombination übt auf viele Sparer einen unwiderstehlichen Reiz aus. Aber Versicherungen sind nur unter bestimmten Bedingungen zu empfehlen.

Eine Rente in garantierter Mindesthöhe, zudem fast steuerfrei – mit diesen Argumenten punkten Vermittler privater Rentenversicherungen. Doch wer auf Rendite hofft, sollte sich nach anderen Geldanlagen umschauen. Nicht nur, dass der Garantiezins für Neuverträge Anfang 2017 auf magere 0,9 Prozent sank und immer mehr Gesellschaften dazu übergehen, Verträge mit weniger oder gar keinen Garantien anzubieten. Auch die Chancen auf eine nennenswerte Überschussbeteiligung stehen derzeit nicht gut. Zudem sind Rentenversicherungen teuer und unflexibel. Wer Zahlungen unterbrechen oder den Vertrag vorzeitig kündigen muss, macht oft Minus.

Was viele nicht ahnen: Mit dem Hinweis auf höhere Ertragschancen verkaufen Vermittler Vorsorgesparern gern statt der vermeintlich sicheren Zusatzrente eine fondsgebundene Versicherung. Mit solch einem Vertrag gehen Sparer jedoch höhere Risiken ein, denn für Fondspolicen gibt es in der Regel keine Ertragsgarantien.

Drastisch gesunken ist das Interesse am ehemaligen Vorsorgeklassiker, der Kapitallebensversicherung. Hauptgrund: Bei seit 2005 abgeschlossenen Verträgen muss der Sparer die Erträge bei der Auszahlung zumindest teilweise versteuern.

Klassische Rentenversicherung

Eine Rentenversicherung sichert im Alter ein lebenslanges Zusatzeinkommen in garantierter Mindesthöhe. Mit dieser Garantierente kann der Sparer planen – vorausgesetzt, er zahlt während der gesamten Laufzeit brav seine Beiträge. Die Höhe der garantierten Rente ist deshalb das wichtigste Bewertungskriterium einer Rentenversicherung. An ihr lässt sich zudem ablesen, ob ein Versicherer im Vergleich zur Konkurrenz kostengünstig kalkuliert.

Von den Beiträgen der Kunden zieht der Versicherer Abschluss-, Verwaltungs- und Risikokosten ab. Übrig bleibt der sogenannte Sparanteil, der in die Kapitalanlage fließt. Versicherer investieren das Geld überwiegend konservativ, also in sichere Zinsanlagen. Von den dabei erwirtschafteten Erträgen müssen sie mindestens 90 Prozent an ihre Kunden weiterreichen. Die spätere Rente setzt sich folglich aus dem garantierten Teil der Auszahlung und Überschüssen zusammen, die vom Anlageerfolg an den Kapitalmärkten abhängen.

Für die Einzahlung gibt es zwei Möglichkeiten: Bei der aufgeschobenen Rentenversicherung leistet der Kunde viele Jahre lang Beiträge. Erst dann beginnt die Rentenzahlung. Dagegen beginnt bei einer Sofortrente gegen Einmalbeitrag die lebenslange Rente bereits unmittelbar nach Einzahlung einer größeren Summe.

Eine private Rentenversicherung bindet Kunden über viele Jahre. Das Geld für die vereinbarten Beiträge sollten Sparer deshalb dauerhaft verfügbar haben. Vorübergehend nichts zu überweisen ist zwar möglich, aber mit zusätzlichen Kosten verbunden. Beitragslücken sollten deshalb rasch wieder geschlossen werden. Ein frühzeitiger Ausstieg aus dem Vertrag ist ebenfalls nicht ratsam, weil er Anlegern Nachteile beschert, etwa den Verlust des Schlussbonus.

Eine Rentenversicherung sollten zudem nur Vorsorgesparer in Betracht ziehen, die bereits einen Riester-Vertrag haben. Wegen der Förderung ist Riestern deutlich attraktiver – auch wenn es meist nicht ausreicht, um zusammen mit der gesetzlichen Rente die Grundversorgung im Alter zu sichern.

Die private Rentenversicherung kann unter Umständen eine Alternative sein, wenn Arbeitnehmern keine Betriebsrente angeboten wird, sie keine wollen oder damit nicht ausreichend versorgt wären.

Das Wichtigste in Kürze

Klassische private Rentenversicherungen sind geeignet für Selbstständige, die ihr Erspartes im Alter vielleicht doch auf einen Schlag entnehmen wollen, und für Arbeitnehmer zusätzlich zur Riester-Rente, wenn sie kein gutes Angebot für eine Betriebsrente haben.

→ Renditechance
↑ Sicherheit
↘ Flexibilität
↑ Bequemlichkeit

Für Selbstständige, die gar keine obligatorische Alterssicherung haben, kommt – neben der Rürup-Rente – eine private Rentenversicherung infrage. Für sie können sich aber auch freiwillige Beiträge in die gesetzliche Rentenversicherung lohnen (siehe „Rentenabschläge ausgleichen", S. 136).

Eine private Rentenversicherung ist kein Renditeknüller, sondern eine Wette auf ein langes Leben. Grund: Da die Rente nach durchschnittlicher Lebenserwartung kalkuliert ist, lohnt sich der Vertragsabschluss erst im hohen Alter. Würde bei Rentenbeginn nur die Garantierente zur Verfügung stehen, begänne die Gewinnzone ab etwa 86 Jahren. Durch Überschüsse kann die Rente jedoch höher ausfallen – der Sparer ist dann etwas früher im „grünen Bereich".

→ Zahlungsweise

Kunden, die ihren Beitrag nicht jährlich, sondern monatlich überweisen, müssen Nachteile in Kauf nehmen. Für dieselbe Leistung werden dann beispielsweise 5 Prozent mehr Beitrag fällig. Zahlen Sie also wenn möglich jährlich!

Neben der Auswahl eines kostengünstigen, renditestarken Anbieters sollten Sparer darauf achten, keinen Vertrag mit dynamischer Zahlungsweise zu vereinbaren. Ein jährlich steigender Beitrag ist unnötig teuer: Bei jeder Dynamikstufe wird der Kunde unmerklich zur Kasse gebeten, denn der Versicherer macht neue Abschlusskosten geltend. Gleichzeitig erschwert ein steigender Beitrag den Überblick über die am Schluss zu erwartende Leistung.

Die Auszahlung sollte hingegen sehr wohl „volldynamisch" erfolgen. Der Versicherer zahlt anfangs eine geringere Rente, die im Lauf der Jahre meist steigt. Vorteil: Die Rente kann niemals geringer werden. Bei allen anderen Formen ist eine Rentenkürzung möglich, wenn die Erträge des Versicherers einbrechen.

Die Bedingungen der meisten Verträge enthalten eine Abruf- sowie eine Aufschuboption. Beides ist sinnvoll. Per Abrufoption können Sie den Rentenbeginn vorziehen, meist um bis zu fünf Jahre. Ihre Rente fällt dann jedoch niedriger aus. Abrufbar ist sie oft ab 60 Jahren. Umgekehrt lässt sich mit einer Aufschuboption die erste Auszahlung meist um zwei bis fünf Jahre hinausschieben. Die Rente fällt dann höher aus.

Wichtig ist zudem ein Kapitalwahlrecht. Es erlaubt Ihnen, nach Ende der Ansparphase statt einer Rente eine Einmalzahlung zu wählen. Die Erträge sind dann allerdings mindestens zur Hälfte steuerpflichtig (siehe „Kapitallebens- und Rentenversicherungen", S. 144). Wichtig: Informieren Sie sich, bis wann Sie Ihr Kapitalwahlrecht ausüben können. In manchen Fällen müssen Sie sich spätestens drei Jahre vor Rentenbeginn für eine Form der Auszahlung entscheiden.

Fast alle Versicherer bieten zudem die Möglichkeit, im Vertrag einen Berufsunfähigkeitsschutz zu vereinbaren – zumindest in begrenztem Umfang. Das bedeutet: Muss der Kunde seinen Beruf aus gesundheitlichen Gründen an den Nagel hängen, würde das Unternehmen die weiteren Versicherungsbeiträge übernehmen. Lassen Sie sich bei Interesse vorrechnen, um wie viel geringer Ihre garantierte Rente ausfallen würde. Erscheint Ihnen der Verlust zu hoch oder haben Sie anderweitig ausreichend für Berufsunfähigkeit vorgesorgt, verzichten Sie besser auf diese Option. Finanztest empfiehlt grundsätzlich, Vorsorge und Berufsunfähigkeitsschutz zu trennen.

Übrigens: Eine Rentenversicherung – ob klassisch oder fondsgebunden – eignet sich nicht, um Angehörige abzusichern. Dafür ist eine Risikolebensversicherung in ausreichender Höhe die richtige Wahl.

Checkliste

Rentenversicherung ja oder nein?

- ☐ **Bedarf prüfen.** Überschlagen Sie, was Sie bereits für Ihre Altersvorsorge tun und welche geförderten Varianten Sie nutzen könnten. Haben Sie bereits eine Riester-Rente oder könnten Sie eine abschließen? Macht die Firma ein gutes Angebot für eine Betriebsrente?
- ☐ **Alter beachten.** Sind Sie noch sehr jung und können Ihren weiteren beruflichen Weg schlecht absehen, sollten Sie zunächst durch flexible Einzahlungen in Fonds die Ertragschancen am Aktienmarkt nutzen, anstatt sich über Jahre oder Jahrzehnte mit einer privaten Rentenversicherung zu binden.
- ☐ **Ausdauer beweisen.** Ergänzen Sie Ihre Altersvorsorge nur dann mit einer privaten Rentenversicherung, wenn Sie den Beitrag dauerhaft erübrigen können. Der Vertrag ist alles andere als flexibel: Vorzeitiges Aussteigen bringt herbe Verluste.
- ☐ **Eigenheim einbeziehen.** Planen Sie mittelfristig eine Hausfinanzierung, richten Sie Ihre Strategie besser von Beginn an auf das Bilden von Eigenkapital aus. Eine private Rentenversicherung ist dafür nicht geeignet.
- ☐ **Beitragsrückgewähr sichern.** Entscheiden Sie sich doch für eine private Rentenversicherung, können Sie für die Ansparphase eine Beitragsrückgewähr vereinbaren. Nur dann erhalten Ihre Angehörigen die eingezahlten Beiträge zurück, sollten Sie bereits vor Rentenbeginn versterben. Eine Beitragsrückgewähr für die Auszahlungsphase lassen Sie dagegen besser weg. Grund: Sie ist zu teuer und schmälert die Rente zu stark.
- ☐ **Rentengarantiezeit prüfen.** Sofern Sie einen Angehörigen versorgen müssen, vereinbaren Sie am besten eine Rentengarantiezeit von bis zu zehn Jahren. Sie kostet wenig und rettet Ihre Rente ein paar Jahre lang für eine andere Person, falls Sie selbst vorzeitig versterben sollten. Ist der Unterhalt dieser Person anderweitig gesichert, lassen Sie diese Option besser weg.

Ohne Garantiezins? Marktführer Allianz und andere Lebensversicherer gehen verstärkt dazu über, Verträge ohne garantierte Verzinsung anzubieten. Angeblich erhöhe dies die Renditechancen der Anleger – für die ist das jedoch mit mehr Risiko verbunden. Ob sich dauerhaft höhere Gewinne realisieren lassen, kann derzeit niemand sagen.

Fondspolice: Fondsgebundene Rentenversicherung

Eine fondsgebundene Rentenversicherung, kurz: Fondspolice, ist ein Fondssparplan in einem Versicherungsmantel. Der Kunde zahlt Beiträge, deren Sparanteile in einen oder mehrere Fonds fließen. Das Vermögen verwaltet eine externe oder die konzerneigene Kapitalanlagegesellschaft.

Eine vergleichsweise hohe Renditechance bieten nur Aktienfonds. Wer in Zinspapiere investieren will, liegt mit einer Fondspolice falsch. Für die mäßige Renditeerwartung wäre die langfristige Bindung an eine Police bei oft hohen Kosten unsinnig. Rentenfonds sind bei Fondspolicen nur in der Endphase sinnvoll, wenn das Vermögen vor Rentenbeginn gesichert werden soll.

Da die Wertentwicklung von Fonds nicht vorhersehbar ist, garantiert der Anbieter meist keine Rentenhöhe. Entwickeln sich die Fonds wie gewünscht, winken hohe Gewinne. Wenn nicht, fährt der Sparer Verluste ein. Nach der Ansparphase rechnet der Versicherer das Vermögen in eine lebenslange monatliche Rente um, von der ein Teil garantiert ist. Der Kunde kann aber auch eine Einmalzahlung wählen oder die Fonds auf ein Depot übertragen.

Hier stellt sich die Frage, ob eine Fondspolice oder ein Fondssparplan ohne Versicherungsmantel besser ist. Für die Fondspolice kann die günstige Besteuerung in der Auszahlphase sprechen – Stichwort: Ertragsanteil. Dieser Vorteil greift allerdings nur, wenn das Guthaben tatsächlich verrentet wird.

Ein weiterer Vorteil ist die hälftige Besteuerung der Erträge bei Kapitalauszahlung. Dazu muss der Vertrag allerdings mindestens zwölf Jahre gelaufen und der Sparer bei der Auszahlung mindestens 62 Jahre alt sein. Außerdem lassen sich mit einer Fondspolice schon kleinere Anlagebeträge über mehrere Fonds verteilen.

Wer häufig umschichtet oder Fonds austauscht, spart sich zudem die Abgeltungsteuer auf Kursgewinne. Das kann für Kunden attraktiv sein, die ihren Sparerpauschbetrag bereits ausgeschöpft haben. Außerdem entfällt der Ausgabeaufschlag beim Neukauf.

Zusammengefasst lohnt sich eine Fondspolice für den Sparer umso mehr:

- je aktiver er ist, je öfter er also sein Portfolio umschichtet,
- je höher der Ausgabeaufschlag für einen geeigneten Fondssparplan ist,
- je höher seine Einzahlungen sind,
- je länger die Spardauer ist und
- je stärker er seinen Sparerpauschbetrag ausgeschöpft hat.

Auch diese Vorteile können die hohen Kosten nicht wettmachen. Es gibt zwar mittlerweile auch günstige Angebote – doch die meisten Fondspolicen sind viel zu teuer.

In der selbst gemanagten Variante wählt der Kunde die Fonds aus, in die der Versicherer das Geld investiert. Außerdem darf er die anfängliche Verteilung seiner Beiträge meist kostenlos ändern – je nach Anbieter und Tarif sogar mehrmals im Monat. Er kann auf diese Weise schnell auf Entwicklungen an der Börse reagieren oder vom Anbieter aufgelöste Fonds durch neue ersetzen lassen. Für Bequeme ist das jedoch nichts: Kunden sollten bereit sein, sich aktiv um ihre Fondsanlage zu kümmern.

Viele Anbieter haben eine gemanagte Variante der Fondspolice im Angebot. Hier wählt der Kunde ein Risikoprofil und den Anteil an Aktienfonds und überlässt den Rest der Anlagegesellschaft. Die ist nicht verpflichtet, die besten Fonds auszuwählen, und kann konzerneigene Produkte bevorzugen, die dem Markt hinterherhinken.

Ein wichtiger Punkt ist die Vertragsgestaltung. Nicht zu empfehlen ist ein jährlich steigender („dynamischer") Beitrag. Bei jeder Erhöhung zieht der Versicherer dann Zusatzkosten ab.

Sinnvoll sind dagegen Abruf- und Aufschuboption. Beides ist bei einer Fondspolice wegen der Kursschwankungen um den Ablauftermin herum wichtig, weil sich dieser dann um meist bis zu fünf Jahre vorziehen oder hinausschieben lässt. So kann der Sparer einen Zeitpunkt wählen, an dem seine Anteile möglichst viel wert sind.

Wichtig ist auch ein Kapitalwahlrecht, das Verträge so gut wie immer beinhalten. Kunden können dann am Ende der Einzahlung oder kurz zuvor erklären, dass sie statt einer Rente lieber eine Einmalzahlung oder die Übertragung der Fondsanteile in ihr eigenes Depot wünschen.

Die meisten Versicherer bieten zudem einen kleinen Berufsunfähigkeitsschutz. Die-

Das Wichtigste in Kürze

Fondsgebundene Rentenversicherungen sind wegen oft sehr hoher Kosten nur für wenige Menschen geeignet, die gezielt bestimmte Fonds mit kleinen Beträgen besparen wollen.

↗ Renditechance
↘ Sicherheit
↘ Flexibilität
↘ Bequemlichkeit

se Option ist für jüngere Kunden nicht sehr teuer. Auch eine Rentengarantiezeit von bis zu zehn Jahren kostet nicht allzu viel Rente.

Unterm Strich: Leute mit wenig Geld liegen mit einer Fondspolice falsch. Sie bietet keine sichere Rente. Wer wenig verdient oder unregelmäßige Einnahmen hat, kann die Beiträge vielleicht nicht immer aufbringen. Ein Zahlungsstopp oder die Kündigung kosten jedoch dringend benötigtes Geld.

Für gut verdienende Kunden, die in gesicherten Verhältnissen leben, kann eine gute Fondspolice aus steuerlichen Gründen interessant sein. Zudem können sie in überdurchschnittliche und stark überdurchschnittliche Fonds investieren und diese steuerfrei wechseln. Ihre Grundversorgung im Alter sollten allerdings auch vermögende Anleger gesichert haben, bevor sie sich für eine Fondspolice entscheiden.

Kapitallebensversicherung

Es gibt sie noch – die Kapitallebensversicherung, einst Klassiker der privaten Altersvorsorge. Seit Wegfall ihres Steuervorteils ist sie jedoch aus der Mode gekommen: Wer nach 2004 einen Vertrag abschloss, muss mindestens die Hälfte der Erträge versteuern. Attraktiv ist das kaum – zumal der Garantiezins derzeit bei mageren 0,9 Prozent liegt.

Zur Erinnerung: Kapitallebensversicherungen verbinden die Leistung für den Erlebens- mit einer für den Todesfall. Verstirbt der Versicherte vor Vertragsende, überweist der Versicherer einem im Vertrag genannten Hinterbliebenen eine bestimmte Summe – die Todesfallleistung. Deren Mindesthöhe wird bei Vertragsschluss festgelegt. Wer „bezugsberechtigt" sein soll, legt der Kunde bei Vertragsschluss fest. Meist kann er diese Angabe jederzeit ändern.

Erlebt der Versicherte dagegen das Vertragsende, wird die Ablaufleistung fällig. Dann zahlt der Versicherer auf einen Schlag die garantierte Versicherungssumme samt Überschussbeteiligung und Schlussüberschuss an den Kunden aus.

Sparer sind in einem teuren, unflexiblen und intransparenten Vertrag gebunden – oft über Jahrzehnte.

Das große Minus von Kapitallebensversicherungen: Sparer sind in einem teuren, unflexiblen, intransparenten Vertrag gebunden – oft über mehrere Jahrzehnte. Der in der Versicherung enthaltene Sparvorgang macht die Absicherung von Angehörigen teuer: Viele Sparer vereinbaren eine zu niedrige Todesfallleistung, weil sie anders ihren Beitrag nicht zahlen könnten. Im Gegenzug mindert das versicherte Todesfallrisiko die Ablaufleistung zum Vertragsende.

Immobilien – mit „Betongold" der Inflation trotzen

Das eigene Häuschen gilt als feste Burg für die Altersvorsorge. Das mag stimmen, solange im Leben alles rund läuft. Doch Krankheit, Scheidung oder Jobverlust können alles verändern.

Als klassische Sachwertanlagen schützen Immobilien zumindest teilweise vor einem Vermögensverlust durch Geldentwertung. Für Immobilien sprechen außerdem die derzeit niedrigen Darlehenszinsen. Sie machen den Bau oder Kauf der eigenen vier Wände für viele erst erschwinglich. Wer in Immobilien investiert, sollte jedoch die Besonderheiten beachten:

- **Kreditfinanzierung.** Üblicherweise müssen Bauherren und Käufer den Löwenanteil der Kosten auf Kredit finanzieren. Je höher der Kreditanteil, desto größer die Risiken.
- **Hoher Aufwand.** Bauen oder Kaufen erfordert hohen persönlichen Einsatz – das beginnt schon bei der Auswahl der Immobilie. Gründliche Marktrecherche und die Besichtigung möglichst vieler Objekte sind ratsam. Auch der Abschluss von Bau-, Kauf- und Kreditvertrag erfordert Sorgfalt und Geduld. Schließlich warten die laufende Bewirtschaftung und Instandsetzung.
- **Mangelnde Flexibilität.** Wer in eine Immobilie investiert, sollte sicher sein, dass er sie in den nächsten 10, besser 20 Jahren nicht verkaufen muss. Die Gründe sind vielfältig: Bis ein Käufer gefunden, der Kaufvertrag abgeschlossen und das Geld auf dem Konto ist, dauert es oft mehr als ein halbes Jahr. Hinzu kommt: Je schneller der Eigentümer verkaufen will oder muss, desto wahrscheinlicher sind Preiseinbußen. Vor allem für junge Leute, die beruflich mobil bleiben wollen, kann die Immobilie zum Klotz am Bein werden.

Das Eigenheim

Der Wunsch nach persönlichem Freiraum und das Verlangen, irgendwann Herr im eigenen Haus zu sein, steuern Bauwillige und Wohnungskäufer oft mehr als finanzielle Überlegungen. Zunehmend rückt aber auch die Bedeutung der eigenen vier Wände für die Altersvorsorge in den Vordergrund. Wer im abbezahlten Eigentum wohnt, kann Einkommenseinbußen im Rentenalter oft ohne größere Abstriche am Lebensstandard verkraften. Doch bevor es so weit ist, ist ein finanzieller Kraftakt nötig.

Die meisten Bauherren und Käufer müssen sich Geld von der Bank leihen. Mindestens 10 bis 20 Prozent der Baukosten oder des Kaufpreises sollten sie jedoch aus eigener Tasche bezahlen können – und zusätzlich sämtliche Nebenkosten wie Grunderwerbsteuer, Notar- und Grundbuchgebühren sowie ein eventuelles Maklerhonorar. Beim Kauf über einen Makler summieren sich die Nebenkosten je nach Bundesland auf 8,5 bis 15 Prozent.

Wer beim Kauf nicht genug Eigenkapital einbringt, riskiert, dass der Erlös bei einem Verkauf nicht zur Schuldentilgung ausreicht.

Je mehr Eigenkapital, desto besser. Wer weniger Geld leihen muss, bekommt den Kredit günstiger und zahlt weniger Zinsen.

Außerdem ist er besser geschützt, falls der Zinssatz nach der ersten Zinsbindungsfrist steigt. Schließlich ist das Eigenkapital ein wichtiger Sicherheitspuffer für den Fall, dass das Haus nach einigen Jahren wieder verkauft werden muss: Ohne Eigenkapital besteht das Risiko, dass der Verkaufserlös nicht zur Schuldentilgung ausreicht.

Für die Altersvorsorge ist es essenziell, dass das Baudarlehen bis Rentenbeginn abgezahlt ist – sonst beginnt der Ruhestand mit einer Hypothek. Wer zum Beispiel erst mit 50 Jahren baut oder kauft, muss den Kredit viel schneller tilgen und eine höhere Belastung tragen als ein 35-Jähriger.

→ Anfangstilgung

Viele Banken bieten Immobilienkredite mit einer anfänglichen Tilgung von nur einem Prozent an. Das führt zu verlockend niedrigen Raten. In Niedrigzinsphasen reicht jedoch ein Prozent für eine solide Finanzierung nicht aus. Grund: Der Tilgungsanteil innerhalb der Rate wächst dann kaum, die Restschuld schmilzt nur zögernd. Dadurch verlängert sich die Laufzeit des Darlehens auf 50 Jahre und mehr. Aufgrund der noch immer hohen Restschuld droht zudem am Ende der ersten Zinsbindung ein kräftiger Ratenanstieg, falls die Zinsen am Kapitalmarkt gestiegen sind. Tipp: Tilgen Sie mit mindestens 3 Prozent!

Bauherren und Käufer sollten sich einen Finanzierungsplan erstellen lassen, aus dem monatliche Belastungen und die Laufzeit der Finanzierung hervorgehen. Wer kein ausreichendes und dauerhaftes Einkommen hat, sollte nicht versuchen, das Projekt mit wackliger Finanzierung durchzuziehen, sondern sich ein preiswerteres Objekt suchen oder auf das Eigenheim verzichten.

Nicht vergessen: Zu den Kreditraten kommen die Bewirtschaftungskosten hinzu. Dazu gehören neben der Gebäudeversicherung zum Beispiel auch Heizkosten und die Gebühren für Straßenreinigung und Müllabfuhr. Grob gerechnet schlagen diese jährlich mit mindestens 2 bis 3 Euro pro Quadratmeter Wohnfläche zu Buche.

Für die Instandhaltung eines Eigenheims kommen je nach Alter und baulichem Zustand pro Jahr meist zwischen 10 und 20 Euro pro Quadratmeter Wohnfläche hinzu. Wer eine Eigentumswohnung kauft, muss zusätzlich 200 bis 300 Euro im Jahr für die Hausverwaltung zahlen.

Betongold als Geldanlage

Nüchtern betrachtet, ist der Kauf eines Eigenheims nur eine Geldanlage unter vielen. Statt in Betongold zu investieren, könnte man weiter zur Miete wohnen. Um sich ein Polster fürs Alter zu schaffen, würde man sein Erspartes dann anderweitig anlegen.

Dennoch braucht das Eigenheim den Vergleich mit anderen Geldanlagen nicht zu scheuen. Sein Ertrag setzt sich aus folgenden Faktoren zusammen:

- **Mietersparnis.** Eigentümer sparen die Miete. Da die Mieten langfristig steigen, ist ein wachsender Ertrag programmiert. Bei 800 Euro Miete und einem durchschnittlichen Anstieg um 1,5 Prozent pro Jahr wächst die monatliche Ersparnis innerhalb von 25 Jahren auf 1161 Euro. Bei 3 Prozent Mietsteigerung spart der Eigentümer nach 25 Jahren pro Monat bereits 1675 Euro.
- **Wertsteigerung.** Wer seine Immobilie zu einem angemessenen Preis erwirbt und in Schuss hält, kann damit rechnen, dass ihr realer Wert langfristig zumindest erhalten bleibt. Allerdings gilt das nur im groben Durchschnitt. Die Wertentwicklung hängt stark von der Lage und der wirtschaftlichen Entwicklung der Region ab. In strukturschwachen Gegenden mit anhaltendem Bevölkerungsschwund müssen Eigentümer sogar mit Wertverlusten rechnen.
- **Steuervorteil.** Die eigenen vier Wände bieten einen oft unterschätzten Zusatzvorteil: Mietersparnis und eventuelle Wertsteigerung sind steuerfrei. Dagegen kassiert das Finanzamt auf Zinsen, Dividenden und Kursgewinne über dem Sparerpauschbetrag derzeit 25 Prozent Abgeltungsteuer plus Solidaritätszuschlag und gegebenenfalls Kirchensteuer. Eine steuerfreie Mietersparnis von 4 Prozent des Immobilienwerts entspricht dann immerhin einer Vorsteuerverzinsung einer anderen Geldanlage von 5,43 Prozent (ohne Kirchensteuer).
- **Förderung.** Der Staat fördert Bau, Kauf und Modernisierung von Eigenheimen mit Zulagen, günstigen Krediten und Zuschüssen. Das kann sich je nach Immobilie und persönlichen Verhältnissen auf mehrere Zehntausend Euro summieren. Vor allem die Wohn-Riester-Förderung macht die Finanzierung oft um viele Tausend Euro billiger.

Checkliste

Die perfekte Hausfinanzierung

- ☐ **Eigenkapital aufstocken.** Kratzen Sie so viel Erspartes zusammen wie möglich. Behalten Sie jedoch für unvorhergesehene Ausgaben eine verfügbare Reserve von drei bis sechs Nettomonatsgehältern.

- ☐ **Angebote vergleichen.** Holen Sie mehrere Kreditangebote ein. Vergleichen Sie Darlehen mit gleicher Zinsbindung anhand des Effektivzinses. Mit unserem kostenlosen Darlehensrechner im Internet (www.test.de/tilgungsrechner) können Sie die Angaben überprüfen.

- ☐ **Minizinsen sichern.** Sichern Sie sich niedrige Zinsen für mindestens 15 Jahre. Eine kürzere Zinsbindung von zehn Jahren sollten Sie nur erwägen, wenn Sie anfangs mehr als 3 Prozent der Kreditsumme im Jahr tilgen können und dadurch Ihre Schulden bis zum Ende der Zinsbindung stark verringern. Wichtig: Baukredite mit einer Zinsbindung von mehr als zehn Jahren können Sie zehn Jahre nach der vollständigen Auszahlung jederzeit mit einer Frist von sechs Monaten kündigen.

- ☐ **Höher tilgen.** Nutzen Sie das niedrige Zinsniveau zu mindestens 3 Prozent Anfangstilgung. Selbst bei 2 Prozent Anfangstilgung ergibt sich derzeit bei einem Zinssatz von 2,0 Prozent noch eine rechnerische Kreditlaufzeit von 35 Jahren.

- ☐ **Rate anpassen.** Achten Sie auf Angebote, bei denen Sie die Rate während der Zinsbindung ändern können. So lässt sich Ihre Finanzierung Ihrem Einkommen anpassen.

- ☐ **Sondertilgungen vereinbaren.** Falls nicht bereits enthalten, sichern Sie sich im Kreditvertrag das Recht auf Sondertilgungen während der Zinsbindung. Mindestens 5 Prozent der Kreditsumme sollten pro Jahr ohne Zinsaufschlag drin sein.

- ☐ **Finanzierung planen.** Lassen Sie sich einen langfristigen Finanzierungsplan erstellen. Bestehen Sie darauf, dass die Bank für die Anschlussfinanzierung eine deutliche Zinserhöhung auf beispielsweise 6 Prozent einkalkuliert. So können Sie mögliche Zinsrisiken erkennen.

Finanztest-Berechnungen zeigen: Der Bau oder Kauf eines Eigenheims oder einer Eigentumswohnung ist gerade in Zeiten niedriger Zinsen attraktiv. Eigentümer habe gute Chancen, auf Dauer mit den eigenen vier Wänden besser abzuschneiden als Mieter vergleichbarer Wohnungen.

Dennoch sollte jeder sorgfältig kalkulieren, ob sich der Bau oder Kauf für ihn lohnt. Neben den Baukosten beziehungsweise dem Kaufpreis inklusive aller Nebenkosten, möglichen Wertsteigerungen, dem vorhandenen Eigenkapital und den Hypothekenzinsen sollten Interessenten auch Möglichkeiten der staatlichen Förderung in die Entscheidungsfindung einbeziehen.

→ Fördermöglichkeiten

Bauherren und Wohnungskäufer können oft sogar mehrere Förderquellen für ihr Eigenheim anzapfen. Dazu gehört die Verwendung eines bereits angesparten Riester-Guthabens inklusive Zulagen als Eigenkapital oder das Nutzen der Riester-Förderung zur Tilgung eines Baudarlehens (siehe „Riester-Baudarlehen", S. 55). Günstige Darlehen und Zuschüsse für die Finanzierung von Eigenheimen vergibt die staatliche KfW-Bank (Infos: www.kfw.de, Tel. 0800/ 5399002). Auch die meisten Bundesländer fördern den Bau oder Kauf eines Eigenheims mit Zuschüssen oder zinsvergünstigten Darlehen (Infos unter www.foerderdatenbank.de). Zielgruppen sind oft Familien mit Kindern. Meist gelten dafür jedoch Einkommensgrenzen. Schließlich locken auch Städte und kleinere Gemeinden Bauwillige mit günstigen Baugrundstücken oder Baukostenzuschüssen.

Vermietete Eigentumswohnung

Makler und Verkäufer preisen vermietete Eigentumswohnungen als ideale Altersvorsorge an. Ihr Argument: Durch Mieteinnahmen, Steuervorteile und Wertsteigerungen der Immobilie bauen Anleger mit geringem Kapitaleinsatz langfristig Vermögen auf. Dieses beschert ihnen im Alter eine attraktive Zusatzrente: die monatliche Miete.

In der Vergangenheit ging diese Rechnung jedoch für viele Käufer nicht auf. In den 1990er-Jahren ließen sich Hunderttausende Anleger überteuerte Wohnungen als scheinbar lukrative Steuersparmodelle andrehen – oft im Paket mit einem Kreditvertrag der finanzierenden Bank.

Doch Mieten und Steuervorteile fielen niedriger aus als versprochen und reichten bei Weitem nicht, um die Kredit- und Bewirtschaftungskosten zu decken. Statt Überschüsse zu kassieren, mussten die Käufer kräftig zuschießen. Doch aus Fehlern lässt sich lernen.

Wichtigste Lektion: Steuervorteile und die Spekulation auf Wertsteigerungen dür-

Das Wichtigste in Kürze

Vermietete Eigentumswohnungen sind nur geeignet für langfristig orientierte Anleger, die bereits über einen Vermögensgrundstock verfügen und bereit sind, Zeit zu investieren.

→ Renditechance
→ Sicherheit
↘ Flexibilität
↓ Bequemlichkeit

fen bei Immobilien nie im Vordergrund stehen. Wichtiger sind ein günstiger Kaufpreis, dauerhaft erzielbare Mieten und langfristig niedrige Kreditzinsen.

Für ihre Kaufentscheidung benötigen Interessenten einen Investitionsplan und eine Renditeprognose für mindestens 15 bis 20 Jahre. Im Investitionsplan werden für jedes Jahr alle voraussichtlichen Ausgaben von den Einnahmen abgezogen. Aus dieser Rechnung ergibt sich der Betrag, den der Eigentümer zuschießen muss oder an Überschüssen kassiert. In die Renditerechnung geht auch der geschätzte Verkaufserlös am Ende des Anlagezeitraums ein.

Da solche Rechnungen grundsätzlich auf unsicheren Annahmen basieren, sollten Anleger im Vorfeld mehrere Szenarien durchspielen. Besonders wichtig ist es, der Kalkulation vorsichtige Annahmen und keine unrealistischen Wünsche zugrunde zu legen.

Kalkulieren Sie mit einer durchschnittlichen jährlichen Mietsteigerung von maximal 1 bis 2 Prozent – und rechnen Sie auch eine Variante ohne Mietsteigerung durch. Den Wiederverkaufswert setzen Sie lediglich mit dem 15- bis maximal 20-Fachen der künftigen jährlichen Nettokaltmiete an – auch wenn viele Wohnungen deutlich teurer sind. Außerdem rechnen überlegte Käufer für die Anschlussfinanzierung nach Ablauf der ersten Zinsbindung sicherheitshalber mit einer kräftigen Zinserhöhung auf beispielsweise 6 Prozent.

Die Anlagesumme hängt in erster Linie vom Preis der Wohnung ab. Vorsicht bei 100-Prozent-Finanzierungen, wie sie manche Banken anbieten: Je höher der Fremdkapitalanteil, desto höher ist das Risiko.

Im Idealfall deckt die Nettomiete Zins und Tilgung ab oder führt sogar von Anfang an zu Überschüssen.

Mindestens 20 Prozent des Kaufpreises plus Nebenkosten sollten Sie aus eigener Tasche beisteuern können. Das senkt die Höhe des Darlehens und damit die Zinsbelastung. So bleibt Luft für eine ausreichende Anfangstilgung, um den Kredit bis zum Rentenalter abzuzahlen. Schließlich sollen die Mieteinnahmen dann die Rente aufbessern und nicht für die Raten draufgehen.

Faustregel für die Finanzierungsphase: Die Nettomiete – also die Kaltmiete minus Instandhaltungs- und Verwaltungskosten – sollte ausreichen, um die laufenden Darlehenszinsen zu decken. Im Idealfall deckt die Nettomiete Zins und Tilgung ab oder führt sogar von Anfang an zu Überschüssen.

Insgesamt setzt sich die Rendite einer vermieteten Eigentumswohnung aus drei Faktoren zusammen:

- **Netto-Mietrendite.** Sie gibt an, wie viel Prozent der Investitionskosten der Anleger über die Jahresmiete wieder hereinholt. Berechnet wird sie als Verhältnis des Jahresreinertrags (Jahreskaltmiete abzüglich Instandhaltungs- und Verwaltungskosten) zu den Gesamtkosten der Immobilie (Kaufpreis plus Nebenkosten).
- **Wertsteigerungen.** Langfristig können viele Eigentümer damit rechnen, dass der Geldwert ihrer Immobilie steigt. Eine Garantie gibt es jedoch nicht. Die Chance auf Wertsteigerungen hängt stark von den wirtschaftlichen Entwicklungsperspektiven der Region ab. In Regionen, in denen dauerhaft mehr Menschen weg- als zuziehen, kann es zu einem Wertverfall kommen.
- **Steuervorteile.** Vermieter können die Anschaffungs- oder Herstellungskosten des Gebäudes steuerlich abschreiben. Den Abschreibungen steht aber meist kein tatsächlicher Wertverlust gegenüber – zumindest nicht in gleicher Höhe.

Die Rendite hängt in hohem Maß von der jeweiligen Wohnung und der Mietentwicklung ab. Bei guten Anlageobjekten sind Nachsteuerrenditen von über 5 Prozent drin. Das ist besonders für Anleger interessant, die ihren Sparerpauschbetrag bereits ausgeschöpft haben.

Unter mehreren Wohnungen mit vergleichbarer Lage, Größe und Ausstattung ist die anfängliche Netto-Mietrendite das wichtigste Auswahlkriterium. Welche Mietrendite realistisch ist, hängt stark vom Standort ab. In ländlichen und strukturschwachen Regionen lassen sich mitunter anfängliche Netto-Mietrenditen von mehr als 5 Prozent erzielen. An Topstandorten wie München, Hamburg oder Berlin liegen sie dagegen häufig deutlich unter 3 Prozent. Dafür ist hier auf absehbare Zeit nicht damit zu rechnen, dass die Immobilie schwer verkäuflich werden könnte.

Wichtig ist, dass sich Anleger über die erzielbare Miete genau informieren. Eine zuverlässige Informationsquelle ist der örtliche Mietspiegel. Auch ein Studium der Wohnungsanzeigen im Internet und in Tageszeitungen ist nützlich. Auf Angaben des Verkäufers sollten sich Anleger dagegen ebenso wenig verlassen wie auf befristete Mietgarantien. Letztere sollen oft nur darüber hinwegtäuschen, dass die versprochene Miete langfristig gar nicht durchsetzbar ist.

Folgende Risiken gilt es deshalb von Beginn an zu beachten:

- **Objektrisiko.** Eine Eigentumswohnung muss nachhaltig vermietbar sein, also auch in ein paar Jahren noch dem Wohnbedarf von Interessenten entsprechen. Ein schlechter Standort oder ein wenig attraktives Wohnumfeld gefährden künftige Mieteinnahmen. Nehmen Sie infrage kommende Immobilien sowie deren Umgebung daher sorgfältig unter die Lupe – am besten mehrfach und zu unterschiedlichen Tageszeiten. Vor allem Altbauten sollten Sie mit einem Sachverständigen besichtigen. Verdeckte Schäden können nach einem Kauf unerwartet hohe Instandhaltungskosten verursachen. Besonders wichtig ist, dass der Kaufpreis stimmt. Wer zu teuer kauft, bekommt bei einem Wiederverkauf seine Einstandskosten oft nicht zurück.
- **Marktrisiko.** Um nicht in einer ungünstigen Marktsituation verkaufen zu müssen, brauchen Sie finanzielle Reserven. Außerdem hängt die Wertentwicklung der Immobilie entscheidend von ihrem Standort ab. Strukturschwäche und Bevölkerungsschwund drücken die Nachfrage nach Wohnraum. Doch auch an Topstandorten können die Preise vorübergehend sinken.
- **Finanzierungsrisiko.** Je höher der Anteil der Kredite an den Gesamtkosten, desto höher das Risiko des Anlegers. Denn die Raten muss er auch zahlen, wenn zum Beispiel die Mieteinnahmen geringer oder Instandhaltungskosten höher ausfallen als geplant. Zudem können Kreditbelastungen nach Ablauf der ersten Zinsbindung steigen.
- **Mietausfallrisiko.** Auch Eigentümer, die ihre Mieter sorgfältig auswählen, sind vor Mietausfällen nicht völlig sicher. Sie sollten deshalb in der Lage sein, vorübergehende Mietausfälle jederzeit zu verkraften. Vorsichtige Anleger rechnen sich sogar aus, ob sie notfalls den Ausfall einer kompletten Jahresmiete inklusive Betriebskosten verkraften könnten.

Für bequeme Geldanleger kommt eine Eigentumswohnung kaum infrage. Schon der Kauf ist mit hohem persönlichen Aufwand verbunden. Auch um die laufende Verwaltung seiner Wohnung muss sich der Eigentümer kümmern.

Für die Verwaltung einer vermieteten Eigentumswohnung werden pro Jahr rund 200 bis 300 Euro fällig.

Für die Wohnanlage ist der Verwalter zuständig, der dafür in der Regel jährlich 200 bis 300 Euro pro Wohnung verlangt. Die Mietersuche und der Abschluss des Mietvertrags sind aber normalerweise Sache des Eigentümers.

Darüber hinaus muss der Vermieter in jedem Jahr die Nebenkosten mit dem Mieter abrechnen. Er muss sich außerdem bei einem Mieterwechsel um die Wohnungsabnahme und -übergabe kümmern und alle nötigen Reparatur- und Instandhaltungsarbeiten veranlassen.

Es gibt Anbieter, die dem Vermieter auch diese Aufgaben abnehmen. Doch ein solches Rundum-Sorglos-Paket kommt Anleger fast immer teuer zu stehen. Unter Rendite- und auch unter Sicherheitsaspekten ist es daher ratsam, rund um den Kauf und die Verwaltung einer vermieteten Wohnung Eigeninitiative zu entwickeln.

Pflegeappartement

Eine Alternative zum Erwerb einer vermieteten Eigentumswohnung ist seit einigen Jahren der Kauf eines Appartements in einem Pflegeheim oder einer Seniorenwohnanlage. Mieter der Immobilie ist deren Betreiber, meist eine gemeinnützige oder kirchliche Organisation oder ein privates Unternehmen. Der Betreiber schließt in der Regel einen mindestens 20 Jahre laufenden Mietvertrag mit dem Projektentwickler oder Bauträger ab und ist für die Bewirtschaftungskosten zuständig.

Der Eigentümer erhält für sein Appartement eine monatliche Miete – unabhängig davon, ob es belegt ist. Derzeit sind Nettomietrenditen von 4 bis 4,5 Prozent möglich. Darüber hinaus können private Anleger von der Förderung durch die staatliche KfW-Bank profitieren. So zahlt diese für energieeffiziente Gebäude einen Tilgungszuschuss von 5 bis 15 Prozent der Darlehenssumme.

Der Erfolg steht und fällt mit der Qualität und Bonität des Betreibers. Deshalb sollten Anleger auf Markterfahrung und Referenzen achten. Außerdem sollte das Einzugsgebiet des Pflegeheims groß genug sein. Ist es auf Dauer nicht ausgelastet, gerät der Betreiber eventuell finanziell unter Druck.

Frühzeitig die Rentenphase planen

Auch wenn der Ruhestand noch weit weg ist – nehmen Sie die Auszahlphase beizeiten in den Blick. Überlegen Sie, wie Sie Ihr Erspartes verwenden wollen, und machen Sie sich klar, welche Steuern und Abgaben Sie dann erwarten.

Ihren Ausstieg aus dem Berufsleben planen Sie am besten von langer Hand. Nehmen wir an, Sie haben vor, bereits vor Erreichen des gesetzlichen Rentenalters aufzuhören. Nehmen wir außerdem an, dass Sie – wenn alles gut weiterläuft – die Voraussetzungen für eine Rente mit Abschlag erfüllen und das damit verbundene Minus bewusst in Kauf nehmen. Wäre es dann nicht beruhigend zu wissen, dass Sie keine Rentenansprüche verschenkt haben? Auch wenn es nur 20 oder 30 Euro pro Monat sind – selbst kleine Beträge summieren sich auf lange Sicht.

Auch beim Thema private Altersvorsorge gilt es, die richtigen Weichen zu stellen. Jetzt wird sich zeigen, was Ihre Anstrengungen wert waren. Doch kommen Sie überhaupt pünktlich an Ihr angesammeltes Guthaben heran? Gerade längerfristige Verträge gingen vielleicht von einem deutlich späteren Rentenbeginn aus. Und wird das Geld dann auf einen Schlag oder als Rente gezahlt oder als Mix aus beidem? Haben Sie ein Wahlrecht – und wie lange vor Vertragsende müssen Sie es wahrnehmen?

Selbst wenn diese Fragen geklärt sind, warten unter Umständen weitere Entscheidungen. So flattert Riester-Sparern ein Vorschlag ihres Anbieters für die Auszahlphase ins Haus. Darin steht, wie hoch ihre Rente ausfällt. Wussten Sie, dass Sie nicht verpflichtet sind, diesen Vorschlag anzunehmen? Angebote anderer Unternehmen können deutlich besser sein – und der Gesetzgeber räumt Ihnen das Recht ein, Ihren Vertrag zu kündigen und das angesparte Kapital auf einen anderen Anbieter zu übertragen.

Nehmen wir schließlich an, dass Sie alle Modalitäten geklärt haben. Dann heißt es, der Tatsache ins Auge zu blicken, dass zumindest ein Teil der gesetzlichen und der Rürup-Rente sowie die gesamte Riester- beziehungsweise Betriebsrente zu versteuern sind. Auf die Betriebsrente werden überdies in den meisten Fällen Sozialabgaben fällig.

Rechtzeitig an den Ausstieg denken

Je früher in Rente, desto besser. Doch das schafft nur, wer das finanzielle Minus verkraftet – oder andere Geldquellen besitzt.

→ **Mit 55 Jahren** erhält jeder Versicherte erstmals eine Rentenauskunft. Sie ist deutlich ausführlicher als die Renteninformation, die jüngere Versicherte erhalten. Höchste Zeit, das Rentenkonto auf Vordermann zu bringen. Wer sich vorzeitig aus dem Arbeitsleben verabschieden möchte, sollte checken, ob das drin ist. Auch an Guthaben aus privat oder über den Betrieb abgeschlossenen Vorsorgeverträgen kommen Sie unter Umständen vor Erreichen des gesetzlichen Rentenalters heran.

Frührente meist nur mit Abschlag

Für die gesetzliche Rente liegt die Altersgrenze je nach Geburtsjahr zwischen 65 und 67 Jahren. Ab Jahrgang 1964 können Versicherte sie erst mit 67 Jahren bekommen. Um überhaupt Anspruch auf diese Rente zu haben, müssen sie eine Mindestversicherungszeit („Wartezeit") von fünf Jahren vorweisen können. Seinen Ruhestand vorher einzuläuten will gut überlegt sein: Zum einen verzichten Erwerbstätige dann auf ihren regulären Verdienst und zahlen in die-

Gleitender Übergang. Wer nicht von einem Tag auf den anderen aus dem Berufsleben aussteigen will, sollte mit seinem Arbeitgeber über eine Teilzeit- oder Altersteilzeitlösung sprechen oder die Frührente mit einem Teilzeitjob aufstocken. Letzteres ist allerdings zumindest derzeit aufgrund der geltenden Hinzuverdienstgrenzen für Frührentner nicht immer attraktiv.

ser Zeit keine Rentenbeiträge mehr ein – was die spätere Rente verringert. Zum anderen können Versicherte vor Erreichen der regulären Altersgrenze nur dann Rente bekommen, wenn sie eine der folgenden Voraussetzungen erfüllen:

- **Altersrente für besonders langjährig Versicherte.** Anspruch auf eine abschlagsfreie „Rente mit 63" haben nur Versicherte, die mindestens 45 Versicherungsjahre nachweisen können. Allerdings wird die Altersgrenze für die Jahrgänge ab 1953 in Zwei-Monats-Schritten auf 65 Jahre angehoben. Letztere gilt dann für alle ab 1964 Geborenen.
- **Altersrente für langjährig Versicherte.** Für diese Rente beträgt die Wartezeit 35 Jahre. Die Altersgrenze steigt seit 2012 stufenweise von 65 auf 67 Jahre. Wer die 35 Jahre voll hat, kann bereits ab dem 63. Geburtstag in Rente gehen – muss im Gegenzug jedoch einen Abschlag hinnehmen. Dieser beträgt für einen 1953 geborenen Versicherten 9,3 Prozent – für alle Jahrgänge ab 1964 dagegen schon 14,4 Prozent.
- **Altersrente für schwerbehinderte Menschen.** Die Altersgrenze für eine abschlagsfreie Rente steigt seit 2012 stufenweise von 63 auf 65 Jahre. Von der Anhebung betroffen sind alle Jahrgänge ab 1952. Voraussetzung sind ein Grad der Behinderung (GdB) von mindestens 50 sowie eine Wartezeit von 35 Jahren. Darüber hinaus können Versicherte bis zu drei Jahre vor Erreichen der für sie geltenden Altersgrenze in den Ruhestand gehen – je nach Geburtsjahr also zwischen ihrem 60. und 62. Geburtstag. Dafür müssen sie allerdings Abstriche von bis zu 10,8 Prozent in Kauf nehmen.

Ein vorgezogener Ruhestand mit Abschlägen muss nicht zwingend von Nachteil sein: Die Rentenzahlungen, die Sie vor Erreichen der regulären Altersgrenze bekommen, wiegen das dauerhafte Minus zumindest für eine gewisse Zeit auf. Anders gesagt: Das Weiterarbeiten bis zur Altersgrenze und der Verzicht auf eine Frührente lohnen sich meist erst nach etlichen Jahren. Welches in Ihrem Fall die bessere Variante ist, sollten

Sie mit der Rentenversicherung oder einem Rentenberater besprechen.

Übrigens: Früher in Rente zu gehen kann zumindest einen kleinen Vorteil bei der Steuer bringen, weil dann ein höherer Prozentsatz der Rente auf Dauer steuerfrei bleibt (siehe auch „So viel bleibt von Ihrer Rente steuerfrei", S. 142).

Rentenabschläge ausgleichen

Wer vorzeitig in Rente gehen will oder bereits gegangen ist, hat bis zum Erreichen der Regelaltersgrenze die Möglichkeit, Abschläge durch freiwillige Beitragszahlungen auszugleichen. Auf Antrag ermittelt die gesetzliche Rentenversicherung die Höhe der Abschläge sowie den Betrag, der zum Aus-

Checkliste

Abschlag gesetzlich oder privat ausgleichen?

- ☐ **Konditionen vergleichen.** Stellen Sie bei der gesetzlichen Rentenversicherung einen Antrag, damit diese die Höhe der erforderlichen Ausgleichszahlung errechnet. Holen Sie dann mehrere Angebote bei privaten Versicherern ein. Wie hoch wäre die Sofortrente, wenn Sie dieselbe Summe einzahlen würden? Wichtig: Vergleichen Sie dann die garantierte Rente – ohne Überschussbeteiligung – mit dem, was Ihnen bei der gesetzlichen Rentenversicherung netto bleiben würde.
- ☐ **Angehörige absichern.** Durch zusätzliche Einzahlungen in die Rentenkasse fiele auch eine spätere Hinterbliebenenrente für den Ehepartner höher aus. Auch mit einer privaten Rentenversicherung können Sie die Familie absichern, indem Sie eine Rentengarantiezeit oder einen Hinterbliebenenschutz vereinbaren. Allerdings schmälert das die Höhe der Rente.
- ☐ **Abgaben prüfen.** Während auf die gesetzliche Rente im Alter Beiträge zur Kranken- und Pflegeversicherung fällig werden, gilt das für eine private Rente nicht. Auch der steuerpflichtige Anteil ist bei privaten Renten deutlich niedriger. Um diesen Unterschied zu spüren, muss das Alterseinkommen jedoch so hoch sein, dass überhaupt Steuern fällig werden.

gleich freiwillig gezahlt werden könnte. Beides teilt sie dem Versicherten in einer besonderen Rentenauskunft mit, die frühestens mit 55 Jahren erstellt wird. Übrigens: Wer sich nach der Einzahlung entschließt, doch bis zur Altersgrenze weiterzuarbeiten, hat dann entsprechend mehr Rente.

Dieses Vorgehen lohnt sich finanziell, wenn der Versicherte so alt wird, dass er seine freiwilligen Beiträge durch die Rentenzahlungen irgendwann wieder „heraus" hat. Ideell hat er in jedem Fall von Beginn an die Sicherheit, dass die Rente lebenslang fließt. Ob das die zusätzliche Anstrengung wert ist, muss jeder für sich entscheiden.

Tipp: Derzeit dürfte zwar kaum ein privater Versicherer für dasselbe Geld eine höhere Rente bieten – doch auch bei diesem können Sie gegen eine einmalige Einzahlung eine Rente bekommen (siehe „Vorsorgeguthaben", S. 153). Diese „Sofortrente" lässt sich vertraglich so ausgestalten, dass sie ebenfalls bis ans Lebensende fließt.

Vorzeitig auf Guthaben zugreifen

Wer neben der gesetzlichen Rente Zusatzvorsorge betreibt, sollte deren Konditionen rechtzeitig checken: Ist die betriebliche Altersversorgung eventuell schon vor Erreichen des Rentenalters fällig? Sieht der Vertrag über die private Rentenversicherung die Möglichkeit einer vorzeitigen Auszahlung („Abrufoption") vor? Bietet ein Börsenhoch die Chance, in Fonds investierte Guthaben mit Gewinn abzuziehen?

- **Riester-Rente.** Die Auszahlung der Riester-Rente beginnt normalerweise, sobald ein Sparer seine reguläre Altersrente beziehungsweise Beamtenpension bekommt. Wer seinen Ruhestand vorzieht, kann seine – dann allerdings niedrigere – Riester-Rente auch früher bekommen. Das ist selbst dann möglich, wenn die gesetzliche Rente erst später fließt.
  Grundsätzlich können sich Riester-Sparer ihr Geld ab dem 62. Geburtstag auszahlen lassen. Wer seinen Vertrag vor 2012 abgeschlossen hat, kommt sogar schon ab 60 Jahren an sein Guthaben heran. Zudem dürfen Sparer bei Auszahlungsbeginn bis zu 30 Prozent auf einen Schlag entnehmen.
  Zum Tilgen einer Restschuld für ein selbst genutztes Eigenheim darf das Riester-Guthaben sogar in voller Höhe entnommen werden. Oder das, was davon noch da ist: Bereits während der Vertragslaufzeit dürfen Sparer ihr Guthaben ganz oder teilweise zur Finanzierung einer Immobilie entnehmen, ohne die Zulagen zurückzahlen zu müssen.
  Eine vorzeitige Vertragskündigung aus anderen Gründen ist dagegen mit gravierenden Nachteilen verbunden. Der Sparer muss dann die bis dato erhaltenen Zulagen sowie eventuelle Steuervorteile zurückzahlen. Im Restguthaben enthaltene Erträge sind zudem voll zu versteuern.

- **Rürup-Rente.** Das angesparte Rürup-Guthaben mündet in eine lebenslange Rente. Diese kann frühestens mit 62 Jahren beginnen, bei vor 2012 abgeschlossenen Verträgen bereits mit 60 Jahren. Anders als bei der Riester-Rente ist es nicht möglich, zu Rentenbeginn einen Teil des Guthabens zu entnehmen. Hinzu kommt: Sparer können ihren Vertrag nicht vorzeitig kündigen, um Geld daraus zu entnehmen – es gibt keinen Rückkaufswert.
- **Betriebliche Altersversorgung.** Wann und wie Sparer an ihre Betriebsrente kommen, hängt von den vertraglichen Vereinbarungen ab. Handelt es sich um einen arbeitgeberfinanzierten Vertrag, lässt sich dieser nur kündigen, wenn der Betrieb den Sparer zuvor zum Versicherungsnehmer macht.
Wurden die Beiträge dagegen vom Arbeitnehmer selbst durch Entgeltumwandlung aufgebracht, ist eine Kündigung zwar theoretisch möglich – allerdings darf der Sparer laut Gesetz nicht vor Erreichen des frühestmöglichen Auszahlungstermins über sein Guthaben verfügen.
Außerdem drohen bei einer Kündigung Verluste. Grund: Die Beiträge wurden bis zu einer jährlichen Höchstgrenze weder mit Steuern noch Sozialabgaben belastet. Wer seinen Vertrag vor Erreichen des 60. Lebensjahres (bei Verträgen ab 2012: des 62. Lebensjahres) kündigt, müsste daher Steuern und Sozialabgaben auf die gesamte geförderte Beitragssumme nachreichen. Die Höhe der Nachzahlung kann sogar das angesparte Guthaben übersteigen, sodass der Sparer Geld nachschießen müsste. In vielen Fällen dürfte eine Beitragsfreistellung bis zum frühestmöglichen Auszahlungsbeginn die bessere Lösung sein. Steht dagegen im Vertrag beispielsweise ein Rentenbeginn von 65 Jahren und will der Sparer mit 63 Jahren in Rente gehen, sollte er rechtzeitig in der Personalstelle des Betriebs oder direkt beim Vertragspartner nachfragen, ob eine vorzeitige Auszahlung möglich ist und welche Folgen diese hätte. Wer Verluste vermeiden will und es sich leisten kann, sollte sich eventuell seine gesetzliche Rente vorzeitig auszahlen lassen, die Auszahlung der Betriebsrente jedoch bis zum ursprünglich vorgesehenen Rentenbeginn hinausschieben.
- **Spar-/Termineinlagen.** Für unbefristete Einlagen wie das Sparbuch beträgt die Kündigungsfrist in der Regel drei Monate. Ohne Kündigung kann der Sparer pro Monat bis zu 2000 Euro abziehen. Dagegen haben befristete Einlagen („Termingelder", „Festgelder") eine von vornherein vereinbarte Laufzeit, zum Beispiel 30 oder 90 Tage, nach deren Ablauf sie fällig werden. Sogenannte Kündigungsgelder laufen unbefristet, bis der Sparer sie kündigt. Ist die Kündi-

Zweitmarkt für Policen. Eine Alternative zur Kündigung einer Lebens- oder Rentenversicherung kann deren Verkauf auf dem Zweitmarkt sein. Die meisten Anbieter versprechen Erlöse über dem regulären Rückkaufswert sowie Steuervorteile. Doch Vorsicht: Auf dem Markt tummeln sich schwarze Schafe. Interessenten sollten immer das Kleingedruckte lesen und nur an Firmen verkaufen, die den Kaufpreis in einer Summe sofort auszahlen und moderate Gebühren verlangen!

gung erfolgt, tritt die Fälligkeit nach dem vereinbarten Zeitraum, zum Beispiel nach 30 Tagen, ein.

- **Investmentfonds.** Anleger können Anteile an Aktien-, Renten-, Misch- und anderen Fonds börsentäglich verkaufen. Ausnahme: Wer seit 22. Juli 2013 Anteile an offenen Immobilienfonds kauft, muss diese für mindestens zwei Jahre halten und eine Kündigungsfrist von zwölf Monaten einhalten. Wer bereits vorher Anteile hatte, darf pro Kalenderhalbjahr bis 30 000 Euro abziehen.
- **Private Versicherungsverträge.** Wer eine private Kapitallebens- oder Rentenversicherung abgeschlossen hat, erfährt aus seinen Unterlagen, zu welchem Termin die Leistung fällig wird. Wer vorzeitig an sein Geld heran will, müsste den Vertrag kündigen und bekäme dann den Rückkaufswert ausgezahlt. Das ist jedoch in aller Regel mit hohen Verlusten – unter anderem dem Verlust des Schlussbonus – verbunden und von daher nicht ratsam.
Sieht der Vertrag dagegen vor, dass sich das über die Jahre angesparte Guthaben variabel abrufen lässt, sollten sich Sparer rechtzeitig überlegen, ob und wie sie von dieser Möglichkeit Gebrauch machen wollen. Fest steht eines: Auf den Versicherer zu warten ist riskant. Dieser meldet sich unter Umständen erst kurz vor Ablauf des Vertrags.

Steuern und Sozialabgaben einkalkulieren

Anspruch auf ein Vorsorgeguthaben zu besitzen ist das eine. Wichtig ist, wie viel bei der Auszahlung davon übrig bleibt. Vor allem für Fondsanleger ändert sich 2018 steuerlich eine Menge.

Auch Ruheständler kommen nicht an Beiträgen zur Kranken- und Sozialversicherung vorbei – und am Finanzamt oft auch nicht. Hintergrund: Seit 2005 ist in Deutschland in Sachen Alterseinkünfte ein Systemwechsel im Gang: der Übergang zur nachgelagerten Besteuerung. Das bedeutet: Während für Erwerbstätige ein immer größerer Teil ihrer Rentenbeiträge steuerfrei bleibt, müssen sie im Alter einen größeren Teil ihrer Einkünfte versteuern. Wie hoch dieser Anteil ist, hängt bei der gesetzlichen Rente vom Jahr des Rentenbeginns ab. Dieses Prinzip gilt auch für die staatlich geförderte Rürup-Rente.

Das muss allerdings nicht heißen, dass das unterm Strich ein Minusgeschäft ist. Viele Menschen haben im Alter deutlich geringere Einkünfte als während des Erwerbslebens – und folglich einen geringeren persönlichen Steuersatz.

Voll steuerpflichtig sind geförderte Riester- und Betriebsrenten. Bei ungeförderten Versicherungsverträgen kommt es darauf an, ob das Guthaben als lebenslange Rente oder auf einen Schlag ausgezahlt wird. Grundsätzlich sind Erträge bei Einmalzahlungen voll zu versteuern – bei seit 2005 abgeschlossenen Versicherungen unter bestimmten Bedingungen jedoch nur die Hälfte davon. Nur wer seinen Vertrag bereits vor 2005 abgeschlossen hat, kommt in vielen Fällen steuerfrei davon.

Bei einer Zahlung als lebenslange Rente erhöht dagegen lediglich deren sogenannter Ertragsanteil die Steuerlast. Dessen Höhe hängt wiederum davon ab, wie alt jemand ist, wenn er seine erste Auszahlung bekommt. Faustregel: Je älter der Sparer ist, desto geringer der Ertragsanteil.

Wer über den Betrieb riestert, zahlt auf die spätere Rente keine Sozialabgaben.

Dass von der gesetzlichen Rente später auch Sozialabgaben abgehen, haben die meisten Beschäftigten schon einmal gehört. Dass das jedoch auch für ihre Betriebsrenten gilt und dass hier die Abgaben sogar deutlich höher sind als bei der gesetzlichen Rente, kommt für viele überraschend.

Doch es hilft nichts: Egal ob Einmalzahlung oder Rente – gesetzlich pflichtversicherten Betriebsrentnern dürfen Beiträge für die Kranken- und Pflegeversicherung abgezogen werden. Im Jahr 2018 sind das je nach Krankenkasse um die 18 Prozent.

Ausnahme: Wer über den Betrieb geriestert hat, zahlt seit 1. Januar 2018 keine Sozialabgaben mehr auf seine Rente. Ansonsten gehen von 500 Euro Betriebsrente zirka 90 Euro für die Kranken- und Pflegeversicherung drauf. Diese Praxis haben Gerichte wiederholt und abschließend abgesegnet.

Freiwillig in der gesetzlichen Krankenversicherung Versicherte müssen ohnehin auf sämtliche Alterseinkünfte Sozialabgaben zahlen. Das gilt also nicht nur für Betriebsrenten, sondern etwa auch für die Ablaufleistung einer privat abgeschlossenen Lebensversicherung – unabhängig davon, ob diese als Einmalbetrag oder als Rente gezahlt wird. Ebenso gilt das für Mieteinnahmen und Kapitalerträge.

→ Privat Krankenversicherte

Für privat Krankenversicherte gelten andere Regelungen: Ihre Kassenbeiträge steigen zwar im Alter stark an – allerdings unabhängig vom Einkommen. Weder gesetzliche Rente noch Zusatzrenten haben Einfluss auf die Beitragshöhe.

Gesetzliche Rente und Rürup-Rente

Mit dem Alterseinkünftegesetz hat der Gesetzgeber die Besteuerung der Renten komplett umgekrempelt. Seit 2005 müssen von Jahr zu Jahr mehr Rentner eine Steuererklärung abgeben und Steuern zahlen.

So funktioniert das neue System: Je nach Jahr seines Rentenbeginns wird für jeden Rentner ein Freibetrag festgelegt, der für die gesamte restliche Rentendauer gilt (siehe Tabelle „So viel Rente bleibt steuerfrei", S. 142). Das heißt: Spätere Rentenerhöhungen gehören generell zum steuerpflichtigen Teil. Und: Je später jemand in Rente geht, desto niedriger ist sein Freibetrag. Für Rentnerjahrgänge ab 2040 ist die gesetzliche Rente dann in voller Höhe steuerpflichtig.

Die gute Nachricht: Tatsächlich Steuern zahlen müssen nur Senioren, deren steuerpflichtiger Rentenanteil – gegebenenfalls plus weiterer Einkünfte – den Grundfreibetrag übersteigt. Dieser liegt für ledige Steuerzahler seit Anfang 2018 bei 9 000 Euro pro Jahr (Ehepaare/gesetzliche Lebenspartner: 18 000 Euro). Außerdem können Ruheständler ihre Beiträge zur gesetzlichen Kranken- und Pflegeversicherung steuerlich als Sonderausgaben geltend machen.

So erhält ein 52-Jähriger, dessen Rente im Jahr 2025 anfängt, noch 15 Prozent davon steuerfrei. Sein Freibetrag wird anhand der Rente des ersten vollen Rentenjahres errechnet. Bezieht er dann 14 000 Euro, beträgt sein jährlicher Freibetrag bis ans Lebensende 2100 Euro. Wer jedoch zehn Jahre jünger ist und erst 2035 in Rente geht, hat nur noch einen Rentenfreibetrag von 5 Prozent, also 700 Euro bei einer jährlichen Rente von 14000 Euro.

Riester-Rente und geförderte Betriebsrente

Besonders aufpassen müssen Riester-Sparer und Arbeitnehmer, die einen Teil ihres Verdienstes steuer- und abgabenfrei in eine be-

So viel bleibt von Ihrer Rente steuerfrei

Der steuerfreie Anteil der Rente sinkt für jeden neuen Rentnerjahrgang und gilt dann jeweils bis zum Lebensende. Wer 2040 oder später in Rente geht, muss die Leistungen aus der gesetzlichen Rentenversicherung komplett zu seinem steuerpflichtigen Einkommen zählen. Dasselbe gilt für Auszahlungen aus einem Rürup-Vertrag, einem berufsständischen Versorgungswerk sowie aus der landwirtschaftlichen Alterskasse.

Rentenbeginn	Steuerfreier Teil zu Beginn der Rente in Prozent	Rentenbeginn	Steuerfreier Teil zu Beginn der Rente in Prozent
2016	28	2029	11
2017	26	2030	10
2018	24	2031	9
2019	22	2032	8
2020	20	2033	7
2021	19	2034	6
2022	18	2035	5
2023	17	2036	4
2024	16	2037	3
2025	15	2038	2
2026	14	2039	1
2027	13	ab 2040	0
2028	12		

triebliche Versorgung einzahlen – zum Beispiel in eine Direktversicherung, eine Pensionskasse oder einen Pensionsfonds. Sie bekommen von ihren im Alter ausgezahlten Renten- und Kapitalzahlungen keinerlei steuerfreien Anteil mehr.

Ob Sie heute 30 oder 50 Jahre alt sind, spielt für die Berechnung der Steuerpflicht im Alter keine Rolle. Sie versteuern Ihre Rente oder Kapitalzahlung später mit Ihrem persönlichen Steuersatz. Das funktioniert über die Steuererklärung, die Sie jeweils im Folgejahr abgeben. Unterm Strich gilt: Wer im Alter viel hat, weil er vorher sehr viel verdiente, zahlt als Rentner ordentlich Steuern.

Aufpassen: Wer sich zu Rentenbeginn sein Riester-Guthaben ganz oder teilweise auf einen Schlag auszahlen lässt, muss den Betrag im betreffenden Jahr versteuern – zusätzlich zu seinen weiteren Einnahmen. Das kann unterm Strich ganz schön teuer werden. Als Ausgleich lässt sich etwa bei einer kompletten Entnahme des Guthabens für das Eigenheim dessen Besteuerung bis zum 85. Lebensjahr gleichmäßig verteilen. Alternative: Wer sich entscheidet, bei Auszahlung gleich alles zu versteuern, bekommt 30 Prozent der Summe steuerfrei.

Wohn-Riester-Sparer müssen auch die Eigenheimförderung versteuern. Während der Ansparphase werden geförderte Beträge – Entnahmen, Zulagen und Tilgungsleistungen – auf einem fiktiven Wohnförderkonto verbucht. Dann wird so gerechnet, als verzinse sich dieses Geld bis zum Rentenbeginn mit 2 Prozent im Jahr. Ab Rentenbeginn ist der errechnete Betrag in gleichen Raten bis zum 85. Lebensjahr zu versteuern.

Der Eigentümer des Vertrags kann die Steuern auch auf einen Schlag zahlen – entweder zu Rentenbeginn oder während der Auszahlungsphase. In diesem Fall winkt ein Rabatt von 30 Prozent.

„Wer seine Riester-geförderte Immobilie vorzeitig verkauft, muss den Stand des Förderkontos versteuern.

Wer Haus oder Wohnung vorzeitig verkauft oder vermietet, muss den Stand des Förderkontos versteuern. Nachteile lassen sich vermeiden, wenn der Sparer innerhalb von fünf Jahren nach dem Auszug erneut eine selbst genutzte Immobilie kauft. Dazu zählt übrigens auch ein Dauerwohnrecht in einem Senioren- oder Pflegeheim.

Der Sparer kann auch innerhalb eines Jahres einen neuen Riester-Sparvertrag abschließen, in den er die geförderten Beträge einzahlt. Schließlich ist auch eine befristete Vermietung der Wohnung wegen eines berufsbedingten Umzugs möglich.

Sozialabgaben fallen auf die Riester-Rente nicht an. Eine Ausnahme gilt nur für die wenigen Rentner, die im Alter freiwillig gesetzlich krankenversichert sind. Sie bekommen von allen Einnahmen Kranken- und Pflegeversicherungsbeiträge abgezwackt – auch von ihrer Riester-Rente.

Auch Empfänger staatlich geförderter Betriebsrenten müssen auf ihre Auszahlungen Sozialabgaben zahlen. Egal ob Rente oder Einmalzahlung – von der Auszahlung wird der volle Beitrag für Kranken- und Pflegeversicherung abgezogen. Das schmälert die Rendite erheblich. Kleiner Trost: Die bei einer Einmalzahlung fälligen Abgaben werden nicht auf einen Schlag fällig, sondern auf Monatsraten über zehn Jahre verteilt.

→ Privat weitergeführte Verträge

Wer seinen als betriebliche Versorgung begonnenen Vertrag – etwa aufgrund eines Jobwechsels oder einer Existenzgründung – privat weitergeführt hat, zahlt später die Sozialabgaben nur für die Rente, die er in der Zeitspanne, in der der Vertrag über den Betrieb lief, erwirtschaftet hat. Voraussetzung ist allerdings, dass nicht mehr der frühere Arbeitgeber, sondern der Sparer selbst als Versicherungsnehmer im Vertrag steht.

Kapitallebens- und Rentenversicherungen („Altverträge")

Bis Ende 2004 abgeschlossene und aus versteuertem Einkommen finanzierte Kapitallebens-, Direkt- und private Rentenversicherungen punkten nicht nur mit einem Garantiezins von – je nach Jahr des Vertragsabschlusses – bis zu 4 Prozent. Fließt das Guthaben nach Vertragsende als Einmalzahlung, bleibt es zudem komplett steuer-

Beiträge versteuert – Rente steuerlich günstig

Von Kapitallebens- und Direktversicherungen, deren Beiträge individuell oder pauschal versteuert wurden und die im Alter als Rente fließen, ist nur der Ertragsanteil steuerpflichtig.[1] Im Gegensatz dazu sind Renten aus steuerlich geförderten Verträgen der betrieblichen Altersversorgung voll zu versteuern.

Alter bei Rentenbeginn (Jahr)	Steuerfreier Teil der Rente (Prozent)	Steuerfreier Teil von 1 000 Euro Rente (Euro)
60/61	78	780
62	79	790
63	80	800
64	81	810
65/66	82	820
67	83	830

1) Genauso viel bleibt von Renten aus privaten Rentenversicherungen steuerfrei.

frei – jedenfalls dann, wenn der Vertrag mindestens zwölf Jahre lief und mindestens fünf Jahre lang Beiträge flossen. Damit die Gewinne ab 1. April 1996 (bei Direktversicherungen: ab 1. Januar 1997) geschlossener Verträge steuerfrei bleiben, ist darüber hinaus ein Todesfallschutz von mindestens 60 Prozent der Beitragssumme Pflicht.

Wer sein Kapital dagegen verrenten lässt und zum Beispiel mit 65 Jahren die erste Rente bekommt, kann von 1000 Euro Rente 820 Euro steuerfrei kassieren. Je später die Rente beginnt, desto höher dieser Anteil.

Kapitallebens- und Rentenversicherungen („Neuverträge")

Wer 2005 oder später eine Kapitallebens- oder private Rentenversicherung abgeschlossen hat und bei deren Ablauf eine Einmalzahlung bevorzugt – etwa als Rücklage oder zum Tilgen eines Baudarlehens –, muss den erwirtschafteten Gewinn grundsätzlich in voller Höhe mit seinem persönlichen Einkommensteuersatz versteuern. Unter bestimmten Bedingungen gewährt das Finanzamt jedoch mildernde Umstände:

Lief der Vertrag mindestens zwölf Jahre, flossen mindestens fünf Jahre lang Beiträge und wird das Guthaben frühestens mit 60 Jahren (bei Verträgen ab 2012: mit 62 Jahren) ausgezahlt, bleibt die Hälfte des Ertrags steuerfrei. Ab 1. April 2009 geschlossene Verträge müssen dafür außerdem einen Todesfallschutz von mindestens 50 Prozent der Beitragssumme enthalten.

Wer seinen Vertrag vorzeitig verkauft oder kündigt, bekommt von etwaigen Erträgen pauschal 25 Prozent Abgeltungsteuer abgezogen. Hält der Anleger seinen Vertrag bis zum Ende durch, muss er bei der Auszahlung seines Guthabens aufpassen: Der Versicherer zieht erst einmal vom gesamten Gewinn Abgeltungsteuer, Solidaritätszuschlag und gegebenenfalls Kirchensteuer ab und überweist alles ans Finanzamt.

Der Rest ist Sache des Anlegers: Er muss dann über seine Steuererklärung mit dem Finanzamt abrechnen. Je nach Vertragsgestaltung schlägt der Fiskus entweder die Hälfte des Gewinns oder den vollen Betrag dem steuerpflichtigen Einkommen zu und schreibt dem Anleger die vom Versicherer abgeführte Abgeltungsteuer wieder gut.

„Der Anleger rechnet Erträge bei der Steuererklärung selbst mit dem Finanzamt ab.

Hat etwa ein 62-jähriger Versicherungskunde 40 000 Euro Gewinn mit einer Lebensversicherung erzielt, führt der Versicherer automatisch 10 000 Euro Abgeltungsteuer plus 550 Euro Solidaritätszuschlag und eventuell Kirchensteuer ans Finanzamt ab. Bei der Steuererklärung gibt der Sparer das in Anlage KAP an. Daraufhin stellt das Finanzamt 20 000 Euro des Ertrags steuerfrei und rechnet die andere Hälfte zum steuerpflichtigen Einkommen.

Da der Spitzensteuersatz bei 45 Prozent liegt, kann das Finanzamt insgesamt maximal 9 000 Euro Einkommensteuer kassieren. Den genauen Betrag muss es mit der gezahlten Abgeltungsteuer verrechnen.

Wird das angesparte Geld als Rente gezahlt, gilt dasselbe wie für Vorsorgeverträge, deren Beiträge pauschal oder individuell versteuert wurden: Fließt die erste Rente zum Beispiel mit 65 Jahren, bleiben 82 Prozent davon steuerfrei. Wird sie erst mit 67 Jahren ausgezahlt, sind es 83 Prozent (siehe Tabelle „Beiträge versteuert", S. 144).

Der große steuerfreie Anteil einer Rentenzahlung ist vor allem für jüngere Vorsorgesparer interessant, denn sie werden später auf den Löwenanteil ihrer gesetzlichen Rente Steuern zahlen müssen. Zudem zahlen gesetzlich pflichtversicherte Rentner bei der Auszahlung keine Beiträge zur Kranken- und Pflegeversicherung. Nur die wenigen im Alter freiwillig gesetzlich Versicherten trifft auch hier die Abgabenpflicht – wie bei sämtlichen anderen Einkünften auch.

Fondssparpläne

Für Fondsanleger begann 2018 mit einer Zäsur: Anteile, die sie im Depot liegen hatten, galten zum 31. Dezember 2017 als fiktiv verkauft und zu Neujahr neu angeschafft. Sie werden nun – wie alle seit 1. Januar 2018 tatsächlich neu gekauften Anteile – nach geänderten Regeln besteuert. Hier die wichtigsten, die auch für die von Finanztest empfohlenen Indexfonds (ETF) gelten:

- Deutsche Investmentfonds zahlen auf deutsche Dividenden 15 Prozent Körperschaftsteuer aus dem Fondsvermögen – bei Mieterträgen und Verkaufsgewinnen aus deutschen Immobilien auch den Solidaritätszuschlag. Betroffen sind Aktien-, Misch- und Immobilienfonds – nicht aber reine Rentenfonds.
- Im Gegenzug müssen Anleger ab sofort auf einen Teil ihrer Fondserträge keine Abgeltungsteuer mehr zahlen. Diese teilweise Befreiung gilt sowohl für deutsche als auch für ausländische Fonds.
- Die Teilfreistellung von Ausschüttungen ausländischer Fonds ersetzt die Anrechnung im Ausland abgezogener Quellensteuern auf die deutsche Abgeltungsteuer. Das erspart vielen Anlegern eine Menge aufwendigen Papierkrieg.
- Wieder angelegte Erträge thesaurierender Fonds werden ab sofort jährlich auf Basis einer „Vorabpauschale" fiktiv besteuert. Erträge ausländischer thesaurierender Fonds müssen Anleger nicht mehr in der Steuererklärung angeben.
- Erträge aus vor 2009 gekauften Anteilen verlieren ab sofort ihre bislang gewährte Steuerfreiheit. Allerdings steht jedem Anleger ein einmaliger Freibetrag von 100 000 Euro zu.
- Anleger, die einen Fondssparplan mit Riester- oder Rürup-Förderung besitzen,

werden von der jährlichen Besteuerung pauschal freigestellt oder bekommen die gezahlte Steuer vom Fonds erstattet.

Ausschüttungen fallen durch die Reform geringer aus. Zum Ausgleich erhalten Anleger einen Teil der Abgeltungsteuer erlassen (siehe Infokasten „Ins Leere gelaufen", S. 148). Dessen Größe hängt von der Fondsart ab:

- Legt der Fonds mindestens 51 Prozent in Aktien an, bekommt der Anleger 30 Prozent der Ausschüttungen steuerfrei.
- Bei Mischfonds mit wenigstens 25 Prozent Aktienanteil sind es 15 Prozent.
- Besitzer von Immobilienfondsanteilen bekommen eine Freistellung von 60 Prozent. Investiert der Fonds zu mindestens 51 Prozent in ausländische Immobilien, sind sogar 80 Prozent steuerfrei.

Die neue Regelung gilt sowohl für Dividenden als auch für Verkaufsgewinne – egal ob inländische oder ausländische.

→ Abgeltungsteuer

Seit 2009 ziehen Kreditinstitute von Kapitalerträgen, also Zinsen, Dividenden und Kursgewinnen, automatisch 25 Prozent Abgeltungsteuer ab und überweisen sie ans Finanzamt. 5,5 Prozent der Abgeltungsteuer kommen als Solidaritätszuschlag obendrauf und gegebenenfalls noch 8 oder 9 Prozent (je nach Bundesland) Kirchensteuer. Alle Abzüge zusammen machen knapp 28 Prozent des jeweiligen Gewinns aus. Für die meisten Anleger ist die Sache damit vom Tisch – ihre Steuerschuld ist „abgegolten". Bereits versteuerte Erträge müssen in der Steuererklärung nicht mehr angegeben werden.

Das geltende System der Abgeltungsteuer wird durch die Reform aufgebrochen. Der automatische Steuerabzug durch die Depotbank stieß bislang an Grenzen, wenn ein Fonds Erträge nicht oder nur teilweise ausschüttete, sondern wieder anlegte: Diese Erträge landeten zwar nicht beim Anleger – steuerpflichtig waren sie trotzdem.

Während deutsche Fonds für solche „ausschüttungsgleichen Erträge" Steuern abführten, taten dies ausländische Fonds, darunter viele populäre ETF, nicht: Von ihren Erträgen erfuhr das Finanzamt nicht automatisch. Es war auf die Ehrlichkeit der Anleger angewiesen, die ihren „ausschüttungsgleichen Ertrag" in der Steuererklärung angeben mussten. Viele Anleger deckten Erträge jedoch erst beim Verkauf ihrer Anteile auf und zahlten auch erst dann Steuern.

Ab sofort ermittelt die Depotbank für in- und ausländische thesaurierende Fonds einen jährlichen fiktiven Ertrag – die „Vorabpauschale". Deren maximale Höhe errechnet sich aus 70 Prozent des Wertes eines Fondsanteils zu Jahresbeginn multipliziert mit einem Basiszins der Deutschen Bundesbank. Auf Basis dieser Pauschale wird die Abgeltungsteuer pro Anteil ermittelt.

Beispiel: Bei einem Basiszins von 1,1 Prozent fallen für einen Fondsanteil im Wert von 100 Euro im Jahr maximal 0,77 Euro Vorabpauschale an. Steigt der Wert des Anteils bis zum Jahresende um 10 Euro auf 110 Euro und schüttet der Fonds keine Erträge aus, sondern thesauriert alles, wird die Vorabpauschale voll angesetzt.

Bei einem Aktienfonds gehen von den 0,77 Euro anschließend noch 30 Prozent Teilfreistellung ab – damit verbleiben 0,54 Euro. Auf diese werden Abgeltungsteuer und Soli in Höhe von insgesamt 26,375 Prozent erhoben. Am Ende zieht die Bank dem Anleger pro Anteil 0,14 Euro vom angegebenen Verrechnungskonto ab.

Wichtig: Bei thesaurierenden Fonds steigern die wiederangelegten Erträge den Wertzuwachs. Deshalb ist beim späteren Verkauf ein größerer Betrag zu versteuern. Die in den Vorjahren bereits versteuerten Vorabpauschalen werden dann jedoch auf den tatsächlichen Verkaufsgewinn angerechnet. Zusätzlich gilt für alle Gewinne – egal ob aus ausschüttenden oder thesaurierenden Fonds – eine Teilfreistellung.

Wer aus einem Fondssparplan eine monatliche Zusatzrente entnehmen will, muss regelmäßig Anteile verkaufen. Die Erträge werden um Vorabpauschalen und Teilfreistellung gekürzt. Auf die Differenz wird Abgeltungsteuer fällig – es sei denn, der Sparer nutzt seinen Sparerpauschbetrag.

Denn: Der Steuerabzug lässt sich nach wie vor verhindern, wenn der Sparer seiner Depotbank rechtzeitig einen Freistellungsauftrag erteilt. Auch Inhaber von Pantoffel-Portfolios sollten das keinesfalls vergessen!

Hintergrund: Solange der Sparerpauschbetrag von 801 Euro (Ehepaare: 1602 Euro) nicht ausgeschöpft ist, zieht die Bank von Kursgewinnen und Dividenden keine Steuern ab. Gleiches gilt bei der Nichtveranlagungsbescheinigung für Anleger mit geringen oder keinen anderen Einnahmen.

Ins Leere gelaufen. Kleinsparern bringt die Teilfreistellung von der Abgeltungsteuer leider nichts: Sie bekommen künftig zwar geringere Ausschüttungen, können jedoch nichts dagegen tun. Grund: Da sie für Erträge bis 801 Euro pro Jahr ohnehin keine Abgeltungsteuer zahlen, läuft die Teilfreistellung bei ihnen ins Leere. Wer also 2017 Erträge von 800 Euro steuerfrei verbuchen konnte, muss sich 2018 – aufgrund der 15 Prozent auf Fondsebene fälligen Körperschaftsteuer – mit 680 Euro begnügen.

‹teuern auf Fondserträge

›it 1. Januar 2018 gelten neue Regeln für Besitzer
›n Fondsanteilen. Ab sofort ist ein Teil ihrer Erträge
›n der Abgeltungsteuer befreit. Wiederangelegte
›träge werden künftig auf Basis einer
›rabpauschale fiktiv besteuert.

Fonds zahlt
Körperschaftsteuer

15 % auf deutsche **Dividenden** | **15,825 %** auf deutsche **Immobilienerträge**

Erträge aus Investmentfonds

Quellensteuer
Auf ausländische Erträge fällt die Quellensteuer des jeweiligen Landes an.

Thesaurierende Fonds
Sie sammeln erwirtschaftetes Geld wieder im Fondsvermögen an.

Ausschüttende Fonds
Sie zahlen ihre **Erträge** regelmäßig an ihre Anleger aus.

▲ **Fondsebene**

▼ **Anlegerebene**

Anleger bekommen von der Depotbank für den thesaurierenden Fonds einen fiktiven Ertrag zugerechnet, die **Vorabpauschale.**

Teilfreistellungen

Erträge aus **Aktienfonds** sind zu **30 Prozent** von der Abgeltungsteuer befreit.

Bei **Mischfonds** werden **15 Prozent** der Erträge nicht besteuert.

Erträge offener **Immobilienfonds** sind zu **60 Prozent** steuerfrei, wenn die Fonds überwiegend in deutsche Immobilien investieren. Bei **ausländischen** offenen **Immobilienfonds** sind **80 Prozent** der Erträge steuerfrei.

Sparerpauschbetrag

801 Euro für **Singles**
1 602 Euro für **Ehepaare**

Steuerpflichtiger Ertrag

Abgeltungsteuer
25 %

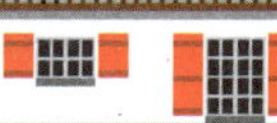

Fondspolicen

Besitzer von fondsgebundenen Lebens- und Rentenversicherungen hatten bislang den Vorteil, dass sich das Finanzamt während der Laufzeit des Vertrages nicht für die Erträge interessierte. Das gilt auch weiterhin – weder Ausschüttungen noch die neue Vorabpauschale für thesaurierte Erträge sind zu versteuern. Auch die Erträge bei einem Fondswechsel sind für das Finanzamt zunächst nicht relevant. Erst bei Ablauf des Vertrages oder einer vorzeitigen Kündigung hält das Finanzamt die Hand auf.

Ab sofort wird jedoch auch bei Fondssparplänen im Versicherungsmantel auf Fondsebene Körperschaftsteuer fällig (siehe „Fondssparpläne", S. 146). Das reduziert die Performance für den Anleger um 15 Prozent. Im Gegenzug profitiert er bei der späteren Auszahlung seines Guthabens von einer Teilfreistellung für alle seit 1. Januar 2018 angefallenen Erträge. Diese beträgt pauschal 15 Prozent – egal, welche Fonds der Anleger ausgesucht hat oder künftig aussucht.

Wer sich sein Guthaben auf einen Schlag auszahlen lässt, muss also nur noch 85 Prozent der Erträge versteuern. Lief der Vertrag mindestens zwölf Jahre und bis zum 60. Geburtstag des Anlegers (bei Verträgen ab 2012: bis zum 62. Geburtstag), ist sogar nur die Hälfte der 85 Prozent steuerpflichtig.

Fließt das Guthaben dagegen später als lebenslange Rente, muss der Anleger wie bislang nur den altersabhängigen und relativ niedrigen Ertragsanteil versteuern – in der Regel weniger als 20 Prozent.

Wichtig: Die Teilfreistellung gibt es nur für seit 2005 geschlossene Verträge. Für vor dem 1. Januar 2005 abgeschlossene Fondspolicen bleibt zwar bei der Auszahlung steuerlich alles beim Alten (siehe „Kapitallebens- und Rentenversicherungen – Altverträge", S. 144). Da der Sparer jedoch auf ab 2018 erwirtschaftete Erträge keine Teilfreistellung bekommt, schlägt das Minus von 15 Prozent voll auf die Rendite durch: Bei einer jährlichen Performance von 6 Prozent kommen nur 5,1 Prozent beim Anleger an.

Fondspolicen, für die der Anleger Riester- oder Rürup-Förderung erhält, sind – wie Fondssparpläne – von der Ertragsbesteuerung auf Fondsebene ausgenommen.

Wertpapiere und Zinsanlagen

Jedem Sparer steht für seine Kapitalerträge ein jährlicher Pauschbetrag zu: Bis zu 801 Euro (Ehepaare/gesetzliche Lebenspartner: 1602 Euro) bleiben steuerfrei. Wer seiner Bank, Bausparkasse oder Fondsgesellschaft rechtzeitig einen schriftlichen Freistellungsauftrag in dieser Höhe erteilt, bekommt keine Abgeltungsteuer abgezogen.

„Jedem Anleger steht ein Sparerpauschbetrag von 801 Euro im Jahr zu.

Besitzt ein Sparer mehrere Geldanlagen, kann er mehrere Aufträge erteilen und den Pauschbetrag so auf mehrere Geldanlagen – und auch mehrere Banken – verteilen. Im besten Fall sind sämtliche Erträge erfasst – jedoch ohne dass die Summe aller Aufträge den Sparerpauschbetrag übersteigt.

Wer keinen Freistellungsauftrag erteilt oder ihn zu niedrig angesetzt hat, kann sich die zu viel gezahlte Abgeltungsteuer mit der Steuererklärung vom Finanzamt zurückholen, muss dafür allerdings in der Anlage KAP sämtliche Kapitalerträge penibel auflisten.

→ Steuervorteil

Sparer mit relativ niedrigen Einkünften können beim Finanzamt die „Günstigerprüfung" beantragen. Dazu müssen sie in der Anlage KAP der Steuererklärung sämtliche Kapitalerträge auflisten und nachweisen. Das Amt schlägt diese dann dem steuerpflichtigen Einkommen zu und ermittelt den persönlichen Steuersatz des Sparers. Liegt dieser unter 25 Prozent, wird zu viel gezahlte Abgeltungsteuer erstattet. Faustregel: Das zu versteuernde Einkommen inklusive Kapitaleinkünfte darf – grob gerechnet – bei maximal 15 000 Euro (Ehepaare/gesetzliche Lebenspartner: 30 000 Euro) liegen.

Für Investments wie Fondsanlagen, Banksparpläne und Aktien zahlen Anleger die Abgeltungsteuer laufend in allen Jahren, in denen sie Zins- und Dividendeneinkünfte sowie Veräußerungsgewinne bekommen.

Erträge aus Wertpapieren mit Zinsansammlung sowie aus auf- und abgezinsten Sparbriefen fließen ihnen dagegen erst beim Verkauf der Papiere oder zum Laufzeitende zu. Dann sind auf einen Schlag 25 Prozent Abgeltungsteuer fällig.

Vermietete Immobilie

Wer ein Haus oder eine Eigentumswohnung vermietet, erzielt steuerpflichtige Einkünfte aus Vermietung und Verpachtung. Aus diesem Grund müssen Vermieter zusammen mit ihrer Steuererklärung eine Überschussrechnung abgeben, in der sie ihre Mieteinnahmen – einschließlich der Umlagen – den Werbungskosten gegenüberstellen.

Dieser Teil der Steuererklärung ist für Vermieter meist eine lohnende Angelegenheit: In den ersten Jahren nach dem Bau oder Kauf liegen die Werbungskosten durch Abschreibungen und Kreditzinsen häufig deutlich über den Mieteinnahmen. Der Vermieter/Anleger schreibt dann steuerlich Verluste, die er jedoch mit seinen positiven Einkünften verrechnen kann. Dadurch spart er Steuern. Erst mit zunehmender Entschuldung und steigenden Mieteinnahmen rutscht der Anleger in die steuerliche Gewinnzone. Zumindest ein Teil seiner Mieteinnahmen bleibt durch die Abschreibung jedoch weiterhin steuerfrei.

Zu den wichtigsten Werbungskosten für Vermieter gehören:

- **Abschreibungen.** Immobilienanleger können 50 Jahre lang jährlich 2 Prozent der Anschaffungskosten (inklusive Nebenkosten) absetzen. Für Altbauten mit Baujahr bis 1924 beträgt die Abschreibung 40 Jahre lang je 2,5 Prozent. Aufpassen: Die Abschreibung steht Eigentümern nur für die Gebäudekosten zu. Bei Eigentumswohnungen sind daher die anteiligen Grundstückskosten – meist 10 bis 30 Prozent – von den Gesamtkosten abzuziehen. Bei Pflegeappartements können Anleger in aller Regel zusätzlich noch Kosten für Möblierung und Außenanlagen über zehn Jahre steuerlich abschreiben.
- **Sonderabschreibungen.** Ausgaben für die Sanierung von Baudenkmälern und Gebäuden in Sanierungsgebieten können Eigentümer in nur zwölf Jahren abschreiben. In den ersten acht Jahren erkennt das Finanzamt jeweils 9 Prozent, in den restlichen vier Jahren je 7 Prozent der Sanierungskosten an. Für die erworbene Altsubstanz gibt es dagegen keine Sonderabschreibung.
- **Instandhaltungs-, Betriebs- und Verwaltungskosten.** Dazu gehören Ausgaben für Reparaturen, Haus- oder Wohngeld, Betriebskosten sowie die Vergütung des Verwalters. Die Zuweisung zur Instandhaltungsrücklage darf erst als Werbungskosten abgezogen werden, wenn der Hausverwalter die Rücklage für größere Reparaturen eingesetzt hat.
- **Finanzierungskosten.** Das Finanzamt erkennt laufende Zinsen sowie einmalige Kosten wie ein Disagio (Abschlag vom Darlehen), Bearbeitungs- und Wertermittlungsgebühren sowie Notar- und Grundbuchgebühren für die Grundschuldbestellung an. Nur die Tilgung des Darlehens zählt nicht.

Verkauft ein Eigentümer seine Immobilie mit Gewinn, bleibt dieser ebenfalls steuerfrei – jedoch nur dann, wenn zwischen An- und Verkauf mindestens zehn Jahre lagen. Wer vor Ablauf dieser sogenannten Spekulationsfrist verkauft, muss seinen Gewinn voll versteuern. Wichtig: Maßgeblich für den Beginn der Zehn-Jahres-Frist ist das Datum des Notarvertrags und nicht – wie oft im Steuerrecht der Fall – der Besitzübergang.

Spekulationssteuer kann selbst dann anfallen, wenn der Verkaufspreis unter dem Kaufpreis liegt.

Spekulationssteuer kann selbst dann anfallen, wenn der Verkaufspreis unter dem Kaufpreis liegt. Das Finanzamt zieht die vom Anleger bisher in Anspruch genommenen Abschreibungen vom Kaufpreis ab. Der Veräußerungsgewinn wird dann als Differenz zwischen Verkaufserlös und dem um die Abschreibungen reduzierten Kaufpreis (inklusive Nebenkosten) ermittelt.

Altersentlastungsbetrag
Nebeneinkünfte – etwa aus Immobilien, Wertpapieren und Zinsanlagen – sind steuerpflichtig. Daran ändert der Altersentlastungsbetrag wenig. Anspruch haben Anleger ab dem Jahr, in dem sie am 1. Januar 64 Jahre alt sind. Für jeden Jahrgang, der dieses Alter erreicht, sinkt der Entlastungsbetrag – bis er 2040 abgeschmolzen sein wird.

Beispiel: Ein heute 58-Jähriger, der Anfang 2024 bereits 64 Jahre alt ist, kassiert Mieteinkünfte von 10 000 Euro noch bis zu einer Höhe von 608 Euro steuerfrei. Ein heute 38-Jähriger erhält dagegen gar keinen Altersentlastungsbetrag mehr, weil er erst im Jahr 2040 60 Jahre alt sein wird.

Zudem profitieren Anleger seit 2009 nur noch dann, wenn sie für ihre Kapitaleinkünfte nicht die 25 Prozent Abgeltungsteuer, sondern ihren persönlichen Grenzsteuersatz zahlen. Geben Sie also Zins- und andere Kapitaleinnahmen in der Steuererklärung an (Anlage KAP). Falls Sie Anspruch auf den Altersentlastungsbetrag haben, berücksichtigt ihn das Finanzamt automatisch.

Vorsorgeguthaben sinnvoll einsetzen

Bei manchen Sparformen steht von Beginn an fest, ob das Guthaben als Rente oder auf einen Schlag fließt. Bei anderen können Anleger wählen – vorausgesetzt, sie tun es rechtzeitig.

→ **Werden Lebensversicherung** oder Banksparplan fällig, landet plötzlich ein Batzen Geld auf dem Konto. Das ist schön für jeden Sparer, kann bei hohen Erträgen jedoch steuerlich eine Herausforderung sein. Dann das Guthaben doch besser verrenten lassen, damit das Finanzamt nur das Nötigste bekommt? Eventuell schon – zumal es geeignete Möglichkeiten gibt.

Sind Ihre Lebenshaltungskosten im Alter noch nicht anderweitig gedeckt, sorgt eine lebenslange Rente gegen Einmalzahlung („Sofortrente") für Sicherheit. Wollen Sie für eine begrenzte Zeit ein Zusatzeinkommen, kommt ein Auszahlplan infrage.

Viele Menschen entscheiden sich für keine der beiden Varianten. Laut einer Studie im Auftrag des Deutschen Institutes für

Altersvorsorge (DIA) rührt ein Großteil der Vorsorgesparer das fürs Alter angesparte Guthaben gar nicht an. Stattdessen landet es erneut auf der hohen Kante. Eine wichtige Ursache dafür sind laut Studie „mentale Ausgabebarrieren". Demnach wehren sich die meisten Menschen innerlich dagegen, einmal erwirtschaftete Sicherheiten wieder aufzugeben. Das Aufbrauchen einer größeren Geldsumme käme einem schrittweisen Verlust dieser Sicherheiten gleich.

Trotz verringerter Einkünfte im Vergleich zum Berufsleben will ein Großteil der Ruheständler laut DIA-Studie die Kosten für seinen Lebensunterhalt lieber aus laufenden Einnahmen wie Renten- und Pensionszahlungen, Zinserträgen, Leibrenten oder Mieteinnahmen bestreiten. Für Urlaube und unvorhergesehene Anschaffungen werde sogar noch Geld zur Seite gelegt.

Vorsorgen nicht um des Verbrauchens, sondern um des Bewahrens, womöglich sogar Vererbens willen? Führt sich Altersvorsorge hier selbst ad absurdum? Oder ist das nicht auch Altersvorsorge – das gute Gefühl, abgesichert zu sein und für Notfälle wie Krankheit oder Pflegebedürftigkeit ein finanzielles Polster zu haben?

Je nach Vorsorgeform haben Sie zu Rentenbeginn mehr oder weniger Spielraum bei der Entscheidung, wie Sie Ihr Geld verwenden wollen. Während eine Betriebsrente immer als lebenslange Rente fließt, gibt es bei der Riester-Rente verschiedene Möglichkeiten.

Riester-Rente: Alles rausholen

Riester-Sparer können sich bei Rentenbeginn 30 Prozent ihres Guthabens auf einen Schlag auszahlen lassen. Wer Schulden für selbst genutztes Wohneigentum tilgen oder dieses altersgerecht umbauen will, darf bis 100 Prozent entnehmen, ohne Zulagen und Steuervorteile zurückzahlen zu müssen. Auch wenn das Guthaben nur eine Mini-Rente zulässt (2018: bis 30,45 Euro), darf es als einmalige Abfindung ausgezahlt werden.

Derzeit nimmt kaum ein Anbieter das Geld „fremder" Riester-Sparer an, um es für sie zu verrenten.

Wer zumindest einen Teil seines Guthabens verrenten lässt, schließt für die Auszahlphase einen neuen Vertrag ab. Dieser muss nicht zwingend beim bisherigen Anbieter laufen. Der Gesetzgeber räumt Riester-Kunden ausdrücklich das Recht ein, zum Beginn der Auszahlphase zu einem besseren Anbieter zu wechseln. Das ist selbstverständlich nur dann sinnvoll, wenn sich ein anderer Anbieter finden lässt und dieser obendrein eine höhere Rente bietet.

Beides ist derzeit äußerst schwer. Obwohl die Politik den Wettbewerb fördert, nimmt kaum ein Anbieter das Geld „fremder" Riester-Sparer an, um es für sie in eine lebenslange Rente umzuwandeln. Ein Grund ist die geringe Nachfrage: Es gibt erst relativ wenige Menschen, die eine Riester-Rente ausgezahlt bekommen – und noch weniger, die dafür den Anbieter wechseln wollen.

Häufigste Auszahlungsvariante ist eine lebenslange Rente von einem Versicherer. Die bekommen nicht nur Inhaber von Riester-Rentenversicherungen – auch das Bank- und Fondssparen läuft darauf hinaus. Die Rente zahlt ein kooperierender Versicherer – von Beginn an oder nach Ablauf eines Auszahlplans der Bank oder Fondsgesellschaft.

→ Auszahlplan

Bankauszahlpläne sind eine Möglichkeit, eine größere Geldsumme für eine feste Laufzeit in eine Rente zu verwandeln. Wird ein Riester-Guthaben über einen Auszahlplan verrentet, muss eine lebenslange Rente fließen. Der Sparer bekommt dann bis zum 85. Geburtstag eine garantierte Monatsrate sowie zusätzliche Zinserträge. Danach folgt eine Rente über den Versicherungspartner der Bank mit derzeit 0,9 Prozent Garantiezins plus nicht garantierten Überschüssen. Wichtig: Bei dieser Gestaltung muss die erste Rente mit 85 Jahren mindestens so hoch sein wie die letzte Rente vor der Altersgrenze. Dafür legen die Anbieter zu Beginn der Auszahlphase bis zu einem Drittel des gesparten Vorsorgekapitals zurück.

Laut einer aktuellen Finanztest-Umfrage gibt es mit Debeka und R+V derzeit gerade einmal zwei überregionale Versicherer, die wechselwillige Sparer direkt zur Auszahlphase aufnehmen. Doch selbst bei ihnen ist das nicht ganz einfach. So ist der entsprechende Tarif bei beiden Unternehmen nicht über den Außendienst, sondern nur über die Hauptverwaltung erhältlich.

Riester-Sparer aus Sachsen haben in der Sparkassenversicherung Sachsen einen dritten Anbieter, der sie zu Beginn der Rentenphase übernimmt. Wer noch Zeit bis zur ersten Auszahlung hat, kann in einen Vertrag

i **Riester-Guthaben vererben.** Stirbt der Sparer in der Auszahlphase, regelt der Vertrag, ob und wie viel Erben vom Restguthaben erhalten. In jedem Fall müssen sie jedoch die staatliche Förderung zurückzahlen. Dagegen kann der Ehe- oder gesetzliche Lebenspartner alles Gesparte förderunschädlich auf seinen eigenen Riester-Vertrag übertragen. Hat er keinen, kann er extra für diesen Zweck einen Vertrag abschließen.

HÄTTEN SIE'S GEWUSST?

Arbeitnehmer und Rentner mit **Riester-Vertrag**, die ins EU-Ausland umziehen, können die staatliche Förderung behalten.

In die Regelung einbezogen sind die Länder Island, Norwegen und Liechtenstein, die nicht zur EU, aber zum Europäischen Wirtschaftsraum (EWR) gehören.

Ursprünglich mussten Rentner die Zulagen zurückzahlen, wenn sie ihren Wohnsitz in ein anderes EU-Land verlegten.

Laut Europäischem Gerichtshof besaß diese Vorschrift „abschreckenden Charakter". Wer über einen späteren Umzug ins Ausland nachdenke, verzichte womöglich von vornherein auf die Förderung.

bei der Allianz wechseln. Sie bietet einen Wechsel mit zwei Jahren Vorlaufzeit an.

Am besten dran sind Sparer, die frühzeitig eine klassische Riester-Rentenversicherung abgeschlossen haben. Sie können zwar ebenfalls vor oder mit Beginn der Auszahlungsphase den Anbieter wechseln. Derzeit ist es jedoch am besten, das Angebot des eigenen Versicherers einfach anzunehmen. Grund: Der relativ hohe Garantiezins von 2,25 Prozent (Vertragsabschluss 2004 bis 2007) oder sogar 2,75 Prozent (Vertragsabschluss bis Ende 2003) gilt auch für die Auszahlphase. Wer den Anbieter wechselt, müsste dagegen einen neuen Vertrag zum aktuellen Garantiezins von 0,9 Prozent abschließen.

Auch bei Riester-Fondspolicen wird in der Auszahlphase ein Teil des Guthabens mit dem Garantiezins verzinst. Es ist kaum anzunehmen, dass sich ein Anbieterwechsel positiv auf die Rentenhöhe auswirkt.

Riester-Fondssparer können auch zu Rentenbeginn den Anbieter wechseln. Allerdings gibt es ebenfalls kaum Vergleichsangebote. Nur Union Investment bietet einen Auszahlplan ohne vorherige Mindestsparzeit an. Sparer müssen jedoch mindestens 15 000 Euro Guthaben mitbringen. Wer noch mindestens zwei Jahre Zeit bis zum Beginn der Auszahlphase hat, kann auch zu DWS wechseln. Über einen Fondsauszahlplan können Sparer – anders als bei Bankauszahlplänen – von guten Entwicklungen an den Aktienmärkten profitieren.

Darüber hinaus steht Fondssparern der Weg zu einem Versicherer offen.

Tipp: Entscheiden Sie beizeiten, welche Auszahlvariante für Sie infrage kommt. Berücksichtigen Sie auch die steuerlichen Folgen. Falls für Sie ein Anbieterwechsel in Betracht kommt – beginnen Sie mindestens zwei Jahre vor Beginn der Auszahlphase mit dem Einholen von Angeboten. Vergleichsgrundlage ist die garantierte Rente. Soll das Geld ins Eigenheim fließen, kontaktieren Sie mindestens ein Jahr vor der Auszahlung die Zentrale Zulagenstelle für Altersvermögen (ZfA). Ohne deren Bescheid darf der Anbieter das Geld nicht auszahlen.

Ungeförderte Sparformen: Sofortrente oder Auszahlplan?

Da liegt es auf dem Konto – das Geld aus der Lebensversicherung oder dem Sparplan. Mit dem Finanzamt haben Sie abgerechnet (siehe „Steuern und Sozialabgaben einkalkulieren", S. 140) – jetzt wollen Sie sich von Ihrem Ersparten ein Zusatzeinkommen gönnen.

Dazu ziehen Sie die Anleitung aus dem ersten Kapitel heran („Schritt für Schritt zur besten Vorsorge", S. 13): Wie viel Geld brauchen Sie jeden Monat für Fixkosten und zusätzliche Ausgaben – und welche regelmäßigen Einkünfte haben Sie schon sicher? Da Sie bereits kurz vor Beginn des Ruhestandes angelangt sind, können Sie das genauer abschätzen als noch vor ein paar Jahren.

Variante 1: Sie benötigen neben Ihrer gesetzlichen Rente und einer eventuellen Zusatzrente eine weitere lebenslange Geldquelle, wollen sich aber nicht selbst um Anlage und Auszahlung des Geldes kümmern müssen? Dann ist der Kauf einer Sofortrente („Rentenversicherung gegen Einmalzahlung") nahezu alternativlos. Der Versicherer kalkuliert diese allerdings sehr vorsichtig auf Basis Ihrer voraussichtlichen Lebenserwartung. Folge: Nur wer sehr alt wird, macht unterm Strich ein gutes Geschäft.

Als Finanztest die Angebote Ende 2017 unter die Lupe nahm, bekam ein 65-jähriger Modellkunde für 100 000 Euro Einzahlung pro Monat beim Testsieger Europa gerade einmal 321 Euro garantierte Rente. Seinen Einsatz hätte er damit erst nach rund 26 Jahren wieder heraus – dann wäre ein Neurentner von heute 91 Jahre alt. Kleiner Trost: Die Rente kann durch Überschüsse steigen, nur sind die eben nicht garantiert.

“ Empfehlenswert sind bei einer Sofortrente die klassische Variante inklusive Garantiezins und eine volldynamische Auszahlung.

Empfehlenswert ist bei der Sofortrente die klassische Variante mit Garantiezins – und eine volldynamische Auszahlung, bei der die Rente später ansteigt. Damit das Geld nicht plötzlich weg ist, sollten Sparer für den Fall eines frühen Todes eine Garantiezeit vereinbaren, während der die Rente in jedem Fall fließt. Empfehlenswert sind 20 Jahre. Ein solcher Todesfallschutz geht allerdings zu Lasten der Rentenhöhe.

Steuerlich wird die Sofortrente behandelt wie die private Rente mit vorheriger Ansparphase. Kommt die erste Zahlung, wenn der Versicherte 65 Jahre alt ist, wird auf 18 Prozent der persönliche Steuersatz fällig – bei einer ersten Rente mit 67 nur auf 17 Prozent (siehe Tabelle „Beiträge versteuert – Rente steuerlich günstig", S. 144). Wie hoch die Steuerlast tatsächlich ist, hängt von den sonstigen steuerpflichtigen Einnahmen ab.

Variante 2: Sie wollen Ihrem Partner möglichst viel vererben, da er oder sie von Ihrem Geld abhängig ist? Auch dann ist eine Anlage ohne Verlustrisiko erste Wahl. Das kann eine verzinste Sparanlage sein, die sich später in eine Sofortrente umwandeln lässt. Sie können aber auch selbst eine Sofortrente abschließen und im Vertrag eine Todesfallleistung vereinbaren, die Ihr Partner nach Ihrem Tod ausgezahlt bekäme.

Dagegen garantiert Ihnen ein Bankauszahlplan keine lebenslange, sondern nur eine zeitlich begrenzte Rente. Hier ist der Zinssatz für die gesamte Laufzeit festgeschrieben. Das kann eine gute Variante sein, wenn Sie im Ruhestand einen vorübergehenden Engpass überbrücken wollen – etwa die Phase der Altersteilzeit bis zum Renteneintritt. Auch wer Kinder oder Enkel für eine gewisse Zeit unterstützen will, etwa während der Ausbildung oder des Studiums, kann einen Auszahlplan wählen.

Über einen längeren Zeitraum sind Bankauszahlpläne derzeit jedoch nicht zu empfehlen: Zum einen sind halbwegs attraktive Produkte rar, zum anderen kann der Kunde die Höhe der monatlichen Zahlung nicht ändern und den Auszahlplan nur im Notfall vorzeitig kündigen. Auf die mickrigen Zinsen fallen überdies 25 Prozent Abgeltungsteuer an – es sei denn, der Anleger hat seinen Sparerpauschbetrag von 801 Euro pro Jahr noch nicht ausgeschöpft.

→ Guthaben splitten

Wenn Sie eine Auszahlung über 20 oder 30 Jahre benötigen, teilen Sie Ihr Sparguthaben am besten in Portionen auf. Den kleineren Teil stecken Sie in einen Auszahlplan über fünf Jahre, den großen Restbetrag packen Sie in ein Festgeld mit ebenfalls fünf Jahren Laufzeit und deutlich höherer Verzinsung. Nach Ablauf von fünf Jahren teilen Sie die verbleibende Summe nach dem gleichen Prinzip auf – und so weiter, bis das Geld aufgebraucht ist. So profitieren Sie von eventuellen Zinserhöhungen zeitnah und können flexibel reagieren.

Maximal flexibel: Auszahlplan mit Pantoffel-Portfolio

Sie möchten zwar eine zusätzliche lebenslange Einkommensquelle, können aber mit Schwankungen leben und kämen notfalls auch mal ohne Extra-Auszahlung klar? Außerdem wollen Sie Chancen auf Erträge haben, die Höhe der Auszahlung flexibel gestalten und möglichst viel vererben? Dann stricken Sie sich am besten selbst einen Entnahmeplan. Die beste Weg dahin führt über ein Pantoffel-Portfolio!

Legen Sie einen Teil Ihres verfügbaren Vermögens in Fonds an – am besten in Indexfonds (ETF), die breit gestreut in den europäischen oder weltweiten Aktienmarkt investieren. Sie können die ETF einsetzen, die wir auch für den Welt-Pantoffel (siehe S. 110) empfehlen. Den zweiten Teil legen Sie auf ein Tagesgeldkonto. Renten-ETF schwanken und kommen nur in Betracht, wenn der Anlagebetrag über längere Zeit festliegt.

Welches Verhältnis aus Chancen (Aktien-ETF) und Sicherheit (Tagesgeld) Sie wählen, hängt vom Verwendungszweck des Geldes und Ihrer persönlichen Risikoneigung ab. Sind Sie dringend auf das Geld angewiesen, wählen Sie ein defensives Portfolio mit 25 Prozent Aktienanteil. Können Sie auf Chancen setzen, nehmen Sie 75 Prozent Aktien. Im ausgewogenen Portfolio beträgt der Aktienfondsanteil 50 Prozent.

Entscheidend ist: In ETF und als Tagegeld angelegtes Kapital lässt sich jederzeit zu Geld machen. Sie können die Höhe der Auszahlungen sowie Zahlungsintervalle selbst festlegen. Wer bei Kauf, Verwaltung und Verkauf von Anteilen Kosten einspart, erhöht automatisch seine Rendite (siehe dazu „Erste Wahl sind ETF“, S. 106).

Mit einem Pantoffel-Portfolio können Sie sich eine für Ihre Zwecke passende Entnahmestrategie zurechtlegen. Möglichkeit eins: Sie ziehen zunächst das Geld aus den Aktienfonds ab. Dadurch stärken Sie zunehmend den Sicherheitsbaustein im Depot. Nachteil: Ihr Geld ist bei dieser Strategie eventuell schneller verbraucht.

Rentengarantie vereinbaren. Verstirbt der Inhaber einer Sofortrente frühzeitig, endet die Rentenzahlung ersatzlos. Das lässt sich verhindern, indem der Kunde eine Rentengarantiezeit vereinbart. In dieser wird die Rente auf jeden Fall weitergezahlt – zum Beispiel an den Ehepartner. Da die Garantie die Rente teils deutlich schmälert, empfiehlt Finanztest diese Option nur, wenn der Hinterbliebene das Geld wirklich benötigen würde.

Variante zwei: Sie leben zuerst vom Tagesgeld und verkaufen erst danach die Aktienfonds. Das erhöht zwar die Chancen auf weitere Gewinne, doch leider auch das Verlustrisiko. Hintergrund: Mit seiner automatisch ansteigenden Aktienquote wäre Ihr Depot zunehmend den Schwankungen der Aktienmärkte ausgesetzt.

→ Geld clever entnehmen

Wenn Sie sich für die Variante „Tagesgeld zuerst" entscheiden und den Aktien-ETF erst einmal laufen lassen, benötigen Sie kein spezielles, auf regelmäßige Entnahmen zugeschnittenes Wertpapierdepot. Anders ist es, wenn Sie die konstante Mischung wählen oder die Aktienfonds zuerst aufbrauchen wollen. In Sachen Tagesgeld achten Sie bei der Wahl Ihrer Bank auf eine möglichst hohe Einlagensicherung. Gesetzlich gesichert sind in der EU nur 100 000 Euro pro Bank und Person. Das dürfte bei einigen Summen, mit denen die Entnahmepläne starten, nicht ausreichen.

Bei der von Finanztest empfohlenen dritten Strategie „konstante Mischung" bleiben die ursprünglichen Anteile aus ETF und Tagesgeld möglichst konstant. Auszahlungen stammen in diesem Fall abwechselnd aus dem Aktienfonds- und dem Tagesgeldanteil. Die Strategie passt für jeden Anlagetyp – sowohl defensiv als auch offensiv. Das dahinterliegende Prinzip: Haben Sie sich einmal für eine bestimmte Aktienquote im Depot entschieden, stellen Sie diese in regelmäßigen Abständen wieder her.

So gehen Sie vor, wenn Sie zum Beispiel ein ausgewogenes Portfolio mit 50 Prozent Aktien-ETF haben: Holen Sie sich das benötigte Geld so lange vom Tagesgeldkonto, bis der Aktienanteil irgendwann von 50 auf 60 Prozent gestiegen ist. Jetzt starten Sie einen Auszahlplan mit den Aktien-ETF, bis die ursprüngliche Mischung wiederhergestellt ist, und so weiter. Dieses Vorgehen erfordert etwas Aufwand, bietet aber ein vernünftiges Verhältnis aus Chancen und Risiko.

„Bleibt ein Anleger stets in Aktien investiert, reicht sein Geld länger – und er kann selbst Börseneinbrüche relativ gut verkraften.

Besonders wichtig: Ihr Geld ist weiterhin stets in Aktien angelegt. Dadurch reicht es länger und Börseneinbrüche lassen sich relativ gut verkraften. Zum Vergleich: Wer 1997 mit 120 000 Euro einen offensiven Pantoffel-Auszahlplan mit monatlich 500 Euro Entnahme gestartet hätte, hätte mit der Strategie „konstante Mischung" im März 2017 trotz der Auszahlungen einen Depotwert von 126 590 Euro gehabt. Grund:

Tagesgeld statt Renten-ETF. Für einen Entnahmeplan mit ETF als Renditebaustein empfiehlt Finanztest als Sicherheitsbaustein Tagesgeld, jedoch keine Renten-ETF. Grund: Renten-ETF schwanken im Wert und kommen daher nur bei längerer Anlagedauer infrage. Bei einem Auszahlplan liegt jedoch nicht der ganze Anlagebetrag über die gesamte Laufzeit fest. Für den Renditebaustein eignen sich am besten ETF auf den Aktienindex MSCI World.

Die Aktienfonds hätten die ganze Zeit bis zu 75 Prozent Anteil am Depot gehabt und ihr Renditepotenzial entfalten können – besonders wichtig nach Kurseinbrüchen.

Aufpassen: Der Verkauf von ETF-Anteilen ist mit Gebühren verbunden. Wer kein monatliches Zusatzeinkommen braucht, kann deshalb eine quartalsweise, halb- oder sogar ganzjährliche Entnahme wählen.

Nicht verbrauchen, sondern weiter wachsen lassen

Zu guter Letzt noch folgender Fall: Sie wollen Ihr gespartes Vermögen im Augenblick überhaupt nicht verwenden – aber bei Bedarf flexibel darauf zugreifen können. Kein Grund, auf Erträge komplett zu verzichten. Damit Ihre Anlage mehr als einen Inflationsausgleich bringt, führt kaum ein Weg an Aktienfonds vorbei.

Je nach persönlicher Risikoneigung entscheiden Sie, welchen Anteil Ihres Vermögens Sie investieren wollen. Grundsätzlich eignet sich ein ausgewogenes bis sicherheitsorientiertes Pantoffel-Portfolio, zum Beispiel der Welt-Pantoffel (siehe „Börseninvestments“, S. 104).

Geht es Ihnen weder um eine Reserve für Krankheit und Pflegebedürftigkeit noch um die Absicherung von Angehörigen, können Sie auch ein höheres Risiko eingehen. Mit Zocken hat das nichts zu tun – und Fondsanteile können Sie genauso vererben wie Bargeld oder Aktien.

Von der Theorie in die Praxis

Und jetzt – die Umsetzung. Doch was tun, wenn es viele Faustregeln, aber kein Patentrezept gibt? Was passt zu Ihrem Alter, Ihrer Risikobereitschaft und Lebenssituation? Anhand von acht Beispielen zeigen wir Ihnen Wege zu einem Ruhestand ohne Geldsorgen.

Sparen heißt, kontinuierlich Geld beiseitezulegen. Doch wie viel genau soll es fürs Alter sein? Viele Experten empfehlen 6 bis 10 Prozent des Bruttoeinkommens. Wer also monatlich 2500 Euro verdient, müsste zwischen 150 und 250 Euro zurücklegen. Nicht eben wenig.

Klar ist ebenfalls: Ganz ohne regelmäßiges Einkommen ist eine Zusatzvorsorge schwer möglich. Doch selbst wenn gerade junge Leute nur wenig abzweigen können, kann ihnen das für später eine Menge bringen. Zinseszinseffekt und Börsenentwicklung lassen über viele Jahre auch aus kleinen Raten ein ansehnliches Vermögen wachsen. Wer dagegen erst mit 30 oder 40 Jahren anfängt, muss schon deutlich tiefer in die Tasche greifen (siehe Grafik „Wie Ihr Geld wächst“, S. 29).

Hat man einmal mit dem Sparen begonnen, heißt es, von Zeit zu Zeit zu prüfen, wie es um die Altersvorsorge steht. Liege ich auf Kurs? Nutze ich staatlich geförderte Angebote? Verdiene ich inzwischen mehr und kann meine Sparrate erhöhen? Stehen Sicherheit und Risiko im richtigen Verhältnis?

Beispiel 1: Junge Leute

Lukas und Teresa sind Berufsanfänger und wissen noch nicht, wie ihr Leben verlaufen wird. Für sie ist Flexibilität wichtig.

Lukas ist im ersten Ausbildungsjahr zum Gesundheits- und Krankenpfleger. In einem Berliner Krankenhaus verdient der 18-Jährige rund 771 Euro netto im Monat. Im Vergleich mit anderen Ausbildungsberufen ist Lukas' Arbeit einigermaßen gut bezahlt. Außerdem erhält er den Tariflohn, denn er arbeitet in einer Klinik des öffentlichen Dienstes.

Lukas kommt mit seinem Geld zurecht. 220 Euro zahlt er für ein Zimmer mit Gemeinschaftsküche im Wohnheim. Etwa 300 Euro gehen für Handy, Internet und Verpflegung drauf. Da er sparsam lebt und seine Eltern ihm ein Taschengeld spendieren, bleibt am Monatsende sogar etwas übrig. Einen Teil davon möchte Lukas sparen.

Auch seine große Schwester Teresa möchte mit ihren 26 Jahren etwas für die Altersvorsorge tun. Bisher war daran nicht zu denken. Nach dem Abitur studierte Teresa in Berlin Wirtschaftsinformatik und erhielt Bafög. Nun hat sie in einer IT-Consultingfirma eine Stelle ergattert und bezieht ab sofort 2100 Euro netto im Monat. Als Erstes hat sie sich eine kleine Wohnung im angesagten Stadtbezirk Friedrichshain gesucht, für die sie im Monat 900 Euro warm zahlt. Mit den rund 1200 Euro, die ihr außerdem zum Leben bleiben, kommt sie gut klar.

Baustein Riester-Rente

Riester-Verträge sind für junge Leute gut geeignet. Die staatliche Zulage von 175 Euro pro Jahr sollten sie nicht verschenken. Wer bis zum 25. Geburtstag eine Riester-Rente abschließt, erhält vom Staat zudem einen einmaligen Einsteigerbonus von 200 Euro. Sparer unter 40 Jahren sollten auf die höheren Ertragschancen an der Börse setzen und

---

Auszubildende und Berufsanfänger, die sich früh entschließen und vor ihrem 25. Geburtstag einen Riester-Vertrag abschließen, erhalten vom Staat einmalig einen Bonus von 200 Euro gutgeschrieben. Zusammen mit der jährlichen Grundzulage von 175 Euro sind das im betreffenden Jahr immerhin 375 Euro.

---

am besten einen Riester-Fondssparplan wählen. Würde Lukas sich schon jetzt, mit 18 Jahren, für dieses Modell entscheiden und bis zum Rentenbeginn regelmäßig einzahlen, hätte er wegen der langen Laufzeit besonders gute Gewinnchancen.

Doch selbst wenn die Gewinne ausbleiben – allein die Grundzulage bringt ihm einen Ertrag auf das eingezahlte Geld. Für 49 Beitragsjahre – also bis Lukas mit 67 Jahren in Rente geht – gibt der Staat insgesamt 8575 Euro dazu. Läuft der Vertrag gut, vermehren sich nicht nur seine Einzahlungen, sondern auch die staatlichen Zulagen.

Und so wird gerechnet: Für die volle Zulage müssen pro Jahr 4 Prozent vom Bruttogehalt des Vorjahres in den Riester-Vertrag fließen. Bei Lukas' Bruttolohn von rund 11640 Euro im Jahr sind das 466 Euro. Darin sind bereits die 175 Euro Grundzulage enthalten. Lukas muss aus eigener Tasche also nur noch 291 Euro beisteuern. Auf den Monat umgerechnet ergibt das 24,25 Euro. Für ihn zwar kein Pappenstiel, aber machbar.

Auch für Teresa ist ein Riester-Vertrag eventuell eine sinnvolle Option. Als Studentin war sie noch nicht förderberechtigt, doch als Angestellte zahlt sie in die gesetzliche Rentenversicherung ein und darf damit riestern. Bleibt sie im Angestelltenverhältnis, könnte sie den Riester-Vertrag einfach weiterlaufen lassen. Macht sie sich dagegen wie geplant bereits nach wenigen Jahren selbstständig, würde sie die Förderberechtigung wieder verlieren. Teresa wartet also besser noch, bis sie ihre weitere berufliche Laufbahn besser absehen kann.

→ Das Kleingedruckte studieren

Wer bereits in jungen Jahren einen Riester-Vertrag abschließt, sollte das Kleingedruckte besonders genau lesen und darauf achten, dass der Vertrag möglichst flexible Regelungen enthält. Will ein Sparer seinen Vertrag beispielsweise ruhen lassen, den Anbieter wechseln oder Geld für den Kauf einer Immobilie entnehmen, sollte das ohne Zusatzkosten möglich sein (siehe „Riester-Rente", S. 34).

Baustein VL-Vertrag

Auch von vermögenswirksamen Leistungen (VL) können schon Azubis profitieren. Wie viel der Arbeitgeber zahlt, steht im Arbeits- oder Tarifvertrag – maximal sind 40 Euro im Monat drin. Je nach Vertragstyp und Einkommen legt der Staat noch etwas drauf: entweder die Arbeitnehmersparzulage oder die Wohnungsbauprämie – unter bestimmten Bedingungen sogar beides.

VL-Sparen ist eine gute Möglichkeit, um sich eine zusätzliche Altersvorsorge aufzubauen. Ein VL-Vertrag läuft zwar nur sieben Jahre. Wer jedoch das angesparte Guthaben sofort wieder anlegt und den Vertrag regelmäßig verlängert, hat keine Lücken und nach Jahrzehnten ein ordentliches Guthaben beisammen. Lässt man dagegen vom

Arbeitgeber angebotene VL-Leistungen ungenutzt, verschenkt man unter Umständen auch staatliche Förderung.

VL-Leistungen können zum Beispiel in einen Fondssparplan, einen Bausparvertrag, aber auch in einen Banksparplan, eine Rentenversicherung und sogar in die betriebliche Altersvorsorge fließen. Die Arbeitnehmersparzulage gibt es allerdings nur für Fondssparpläne oder Bausparverträge.

Lukas entscheidet sich für einen VL-Fondssparplan und schließt bei der Sparkasse einen Vertrag ab. Sein Betrieb steuert jeden Monat 13 Euro VL bei. Aus eigener Tasche stockt Lukas diesen Betrag auf 34 Euro auf – und sichert sich auf diese Weise den Anspruch auf die volle Arbeitnehmersparzulage. Ein Single erhält pro Jahr für maximal 400 Euro Einzahlung 20 Prozent Zulage, also bis zu 80 Euro. Voraussetzung: Sein zu versteuerndes Jahreseinkommen beträgt nicht mehr als 20000 Euro (Ehepaare/gesetzliche Lebenspartner: 40000 Euro).

Für junge Sparer, die bereits wissen, dass sie später bauen wollen, kommt ein VL-Bausparvertrag infrage. Auch für diesen wird eine Arbeitnehmersparzulage gezahlt. Die Einkommensgrenze liegt jedoch für Bausparer etwas niedriger als für Fondssparer – bei 17900 Euro (Ehepaare/gesetzliche Lebenspartner: 35800 Euro). Wer den maximal geförderten Betrag von 470 Euro im Jahr beziehungsweise knapp 40 Euro im Monat einzahlt, bekommt 9 Prozent davon als Zulage obendrauf – also 42,30 Euro.

Theoretisch könnte Lukas zusätzlich zu seinem VL-Fondssparplan noch einen VL-Bausparvertrag abschließen und auch dafür die Sparzulage kassieren. Doch erstens weiß er noch gar nicht, ob er wirklich auf Wohneigentum setzen will – und zweitens kann und will er sich die zusätzlichen 40 Euro Einzahlung im Monat nicht leisten.

Baustein Aktienfonds

Wie viele junge Leute hat auch Teresa noch keine feste Lebensplanung. Sie will deshalb auch in Sachen Geldanlage flexibel bleiben. Aufgrund ihres Alters ist für sie der Kauf von Anteilen an Aktienfonds eine gute Option. Trotz Risiken ist diese Strategie für junge Leute sinnvoll, denn sie haben noch viel Zeit bis zur Rente und können deshalb zwischenzeitliche Börsentiefs aussitzen.

Ihr Geld sollten Fondssparer möglichst breit streuen. Für Kleinanleger eignen sich deshalb europa- oder weltweit investierende Aktienfonds. Je breiter ein Fonds aufgestellt ist, desto geringer das Risiko. Besonders kostengünstig sind börsengehandelte Indexfonds (ETF).

Fondssparpläne haben obendrein den Vorzug, dass sich die Einzahlungen bei finanziellen Engpässen ohne Weiteres stoppen lassen. Teresa könnte ihre Rate im Gegenzug auch jederzeit erhöhen oder einen Einmalbetrag investieren.

Dank ihres Gehalts als frischgebackene IT-Beraterin kann Teresa sich die monatliche Mindestrate für einen Aktienfonds-

Sparen lernen. Wer sich nicht sicher ist, wie viel Geld im Monat tatsächlich für die Altersvorsorge übrig bleibt, sollte sich nicht langfristig durch einen Sparvertrag binden. Zum Sparenüben eignet sich ein Tagesgeldkonto. Auf diesem lassen sich per Dauerauftrag auch kleinere Monatsraten ansammeln. Da es kaum Zinsen gibt, ist es ratsam, einen Teil des Ersparten in regelmäßigen Abständen in Anteile an Aktien-ETF zu investieren.

Sparplan – meist 50 Euro – locker leisten. Sie entscheidet sich für einen Wertpapiersparplan ihrer Direktbank. Ab sofort fließen monatlich 120 Euro in einen Aktien-ETF, der dem Börsenindex MSCI World folgt.

Teresas Plan: Wenn sie die ersten großen Ausgaben für ihre Wohnung geschafft und sich ein gebrauchtes Auto zugelegt hat, will sie weitere 40 Euro monatlich investieren und sich so ein chancenorientiertes Pantoffel-Portfolio (siehe S. 111) bauen.

Baustein Tagesgeld

Als Sicherheitsbaustein für ein Pantoffel-Portfolio ist neben Renten-ETF ein Tagesgeldkonto geeignet. Auch Teresa hat bei ihrer Direktbank bereits eines eröffnet. Diese moderne Form des Sparbuchs kann höhere Zinsen bieten als ein Banksparplan – vorausgesetzt, man wählt eine Bank mit guten Konditionen. Teresa musste weder eine Einstiegsgebühr bezahlen, noch hat sie laufende Kosten zu tragen. Das Wichtigste: Sie kommt jederzeit an ihre Rücklagen heran.

Für junge Menschen, die noch nicht wissen, wie viel Geld sie zurücklegen können, ist ein Tagesgeldkonto ideal. Damit bleiben sie flexibel und können Höhe und Dauer der Einzahlung bestimmen. Sinnvoll ist es, das Geld mithilfe eines Dauerauftrags vom Girokonto zu überweisen. Das geht monatlich, aber zum Beispiel auch quartalsweise.

Ein weiterer Vorteil von Tagesgeld: Das Geld ist sicher angelegt. Bis 100 000 Euro sind Guthaben bei allen Banken mit Sitz in der EU gesetzlich geschützt. Bei den meisten Instituten in Deutschland ist die geschützte Summe deutlich höher. Wichtig ist aber, dass sie darauf achtet, eine Bank aus einem Land zu wählen, in dem die Einlagensicherung vertrauenswürdig ist (siehe Grafik „Wo es sichere Zinsen gibt“, S. 101).

Beispiel 2: Junge Familie

Laura und Eric stehen an der Schwelle ins Berufsleben. Konnten sie bislang kaum Geld zurücklegen, ändert sich das nun.

Laura jobbt am Wochenende im Frühstückslokal, während ihr Mann Eric auf den eineinhalbjährigen Sohn Bruno aufpasst. Die 24-Jährige Bremerin bessert das knappe Familieneinkommen auf, denn das Studentenpaar kam bislang nur mit Mühe über die Runden.

In drei Wochen ändert sich das. Dann tritt Laura eine Stelle als Assistentin der Geschäftsführung eines mittelständischen Unternehmens an, in dem sie während ihres BWL-Studiums mehrere Praktika absolviert hat. Auch bei Eric könnte es finanziell bald aufwärtsgehen: Er will noch in diesem Jahr sein Lehramtsstudium beenden und hofft im Anschluss an das erste Staatsexamen auf eine Stelle als Referendar.

Für ihre Altersvorsorge konnten die jungen Eltern bislang kein Geld erübrigen. Lediglich 50 Euro im Monat legen sie als Notreserve zurück. Weil sie bei einer unvorhersehbaren Ausgabe möglicherweise schnell heran müssen, überweisen sie das Geld auf ein Tagesgeldkonto.

Auch um einen Basisschutz haben sich Laura und Eric gekümmert: Sie besitzen eine Privathaftpflichtversicherung mit ausreichender Deckungssumme und eine Kinderinvaliditätsversicherung für Bruno.

Jetzt will das Paar finanziell langfristiger planen. Als Erstes wollen beide noch eine Berufsunfähigkeitsversicherung abschließen. Sie zahlt, falls einer von ihnen aus gesundheitlichen Gründen dauerhaft nicht mehr arbeiten kann. Danach steht eine Riester-Rente auf ihrer Liste.

Baustein Riester-Rente

Von der Riester-Förderung können beide Ehepartner profitieren, denn sobald Laura ihren ersten festen Job beginnt, ist sie rentenversicherungspflichtig und damit förderberechtigt. Schließt sie einen Riester-Vertrag ab, würden ihr im ersten Jahr sogar 60 Euro reichen, um sich die volle staatliche Grundzulage von 175 Euro plus 200 Euro einmaligen Bonus für Berufseinsteiger bis 25 Jahre zu sichern.

Im Regelfall sind dafür zwar 4 Prozent des Bruttoeinkommens abzüglich Zulage erforderlich. Basis ist jedoch jeweils das Vorjahreseinkommen – und da hatte Laura nur die finanzielle Unterstützung ihrer Eltern und kleinere Einnahmen durch Studentenjobs zur Verfügung.

Weniger einzuzahlen bedeutet aber auch, weniger zu sparen. Außerdem ließe Laura so den zusätzlichen Steuerbonus sausen: Das

Finanzamt akzeptiert die Eigenbeiträge als Sonderausgaben. Laura will deshalb schon im ersten Jahr 1200 Euro in einen Riester-Vertrag einzahlen.

Eric wäre zwar nicht direkt förderberechtigt, hätte jedoch als Lauras Ehemann einen indirekten Anspruch auf Zulagen. Dafür müsste er lediglich einen Vertrag abschließen und den Mindestbetrag von 60 Euro im Jahr einzahlen. Beide Ehepartner können zusammen bis zu 2160 Euro im Jahr minus der ihnen zustehenden Zulagen einzahlen und von der Steuer absetzen.

Sobald Eric als Lehramtsreferendar ein Gehalt bezieht, wäre auch er direkt förderberechtigt. Ab dann könnte jeder Partner bis zu 2100 Euro Beitrag im Jahr minus Zulagen steuerlich geltend machen, zusammen also 4200 Euro. Für junge Eltern sind 4200 Euro viel Geld. Vermutlich zahlen Laura und Eric deshalb bis auf Weiteres weniger ein und stocken es später je nach Kassenlage auf.

Die Kinderzulage für Bruno würden die beiden Erics Riester-Konto gutschreiben lassen. Das ist sinnvoll, denn als angestellter Lehrer wird er vermutlich weniger verdienen und deshalb weniger in die gesetzliche Rentenversicherung einzahlen als Laura.

Verzichtet Eric auf einen eigenen Vertrag, könnte Laura ihren Vertrag mit der Kinderzulage aufpolieren. Da Bruno nach 2007 geboren wurde, sind das immerhin weitere 300 Euro im Jahr. Nach der Geburt eines zweiten Kindes würden sich dann ihre Zulagen auf 775 Euro summieren.

Was das Riester-Modell angeht, wären sowohl Eric als auch Laura mit einem Fondssparplan in der richtigen Spur. Beide haben noch viel Zeit bis zum Ruhestand. Ein Verlustrisiko gibt es nicht, denn bei Rentenbeginn müssen mindestens die Einzahlungen plus Zulagen zur Verfügung stehen.

Hätten sie allerdings vor, in ein paar Jahren in eigene vier Wände umzuziehen, wäre ein Riester-Bausparvertrag die bessere Variante. Ein Fondssparplan könnte nach einem Börsencrash womöglich gerade ins Minus abgerutscht sein. In beiden Fällen könnten sie das bislang Ersparte inklusive Förderung jederzeit in die Immobilie stecken.

Baustein Betriebsrente

Außerdem schließt Laura über den Betrieb eine Direktversicherung ab. In diese kann sie steuer- und abgabenfrei einzahlen. Da ihr Arbeitgeber 15 Prozent obendrauf legt, wird die junge Mutter zugreifen.

Eric hofft, als Lehrer irgendwann verbeamtet zu werden. Seine Beamtenpension wäre bei gleichem Bruttoeinkommen deutlich höher als eine vergleichbare gesetzliche Rente für Angestellte.

Beispiel 3: Künftige Immobilienkäufer

Fredi und Bettina sind Ende 20. Sie wünschen sich Kinder und ein großes Haus mit viel Platz für die künftige Familie.

Fredi ist Softwareentwickler in Stuttgart und will sich in etwa fünf Jahren selbstständig machen. Bettina ist Trainee in einem Autokonzern. Die studierte Betriebswirtin strebt nach dem Ende ihrer Ausbildung eine Stelle in der Marketingabteilung des Großunternehmens an. Zurzeit sieht es so aus, als könnte das klappen.

Baustein Zinsanlagen

Für ihr großes Ziel – ein Eigenheim – legen Fredi und Bettina fleißig Geld zurück – in Festgeld und Bausparverträgen. Ohne Eigenkapital, das wissen sie, wird es nichts mit der eigenen Immobilie. Einen nicht zu knappen Zuschuss erwartet jeder von ihnen auch noch von seinen Eltern.

Börseninvestments meiden Fredi und Bettina bewusst. Sollten sie ausgerechnet in einer schlechten Börsenphase eine geeignete Immobilie finden, könnten sie womöglich nicht genügend Eigenkapital in die Waagschale werfen.

Baustein Riester-Rente

Selbst bei ihrem Riester-Vertrag sind sie zu keinem Risiko bereit. Sie haben jeweils einen förderfähigen Banksparplan abgeschlossen, in den beide den jährlichen Höchstbeitrag von 2100 Euro einzahlen. Im Sparbeitrag sind jeweils 175 Euro Zulage enthalten. Ihren Eigenbeitrag können sie außerdem von der Steuer absetzen. Das bringt beiden eine zusätzliche Ersparnis: Da sie nicht verheiratet sind, hat jeder von ihnen noch die ungünstige Lohnsteuerklasse I.

Wer bereits derart gezielt einen späteren Immobilienerwerb anstrebt, hätte allerdings mit einem Riester-Bausparvertrag die bessere Wahl getroffen. Dieser bringt zwar in der Ansparphase mickrige Zinsen – dafür kaufen sich Sparer Zinssicherheit für die gesamte Laufzeit des späteren Bauspardarlehens. Und dank der Zulagen steht unterm Strich ein ordentliches Plus.

Stünde der Hauskauf bereits unmittelbar bevor, wäre die erste Wahl ein Riester-Kombikredit oder ein Riester-Bankdarlehen (zum Thema „Wohn-Riester" siehe S. 52).

Doch auch so könnten Fredi und Bettina zum Tag X auf ihr Riester-Guthaben zugreifen, um es als Eigenkapital für die Baufinanzierung zu verwenden. Voraussetzungen dafür wären ein Antrag bei der Zentralen

Zulagenstelle für Altersvermögen (ZfA) und das Einhalten der meist dreimonatigen Kündigungsfrist.

Das Ziel: eine Immobilie

Ein Hauskauf kann sich lohnen, wenn das Geld reicht und die Immobilie ihren Preis wert ist. Apropos Preis: Hier sind die Unterschiede zwischen Städten und Regionen immens. Stuttgart gehört zu den teuersten Städten Deutschlands.

Ob sich eine selbst genutzte Immobilie wirklich lohnt, hängt auch entscheidend von ihrer Lage ab: Verkehrsanbindung, Infrastruktur und das direkte Umfeld sollten stimmen. In diesem Fall könnten Fredi und Bettina bei einem eventuellen Verkauf einen besseren Preis erzielen.

Außerdem sprächen dann weitere Vorteile für einen Kauf: So sind Mietersparnis und Wertsteigerung steuerfrei. Erträge anderer Geldanlagen sind dagegen steuerpflichtig, sobald sie den Sparerpauschbetrag überschreiten. Im eigenen Haus gleicht die Mietfreiheit im Alter zudem etwaige Einkommensverluste aus – und die Unabhängigkeit vom Vermieter schützt vor Kündigung und Mieterhöhung.

Fazit: Bleiben Fredi und Bettina beruflich auf der Überholspur, können sie einen Hauskauf wagen. Dann schaffen sie es, die finanzielle Belastung für viele Jahre zu tragen. Mit einer Risikolebensversicherung sollten sie für den Fall vorsorgen, dass einer von ihnen stirbt und der andere die Kredit-

HÄTTEN SIE'S GEWUSST?

Günstig finanziert:
Für nur 1,5 Prozent Jahreszinsen ist Anfang 2018 ein Hypothekendarlehen mit zehn Jahren Zinsbindung zu haben. 1995 waren die Zinsen etwa fünf Mal so hoch.

Tilgungsmarathon:
55 Jahre dauert es, um einen Kredit mit einem Zinssatz von 2 Prozent und einer Anfangstilgung von nur 1 Prozent zurückzuzahlen. Wer in 20 Jahren schuldenfrei sein will, muss etwas mehr als 4 Prozent tilgen.

Vergleichen lohnt sich:
58 800 Euro war der Zinsunterschied zwischen teuerster und günstigster Bank im Finanztest-Vergleich. Dabei ging es um ein Immobiliendarlehen in Höhe von 360 000 Euro mit 15 Jahren Zinsbindung.

Quellen: vdp, eigene Berechnung / Finanztest 4/2018

raten allein übernehmen muss. Zudem sollte jeder der beiden eine private Berufsunfähigkeitsversicherung für den Fall abschließen, dass er aufgrund einer Krankheit oder eines Unfalls nicht mehr arbeiten und zum Haushaltseinkommen beitragen kann.

▶ **Wenn Sie überlegen,** eine Immobilie zu kaufen, sollten Sie sich gründlich informieren. Ausführliche Informationen finden Sie in unserem Ratgeber „Immobilienfinanzierung". Sie bekommen ihn im Buchhandel oder unter **www.test.de/shop.**

Beispiel 4: Beruflich Etablierte

Christoph und Andrea sind um die 40 und haben ihre Position im Berufsleben gefunden.

Die 41-jährige Andrea ist Grafikerin in einer Werbeagentur, Christoph, 43, Fernsehingenieur bei einem Nachrichtensender. Die Familie wohnt in Köln. Die Mietwohnung ist mit viereinhalb Zimmern groß genug und nicht zu teuer. Weil Christoph oft lange arbeitet und viel auf Dienstreisen ist, kann Andrea nur halbtags arbeiten. Anderenfalls könnte sie ihr Nachmittags- und Abendpensum mit dem achtjährigen Robin und der zehnjährigen Sophie nicht bewältigen. Christoph steht, wie viele Männer, als Unterstützung nur selten zur Verfügung.

Baustein Riester-Rente

Altersvorsorge ist für beide ein Thema. Christoph hat vor 14 Jahren eine klassische Riester-Rentenversicherung abgeschlossen. Andrea stieg ein Jahr später mit einem Riester-Banksparplan ein. Damit setzen beide in erster Linie auf Sicherheit.

Eine gute Alternative wären damals Riester-Fondssparpläne gewesen, denn zum Zeitpunkt des Vertragsschlusses war Christoph erst 29, Andrea 28 Jahre alt. Nun, 14 beziehungsweise 13 Jahre später, ist ein Aus- oder Umstieg allerdings nicht mehr ratsam.

Insbesondere Christoph sollte bei seinem Vertrag bleiben. Schließlich hat er bereits die gesamten Abschlusskosten bezahlt. Bei vor 2005 geschlossenen Verträgen mussten die Anbieter diese noch über zehn Jahre verteilen, seitdem reichen fünf. Außerdem profitiert er noch von dem vergleichsweise hohen Zinsniveau aus dem Jahr 2004.

Zahlt er weiterhin kontinuierlich ein, kann später eine ordentliche Zusatzrente herauskommen. Deren Höhe hängt auch entscheidend davon ab, wie kostengünstig der Anbieter wirtschaftet und wie erfolgreich er am Kapitalmarkt agiert.

Vorteilhaft für Christoph als Mann ist es, dass der Versicherer in seinem Vertrag die Riester-Rente noch auf Grundlage der kürzeren Lebenserwartung von Männern berechnen durfte. Dadurch wird sie höher ausfallen. Für ab 2006 geschlossene Riester-Verträge gilt wie in der gesetzlichen Rentenversicherung das Prinzip „Unisex": Männer und Frauen bekommen fürs gleiche Geld die gleiche Rente.

Baustein Betriebsrente

Christoph zahlt außerdem einmal im Jahr 1000 Euro per Gehaltsumwandlung in eine Pensionskasse ein. Sein Arbeitgeber steuert noch einmal die gleiche Summe bei. Beide Beiträge fließen aus dem Bruttoeinkommen des Ingenieurs. Dadurch sinkt sein persönlicher Steuersatz. Die spätere Rente wird Christoph dafür voll versteuern müssen. Auch Sozialabgaben in Form der vollen Kranken- und Pflegeversicherungsbeiträge werden im Ruhestand fällig.

Andrea hat noch keine Betriebsrente. „Riestern" und gesetzliche Rente allein werden ihr aber nicht reichen. Sie muss also handeln. Immerhin: Pro Kind werden Andrea, die wegen ihrer Kinder mehrere Jahre nicht berufstätig war, in der gesetzlichen Rentenversicherung drei Erziehungsjahre gutgeschrieben. Für jedes Jahr bekommt Andrea einen Entgeltpunkt. Die sechs Entgeltpunkte für ihre Kinder bringen Andrea nach heutigen Werten später 175,26 Euro Rente im Monat.

Andreas Firma bietet ihren Mitarbeitern zwar eine Direktversicherung an. Die Grafikerin hat bislang noch mit einem Vertragsabschluss gezögert, weil ihr Arbeitgeber nichts dazugab. Das wird sich aber 2019 ändern: Bei Neuverträgen muss der Chef dann 15 Prozent auf den Beitrag drauflegen.

Nach wie vor kann sie jedoch nicht beeinflussen, ob der Vertrag bezüglich Kosten und Erträgen günstig für sie wäre: Den Anbieter bestimmt ihr Arbeitgeber. Genauso wenig weiß sie, ob ihr Arbeitsplatz ihr auf Dauer erhalten bleibt. Was würde dann mit ihrer angefangenen Betriebsrente werden?

Obwohl sich seit 2005 begonnene Betriebsrenten bei einem Jobwechsel einfacher fortsetzen lassen, sind einige Unsicherheiten geblieben. Aus Rentabilitätsgründen ist es besser, wenn die Rente möglichst selten angefasst wird. Änderungen verursachen immer Kosten.

Einen Mitnahmeanspruch haben Arbeitnehmer außerdem nur für den sogenannten Übertragungswert. Zusatzvereinbarungen, die etwa einen Schutz bei Berufsunfähigkeit bieten, muss der neue Arbeitgeber nicht übernehmen.

Andrea drängt deshalb vorerst nicht auf eine Betriebsrente. Stattdessen will sie angesichts der Zinsflaute jetzt stärker auf Fonds setzen. Sie will sich ein Pantoffel-Portfolio aufbauen und zu gleichen Teilen in Aktien-ETF und Tagesgeld investieren. Sie achtet darauf, dass sich beide im Verhältnis 50:50 die Waage halten. Einzahlen will sie jeden Monat, aber keinen festen Betrag, sondern je nachdem, wie viel Geld sie am Monatsende übrig hat. Ihre Aktienfondsanteile will sie rechtzeitig vor Rentenbeginn in einem Börsenhoch reduzieren und im Alter einen defensiven Pantoffel-Auszahlplan weiterführen (siehe „Auszahlplan" S. 159). Eventuell will sie das Geld aber auch in eine private Sofortrente stecken. Das entscheidet sie je nach Zinsniveau kurz vor Rentenbeginn.

Beispiel 5: Älteres Ehepaar

Renate und Peter sind 55 und 57 Jahre alt. Sie wollen sich einen Überblick über ihr Alterseinkommen verschaffen – und dabei schauen, wie gut jeder ohne den anderen abgesichert wäre.

Spätestens mit Anfang 50 sollten Paare einen Kassensturz machen – und auch Abzüge einkalkulieren. Es empfiehlt sich darüber hinaus, für jeden Partner einzeln abzuklären, mit wie viel Geld dieser rechnen kann, falls der andere plötzlich verstirbt. Für den Fall, dass der Hinterbliebene dann nicht über ausreichende Mittel verfügte, wäre 12 bis 15 Jahre vor Rentenbeginn noch Zeit, die richtigen Weichen zu stellen.

Der Verlust des Partners – das ist keine schöne Vorstellung. Deshalb haben auch Renate und Peter das Thema lange vor sich hergeschoben. Zwei Trauerfälle im Bekanntenkreis haben ihnen jetzt allerdings vor Augen geführt, dass es besser ist, sich damit zu beschäftigen. Bei vielen Paaren ist es nun einmal so, dass ein Partner – häufig der Mann – deutlich mehr Rente bekommt und oft dazu noch mehr Altersvorsorge betrieben hat. Auch Renate und Peter haben sich in ihrer Ehe für eine eher konservative Rollenverteilung entschieden.

Einnahmen und Ausgaben

Derzeit verdient Ingenieur Peter als Angestellter eines Statikbüros im Monat rund 4500 Euro brutto, das sind knapp 2700 Euro netto. Sonderzahlungen erhält er keine. Sein gesetzlicher Rentenanspruch beträgt laut Rentenauskunft 1800 Euro.

Verdient Peter weiter so gut, würde er bei seinem Rentenbeginn mit 66 Jahren und sechs Monaten in etwa so viel Rente bekommen – brutto. Allerdings spielt er mit dem Gedanken, bereits mit 64 Jahren in Rente zu gehen. Dann wäre sein Rentenanspruch jedoch deutlich niedriger, weil er 30 Monate weniger arbeiten und keine weiteren Beiträge in die Rentenkasse einzahlen würde. Mit 64 Jahren stünde er dann bei einem Rentenanspruch von monatlich rund 1690 Euro.

Hinzu kommt, dass Peter für jeden Monat des vorzeitigen Rentenbeginns Abschläge in Kauf nehmen müsste: Jeder Monat des früheren Rentenbeginns würde ihn 0,3 Prozent Rente kosten. Bei 30 Monaten wären das 9 Prozent von 1690 Euro oder rund 150 Euro monatlich – und das lebenslang!

Deshalb hat er kürzlich bei der Rentenversicherung eine Auskunft beantragt. Er wollte wissen, wie viel Geld er freiwillig einzahlen muss, um den Abschlag auszugleichen. Ergebnis: knapp 38 000 Euro. Nicht eben wenig, aber eventuell ein gutes Geschäft – vor allem, wenn Peter lange lebt. Er entscheidet sich, das Geld ab sofort in halbjährlichen Raten einzuzahlen. Die Beiträge kann er zudem steuerlich absetzen.

Der Clou: Geht Peter doch nicht vorzeitig in Rente, gibt es das zusätzlich eingezahlte Geld nicht etwa zurück – seine Rente fällt dann einfach entsprechend höher aus.

Neben seiner gesetzlichen Rente kann Peter mit rund 280 Euro Betriebsrente rechnen. Diese wird ihm der Pensionssicherungsverein im Ruhestand stellvertretend für seine frühere, inzwischen pleitegegangene Firma auszahlen.

HÄTTEN SIE'S GEWUSST?

Generation Planlos: Drei Viertel (73 Prozent) der 30- bis 59-Jährigen gaben bei einer Umfrage an, ihre finanzielle Zukunft gar nicht zu planen oder nur eine grobe Vorstellung zu haben.

Begrenztes Budget: Rentner, die 2014 erstmals gesetzliches Altersgeld bezogen, erhielten durchschnittlich 752 Euro im Monat.

Altersarmut: 15,6 Prozent der Senioren in Deutschland leben unter der Armutsgrenze.

Rasanter Zuwachs: Seit 2005 ist die Armut in Rentnerhaushalten fast zehn Mal so stark angestiegen wie in der übrigen Bevölkerung.

Quellen: Allensbach-Umfrage „Die Generation Mitte 2015" im Auftrag der GDV / Bericht zur Armutsentwicklung in Deutschland 2016 / Statistisches Bundesamt 2015

Steuererklärung abgeben? Ob Ruheständler Steuern zahlen müssen und wie viel, hängt von der Höhe ihrer Einkünfte ab – und entscheidet sich erst nach Abgabe der Steuererklärung. Nur wer nach Abzug seines lebenslangen Rentenfreibetrags und unter Einbeziehung sämtlicher weiterer Einkünfte unter dem Grundfreibetrag von derzeit 9000 Euro (Ehepaare: 18000 Euro) bleibt, kommt um eine Steuererklärung herum.

Renate arbeitet halbtags als Bürokauffrau. Sie verdient 1100 Euro brutto im Monat. Wegen ihrer zwei erwachsenen Kinder war sie viele Jahre nicht erwerbstätig. Erst vor zwölf Jahren kehrte Renate mit einem Minijob in den Beruf zurück. Vor acht Jahren fand sie bei einer Immobilienfirma ihre jetzige Halbtagsstelle. Die 55-Jährige wird rund 400 Euro gesetzliche Bruttorente erhalten, wenn sie Ende 2029 mit 66 Jahren und zehn Monaten in den Ruhestand geht. Anspruch auf eine Betriebsrente hat sie nicht.

Auf der hohen Kante liegen hat das Ehepaar insgesamt 46000 Euro – als Fest- und Tagesgeld. Das bringt etwa 700 Euro Zinsen im Jahr. Da die Erträge unter dem Sparerpauschbetrag für Ehepaare (1602 Euro) liegen, bleiben sie steuerfrei.

Renate und Peter stehen im Monat rund 3500 Euro netto zur Verfügung. Ihre Wohnung kostet 850 Euro warm. Hinzu kommen 300 Euro für Lebensmittel, 60 Euro für Strom, 50 Euro für den DSL-Anschluss inklusive Telefonie, 50 Euro für Smartphones und 300 Euro für Auto, Versicherungen, Tageszeitung, Sportverein und Bücherclub. Die Fixkosten des Ehepaares belaufen sich damit auf rund 1600 Euro im Monat.

Wie Rentenabzüge wirken

Gesetzt den Fall, Peter würde doch bis zum Erreichen des Rentenalters arbeiten, dann erhielte er im Oktober 2027 die erste Rente. Als gesetzlich pflichtversicherter Rentner zahlt er den halben Beitragssatz (derzeit 7,3 Prozent). Nach derzeitigem Recht müsste er den von der Krankenkasse erhobenen Zusatzbeitrag noch allein aufbringen. Bei Peter wären das dann insgesamt 8,2 Prozent. Hinzu kommen 2,55 Prozent (Kinderlose: 2,8 Prozent) für die gesetzliche Pflegeversicherung. Peter bekäme nach heutigen Werten 10,75 Prozent abgezogen. Wäre es bei der Bruttomonatsrente von 1800 Euro geblieben, hätte er vor Steuern 1607 Euro übrig behalten. Dank seiner freiwilligen Beiträge fällt seine Rente höher aus.

Von seiner betrieblichen Altersversorgung würden ihm die vollen Beiträge abgezogen – inklusive Zusatzbeitrag nach heutigem Stand 18,05 Prozent. Ihm blieben also pro Monat knapp 230 Euro vor Steuern. Insgesamt stehen Peter damit bei Rentenbeginn knapp 1840 Euro zur Verfügung. Verdient Renate weiter wie bisher, kommen netto etwa 870 Euro hinzu.

Dabei bleibt es jedoch nicht: Peter muss davon ausgehen, dass er für seine Einkünfte im Alter Steuern zahlen muss. Von seiner gesetzlichen Rente ist ein Großteil steuerpflichtig – bei Rentenbeginn 2027 bereits 87 Prozent. Die fälligen Steuern ermittelt das Finanzamt bei der Steuererklärung.

Geht Renate im Dezember 2029 in Rente, würden auch ihr die Beiträge zur Kranken- und Pflegeversicherung von der Bruttorente abgezogen – ausgezahlt bekäme sie nach heutigem Stand monatlich 357 Euro. Vor Steuern hätte das Paar damit rund 2 200 Euro zur Verfügung. Allerdings wird das Finanzamt weiterhin einen Teil abzweigen, denn Renates Rente ist bereits zu 89 Prozent steuerpflichtig.

Folgen bei einem Todesfall

Da Peter vor 1962 geboren wurde und das Paar vor 2002 geheiratet hat, gilt bei der Hinterbliebenenversorgung durch die gesetzliche Rentenversicherung das etwas günstigere alte Recht: Stirbt ein Partner, würde der Hinterbliebene von der gesetzlichen Rentenversicherung eine „Witwenrente" von 60 Prozent der Rentenansprüche des Verstorbenen bekommen. Das ist die sogenannte „große Witwenrente" Nach neuem Recht wären es nur 55 Prozent.

Sollte Peter etwa im Jahr 2030 sterben, erhielte Renate eine große Witwenrente. Zudem stünde Renate eine Zahlung aus Peters betrieblicher Altersversorgung zu. Hinzu käme Renates eigene Rente. Letztere liefe ungekürzt weiter, da sie unter dem geltenden Freibetrag liegt.

Dieser beläuft sich derzeit auf monatlich 819,19 Euro (West) und 783,82 Euro (Ost) – und würde sich erhöhen, wenn der Hinterbliebene Kinder zu versorgen hat. Einkünfte darüber werden zu 40 Prozent von der Hinterbliebenenrente abgezogen.

Damit läge Renates Nettoeinkommen bei rund 1 500 Euro pro Monat. Würde sie versterben, zum Beispiel im Jahr 2028, hätte Peter nach ihrem Tod netto etwa 1 720 Euro im Monat. Eine Witwerrente bekäme er wegen zu hoher eigener Einkünfte nicht.

Fazit: Sinnvoll wäre es, wenn beide ab sofort Geld für Renate zurücklegten. Geeignet wäre etwa ein Riester-Fondssparplan. Angenommen, Renate würde den Förderhöchstbeitrag von 2100 Euro im Jahr einzahlen. In diesem Fall müsste sie nach Abzug der Grundzulage 1925 Euro selbst aufbringen. Das wären jeden Monat 160,42 Euro.

In den zwölf Jahren bis zu ihrem geplantem Rentenbeginn käme Renate so auf ein Guthaben von 25 200 Euro plus Fondserträge. Die gezahlten Beiträge könnte das Ehepaar zudem steuerlich geltend machen.

Beispiel 6: Paar während der Trennung

Maria, 35, und Dirk, 34, verstehen sich nicht mehr. Bereits seit Monaten streiten sie sich jeden Tag – bis Dirk aus der gerade erst gekauften Wohnung auszieht.

Nachdem Dirk nach einem besonders heftigen Ehestreit aus der Wohnung ausgezogen ist, bleibt Maria mit den Kindern Johanna, 7, und Lukas, 5, allein zurück. Da sie den Glauben verloren hat, dass alles wieder ins Lot kommt, leitet Maria bald darauf die Scheidung in die Wege.

In der Anfangszeit zahlt ihr Mann die Raten für die Finanzierung der Wohnung weiter. Doch dann verliert Dirk seinen Job als Bauingenieur. Zwar findet er nur wenige Wochen später eine neue Anstellung, aber die Kündigung hat ihn verunsichert. Dirk drängt auf den Verkauf der Wohnung.

Dieser Schritt ist vernünftig, denn die Kreditraten plus Wohngeld sind für die getrennt lebenden Eheleute zu hoch – schließlich sind inzwischen zwei Haushalte zu finanzieren. Maria ist Buchhändlerin und verdient mit ihrer Teilzeitstelle gerade einmal 1500 Euro brutto im Monat.

Sie findet eine bezahlbare Mietwohnung in der Nachbarschaft. Das ist günstig, denn so ändert sich bei Schule und Kindergarten für ihren Nachwuchs nichts. Dirk will seine Vaterrolle weiter ausfüllen. Deshalb ist auch er nur ein paar Straßen weiter gezogen, damit die Kinder und er kurze Wege haben.

Beim Verkauf der Wohnung haben Maria und Dirk Glück. Sie können nicht nur das Darlehen ablösen, sondern bekommen sogar einen Teil ihres Eigenkapitals zurück. Das Geld teilen sie auf. So glatt läuft das selten. Bekommen streitende Paare ihre Geldangelegenheiten nicht geregelt, landen Eigenheime schnell bei der Zwangsversteigerung. Der Erlös ist meist so niedrig, dass die Partner auf Schulden sitzen bleiben.

Altersvorsorge neu denken

Das Ende ihrer Ehe hat Maria zum Nachdenken über ihre Situation gebracht. Bisher war zum Beispiel die Altersvorsorge kein Thema für sie. Erst fand sie sich zu jung, später stieg sie wegen der Kinder aus dem Job aus und hatte deshalb kein Geld, dann ging die Finanzierung der Wohnung vor.

Nun ist ihr aber klar: Auf mietfreies Wohnen im Alter kann sie nicht mehr setzen, auf Einkommen und Altersvorsorge ihres Mannes auch nicht. Im Rahmen der Scheidung bekommt sie immerhin sowohl von Dirks

Ansprüchen auf die gesetzliche als auch auf die Betriebsrente, die er während ihrer Ehe erworben hat, ihren Teil. Da die Ansprüche jedoch nicht mehr wachsen, werden sie zusammen mit Marias gesetzlicher Rente im Alter nicht reichen.

Maria will erst einmal einen Riester-Vertrag abschließen. Wichtig ist, dass sie auch weiterhin das Kindergeld ausgezahlt bekommt, denn nur dann bekommt sie die Kinderzulagen auch nach der Scheidung.

Allerdings muss Maria 4 Prozent vom Vorjahresbrutto einzahlen – abzüglich der staatlichen Zulagen. Maria muss wie folgt rechnen: 4 Prozent von 18 000 Euro sind 720 Euro. Ihr Zulagenanspruch setzt sich aus 175 Euro für sich und jeweils 300 Euro für jedes ihrer beiden Kinder zusammen.

Mit 775 Euro sind ihre Zulagen also höher als der Jahresbeitrag, den sie für die volle Förderung braucht (720 Euro). Damit muss sie lediglich den Mindesteigenbeitrag von 60 Euro pro Jahr einzahlen. Maria will diesen jedoch etwas aufstocken, damit später ihre Riester-Rente höher ist.

Sie entscheidet sich für einen Riester-Fondssparplan, denn sie ist noch jung und kann eventuelle Börsentiefs aussitzen. Ins Minus kann sie dank der Beitragsgarantie am Ende ohnehin nicht rutschen.

Finanzen neu ordnen

Auch Dirks Lebensplanung wurde durch die Trennung auf den Kopf gestellt. Er hat jetzt weniger netto, weil er nach dem Auszug aus

HÄTTEN SIE'S GEWUSST?

Aus und vorbei: 162 397 Ehen wurden im Jahr 2016 in Deutschland geschieden. Das sind rund 0,6 Prozent weniger als im Vorjahr.

Geldsorgen: Bei einer Umfrage gaben rund 36 Prozent an, dass sie nach der Scheidung nun finanziell schlechter dastehen.

Alter schützt vor Scheidung nicht: Über ein Viertel der Scheidungspaare war 21 und mehr Jahre verheiratet.

Selten einvernehmlich: Nur in 9 Prozent der Fälle wollten beide die Scheidung. Am häufigsten ergriffen die Frauen die Initiative (51 Prozent).

Quellen: Statistisches Bundesamt (2017), Forsa (2015)

der Familienwohnung die günstige Steuerklasse III verliert. Das Auto hat er Maria gelassen und sich kürzlich einen gebrauchten Kleinwagen zugelegt, um zu seinem Büro sowie zu Baustellen fahren zu können. Dienstfahrzeuge hat seine neue Firma erst kürzlich aus Kostengründen gestrichen.

Die Betriebsrente seiner alten Firma kann Dirk zum Glück im neuen Unternehmen fortsetzen. Allerdings gibt sein neuer Arbeitgeber deutlich weniger dazu als sein alter Chef, der 25 Prozent drauflegte.

Dirk denkt außerdem über einen Fondssparplan nach – ist sich aber nicht sicher, ob er besser in Aktien- oder Rentenfonds investieren soll. Ein Freund bringt ihn auf die Idee, sich mit den Pantoffel-Portfolios von Finanztest zu beschäftigen. Die haben in den letzten Jahren gute Gewinne eingefahren und sind gar nicht so schwer zu bauen: Um sein Geld möglichst breit zu streuen, würde Dirk die eine Hälfte in einen weltweit anlegenden und langfristig gut bewerteten Aktienfonds investieren. Die andere flösse als Sicherheitsbaustein in Tagesgeld. Aus Kostengründen kämen für Dirk nur börsengehandelte Indexfonds (ETF) infrage (siehe dazu „Erste Wahl sind ETF“, S. 106).

Bevor er sich entscheidet, will Dirk aber erst einmal abschätzen, wie er die Ausgaben für seinen eigenen Haushalt, den Unterhalt für die Kinder und die sonstigen Kosten bewältigt. Ihm ist aufgefallen, dass er im Alltag mehr ausgibt als früher, weil er mehr auswärts isst und abends häufiger ausgeht. Schließlich will er nicht zu Hause versauern.

Mit wieder getroffenen Freunden hat er sich kürzlich für einen Segeltörn verabredet, und mit ein paar Kollegen will er im Winter Skifahren gehen. Da bleibt nicht viel Geld übrig. Viel mehr als jetzt will Dirk aber auch nicht arbeiten, denn einmal pro Woche und jedes zweite Wochenende sind ab sofort seine Kinder bei ihm.

Sein Kassensturz ergibt, dass er im Moment nicht mehr als 50 Euro im Monat übrig hat. Das ist zwar nicht viel, aber besser als nichts. 25 Euro im Monat sollen in Tagesgeld und 25 Euro in den Aktien-ETF fließen. Er entscheidet sich für vierteljährliche Raten, sodass alle drei Monate jeweils 75 Euro abgebucht werden. Wenn er wieder mehr Geld zur Verfügung hat, möchte er die Raten aufstocken. Das kann er bei einem Sparplan mit ETF ebenso wie bei Tagesgeld jederzeit und ohne Zusatzkosten tun.

Beispiel 7: Erbin ohne Familie

Sabine ist 54 und hat geerbt. Die Erbschaft soll ihr als sichere Basis für die Altersvorsorge dienen.

Sabine ist Zahnarzthelferin. Sie hat keine Kinder. Nach zwei längeren Beziehungen lebt die 54-Jährige heute allein. Aus gesundheitlichen Gründen muss sie beruflich kürzertreten. Eine kürzlich gemachte Erbschaft würde sie gern in eine Eigentumswohnung investieren.

Mit ihrem Job in einer Zahnarztpraxis im Zentrum Heidelbergs ist Sabine zufrieden, aber seit einiger Zeit hat sie gesundheitliche Probleme. Schon seit Längerem leidet sie unter Rückenschmerzen, im letzten Jahr kam eine Netzhautablösung dazu. Monatelang war sie deswegen krankgeschrieben. Erst vor einigen Wochen konnte Sabine an ihren Arbeitsplatz zurückkehren, an dem sie mittlerweile seit über 17 Jahren tätig ist.

An eine volle Stelle ist wegen ihrer schlechten Augen vorläufig nicht zu denken. Sabine hofft, dass es auf Dauer wenigstens halbtags funktioniert. Dadurch verdient sie allerdings viel weniger – nur noch etwas über 1000 Euro im Monat.

Erbschaft als Basis

Hätte sie nicht vor Kurzem einen größeren Betrag geerbt, könnte sich Sabine ihre kleine Zwei-Zimmer-Mietwohnung mit Terrasse nicht mehr leisten. Etwa 370000 Euro hinterließ ihre Mutter, als sie eineinhalb Jahre nach dem Tod des Vaters starb.

Durch das Erbe kann Sabine ihren Lebensstandard halten. Was sie nicht braucht, hat sie in Festgeldern angelegt und versteuert die Zinsen. Das macht ihr nichts aus, solange sie ein Gefühl von Sicherheit hat. Vor Verlusten, die ein Börseninvestment eventuell mit sich brächte, hat sie Angst.

Baustein Wohneigentum

Sabine kann sich vorstellen, das Erbe in eine Eigentumswohnung zu investieren und künftig mietfrei zu wohnen. Am liebsten würde sie sogar ihre jetzige Wohnung kaufen – und die Karten stehen nicht einmal schlecht. Die Wohnung gehört einem Ehepaar, das inzwischen in Neckargmünd in einem eigenen Haus wohnt.

Eigentlich wollte das Paar die Wohnung gar nicht verkaufen, sondern als Kapitalanlage oder für eines der Kinder behalten. Doch jetzt ist Kind Nummer drei unterwegs, und die Mutter will für längere Zeit aus dem Beruf aussteigen. Da kann die Familie den Erlös aus dem Verkauf der Eigentumswohnung gut brauchen.

Schließlich werden sich beide Seiten einig: Sabine zahlt für die 60 Quadratmeter

30 SEKUNDEN FAKTEN

UM 38,5 %
stiegen die durchschnittlichen Preise für Eigentumswohnungen zwischen 2010 und 2017.

6 255 EURO
mussten Münchner Ende 2016 pro Quadratmeter Eigentumswohnung in guter Lage zahlen. 2010 waren es noch 3 890 Euro.

UM 50 %
zogen die Preise bei Mehrfamilienhäusern zwischen 2010 und 2017 an.

1 VON 4
Immobilienbesitzern über 69 Jahre hat Haus oder Eigentumswohnung noch nicht abbezahlt.

Quelle: vdp-Research / Deutsche Leibrenten AG

142 000 Euro. Ein Schnäppchen ist das nicht gerade, doch die Wohnung gefällt ihr, und Heidelberg ist nun mal ein teures Pflaster.

Da sie das Geld in bar hat, spart sich Sabine die Zusatzkosten einer Finanzierung. Allerdings hat sie dadurch jetzt deutlich weniger auf der Bank, sodass ihre Zinseinkünfte sinken. Gut, dass sie jetzt nicht mehr so flüssig sein muss wie früher: Statt der bisherigen 570 Euro Miete kommt sie nun mit 180 Euro Wohngeld im Monat aus.

Bausteine VL und Riester

Sabine legt jeden Monat 40 Euro in vermögenswirksame Leistungen an. Ihr Arbeitgeber steuert davon 26 Euro bei. Zudem zahlt sie in eine Riester-Rente ein. Den Vertrag über eine klassische Rentenversicherung hat sie bereits vor sechs Jahren abgeschlossen und pro Monat 50 Euro eingezahlt. Mit ihrem geringeren Gehalt reichen ihr jetzt 30 Euro monatlich, um die volle Grundzulage von 175 Euro pro Jahr zu erhalten.

Wie hoch ihre Riester-Rente sein wird, hängt auch davon ab, wann Sabine in den Ruhestand geht. Eigentlich will sie vor ihrem regulären Rentenalter mit 67 Jahren aus dem Berufsleben aussteigen. Doch dann wäre nicht nur die Riester-Rente geringer – Sabine müsste auch Abzüge bei der gesetzlichen Rente verkraften. Deshalb will sie sich bei der Rentenversicherung erkundigen, wie viel sie freiwillig einzahlen müsste, um schon mit 63 oder 64 Jahren in Rente gehen zu können.

Nach dem Wohnungskauf will sich Sabine erst einmal um ihre Gesundheit kümmern und hat eine Kur beantragt. Vielleicht schafft Sabine es, bald wieder zumindest 30 Stunden pro Woche zu arbeiten. Ihre Chefs unterstützen sie, denn sie ist eine erfahrene, zuverlässige Mitarbeiterin.

Mit dem verbliebenen Erbe will Sabine auch in den kommenden Jahren keine Experimente wagen, sondern es konservativ anlegen. Das ist nicht leicht, denn ihr Bankberater hat schon mehrfach versucht, sie zu renditestärkeren Investments zu überreden. Sabine bleibt standhaft: Von Geldanlage versteht sie nichts und will sich mit dem Thema möglichst wenig befassen.

Zumindest will sie jedoch ab und zu bei anderen Kreditinstituten auf besonders gute Festgeldangebote achten und ihr Geld auf mehrere Banken verteilen.

Beispiel 8: Im Ruhestand ohne Geldsorgen

Sind im Ruhestand sämtliche Grundbedürfnisse finanziert, können selbst Senioren darüber hinausgehende Ersparnisse an der Börse investieren, ohne schlaflose Nächte zu riskieren.

Wilma, Herbert, Juliane und Gerhard haben es geschafft: Nach einem ereignisreichen Arbeitsleben sind sie jetzt im Ruhestand. Sosehr sich ihre Lebensumstände auch unterscheiden – Wilma ist frisch verwitwet, Herbert seit Langem geschieden, Juliane und Gerhard sind noch immer ein glückliches Paar –, eines haben alle gemeinsam: Ihnen ist es gelungen, sich über die Jahre eine Altersvorsorge aufzubauen, die es ihnen heute ermöglicht, sorgenfrei in die Zukunft zu blicken.

Und noch etwas eint die vier: Was ihre Geldanlagen betrifft, wollen sie nachts ruhig schlafen können. Daran hat sich auch im Ruhestand nichts geändert. Windige und allzu riskante Investments sind deshalb ein No-Go für die gut situierten Senioren.

Das heißt jedoch nicht, dass sicherheitsbewusste Rentner zwangsläufig einen Bogen um die Börse machen müssen: Geld, das sie nicht zum täglichen Leben brauchen, können sie sehr wohl in Wertpapieren oder Fondsanteilen anlegen – sollten aber mindestens zehn Jahre Anlagedauer einplanen. Außerdem gilt auch hier: nicht alles auf eine Karte setzen – und Sicherheitsbausteine nicht vergessen!

Auszahlplan plus Festgeld

Die 63-jährige Wilma ist seit einem Jahr Witwe und wurde erst vor Kurzem pensioniert. Kinder hat sie keine. Mit ihrer eigenen Pension und den Ansprüchen aus der Pension ihres Mannes kommt Wilma auf 3300 Euro monatlich – zudem lebt sie in einer abbezahlten Eigentumswohnung. Aus einer Kapitallebensversicherung hat die frühere Lehrerin kürzlich weitere 120000 Euro erhalten. Nun überlegt sie, was sie mit diesem Geld machen soll.

Für ihren Grundbedarf benötigt Wilma keine zusätzliche Rente. Eine Sofortrente ist für sie also kein Thema. Dagegen hat sie vor, in nächster Zeit viel zu reisen und dazu vielleicht auch ihre Schwester sowie deren Tochter einzuladen.

Gesagt, getan. Da Bankauszahlpläne derzeit kaum Rendite bringen, parkt Wilma 12000 Euro auf ihrem Tagesgeldkonto, um täglich darüber verfügen zu können. Das ist etwa so viel Geld, wie sie im kommenden Jahr verbrauchen will.

Den Rest des Geldes verteilt sie zu gleichen Teilen – also jeweils rund 27000 Euro – auf vier Festgeldkonten mit Laufzeiten zwischen einem und vier Jahren. So wird jedes Jahr ein Viertel ihres Guthabens fällig. Davon will sie dann jeweils den Betrag auf ihr Tagesgeldkonto überweisen, den sie in den nächsten zwölf Monaten voraussichtlich benötigt – und den Rest erneut für vier Jahre als Festgeld anlegen.

Sofortrente plus Zinsanlagen

Eine andere Strategie verfolgt Wilmas Nachbar Herbert. Der 66-Jährige ist schon lange geschieden und lebt allein in einer Mietwohnung. Seine Exfrau hat wieder geheiratet. Die beiden Kinder haben feste Jobs. Herbert erhält seit einem Jahr Rente – derzeit 1300 Euro im Monat. Eine betriebliche Zusatzrente hat er nicht – doch einen größeren Betrag auf der hohen Kante.

Herbert hat sein Berufsleben weitgehend als kaufmännischer Angestellter in Hausverwaltungen verbracht. Es ist ihm gelungen, von seinem Gehalt über die Jahre 80000 Euro zur Seite zu legen. Außerdem hat er vor Kurzem weitere 40000 Euro von seinem verstorbenen Vater geerbt.

Herberts Wohnung kostet 560 Euro. Obendrein sind Strom, Telefon, Auto, Essen und gelegentliche Restaurantbesuche zu bezahlen. Vor allem aber investiert er eine ganze Menge in seine beiden Hobbys: zum einen in sein kleines Segelboot, zum anderen in seine Fahrradausrüstung.

Herbert hat schon gemerkt, dass seine 1300 Euro Rente dafür nicht ausreichen. Der sportliche Rentner ist körperlich fit – und fest entschlossen, sich mit seinem Ersparten den Ruhestand so schön wie möglich zu gestalten.

Da Herbert auch in hohem Alter noch eine regelmäßige Zusatzeinnahme braucht, hat er sich gegen einen befristeten Bankauszahlplan entschieden. Für 100 000 Euro hat der Finanztest-Leser Ende 2017 beim damaligen Testsieger Europa einen Vertrag über eine Rentenversicherung gegen Einmalbetrag („Sofortrente") abgeschlossen. Sie garantiert ihm eine lebenslange Rente von 321 Euro. Etwaige Überschüsse kommen noch hinzu. Die Rente hat sofort begonnen und bessert seitdem seine Einkünfte auf.

Richtig lohnen würde sich die Sofortrente nur, wenn Herbert sehr alt wird – wer schon nach wenigen Jahren stirbt, macht ein Minusgeschäft. Damit ihm das nicht passiert, hat Herbert eine Rentengarantiezeit von 20 Jahren vereinbart. Falls er früh stirbt, würden die verbleibenden Rentenzahlungen an seine Kinder gehen.

Nach dem Rentenkauf hat Herbert noch 20 000 Euro übrig. Die Hälfte legt er auf ein gutes Tagesgeldkonto. Hier bekommt er zwar nur 0,5 Prozent Zinsen, kann aber täglich über sein Geld verfügen. Die restlichen 10 000 Euro steckt Herbert in Festgeld. Das bringt ihm etwas mehr Rendite.

Aktienfonds plus Sicherheitspuffer

Keinerlei Geldsorgen haben Herberts Freunde Juliane und Gerhard. Ein eigenes Haus, eine gute Pension, ein bisschen gesetzliche Rente, ein bisschen private Rente – das Ehepaar, 65 und 68 Jahre alt, ist finanziell mehr als gut abgesichert.

Gerhard, Beamter im Ruhestand, war früher Jurist im höheren Dienst. Seine Frau Juliane arbeitete – mit Unterbrechungen für die Erziehung der drei Kinder – stundenweise als Sekretärin. Das Ehepaar hat vor allem durch Gerhards sehr gute Pension monatlich über 4 500 Euro zur Verfügung. Davon ist die private Krankenversicherung zu bezahlen – und natürlich will auch das Finanzamt seinen Teil.

Beide haben außerdem 100 000 Euro gespart. Mit dem größeren Teil will Hobby-Investor Gerhard nun die Renditechancen von Fonds nutzen – doch nicht ohne Risikopuffer. Zunächst investieren beide 50 000 Euro in einen Euro-Rentenfonds mit Staats- und Unternehmensanleihen.

Für die andere Hälfte des Geldes kauft das Paar Anteile an einem weltweit anlegenden Aktienfonds sowie einem Aktienfonds, der in Schwellenländern investiert. In allen Fällen wählen sie statt aktiv gemanagter Fonds die deutlich günstigeren börsengehandelten Indexfonds (ETF). Um darüber hinaus Depotgebühren zu sparen, haben sie für ihren Tiger-Pantoffel (siehe „Pantoffel-Portfolio", S. 111) ein Wertpapierdepot bei einer Direktbank eröffnet.

Die Verlustrisiken der Fonds können sie verkraften. Läuft alles gut, kann sich das Vermögen der beiden mittelfristig sogar deutlich erhöhen. Auf jeden Fall können sie an einen großen Teil ihres Geldes jederzeit heran. Und nach ihrem Tod kann für ihre Erben etwas übrig bleiben.

Hilfe

1 Fachbegriffe erklärt

2 Stichwortverzeichnis S. 189

3 Impressum S. 192

Fachbegriffe erklärt

Auszahlplan: Das mit einem Riester-Vertrag angesparte Kapital muss im Alter – mit Ausnahme eines Einmalbetrags von 30 Prozent – in monatlichen Raten ausgezahlt werden. Die Auszahlung des kompletten Guthabens ist nicht möglich – es sei denn, der Sparer verwendet es zur Finanzierung einer selbstgenutzten Immobilie. Ansonsten sehen die Förderkriterien einen Auszahlplan in gleichbleibenden oder steigenden Monatsraten vor.

Beitragsbemessungsgrenze: Obergrenze des Einkommens, bis zu der Beiträge zur Sozialversicherung erhoben werden. In der gesetzlichen Kranken- und Pflegeversicherung liegt diese Grenze 2018 bei 53 100 Euro im Jahr. Die Beitragsbemessungsgrenze für gesetzliche Renten- und Arbeitslosenversicherung beträgt 78 000 Euro (West) bzw. 69 600 Euro (Ost).

Beitragsgarantie: Für Riester-Verträge müssen zum Ende der Sparphase – also zu Rentenbeginn – mindestens die eingezahlten Beiträge sowie die staatlichen Zulagen für die Auszahlung zur Verfügung stehen.

Beitragsrückgewähr: Wird im Rahmen eines Vorsorgevertrages eine Beitragsrückgewähr vereinbart, erhalten die Angehörigen des Sparers die eingezahlten Beiträge zurück, falls dieser verstirbt.

Betriebsrentenstärkungsgesetz: Das Gesetz zur Stärkung der betrieblichen Altersversorgung und zur Änderung anderer Gesetze vom 17. August 2017 soll durch gezielte Maßnahmen im Arbeits-, Steuer- und Sozialrecht die Verbreitung der betrieblichen Altersversorgung in kleinen und mittleren Unternehmen und bei Geringverdienern fördern. So müssen Arbeitgeber künftig Beiträge ihrer Mitarbeiter bezuschussen. Auch die staatlich geförderte private Altersvorsorge soll durch das Gesetz gestärkt werden: So stieg zu Jahresbeginn 2018 die Grundzulage für die Riester-Rente. Zudem werden Riester-Guthaben im Rentenalter nicht mehr voll auf die Grundsicherung angerechnet.

Dauerzulagenantrag: Seit 2005 können Riester-Sparer ihren Anbieter bei Vertragsabschluss beauftragen, die staatlichen Zulagen jedes Jahr automatisch abzurufen. Diese Vollmacht gilt bis auf Widerruf. Der Sparer ist seinerseits verpflichtet, dem Anbieter unverzüglich Änderungen mitzuteilen, die sich auf seinen Zulagenanspruch auswirken. Dazu gehören Namensänderungen, Änderungen beim Einkommen, die Geburt eines Kindes oder eine Veränderung der beruflichen Situation.

Direktversicherung: Die Direktversicherung ist eine Form der betrieblichen Altersversorgung. Dabei handelt es sich um eine klassische oder fondsgebundene Lebens- oder Rentenversicherung, die der Arbeitgeber für seinen Mitarbeiter abschließt. Die Beiträge finanziert entweder der Arbeitgeber oder der Arbeitnehmer oder beide gemeinsam. Ab spätestens 2022 sind Arbeitgeber verpflichtet, Arbeitnehmerbeiträge mit mindestens 15 Prozent zu bezuschussen.

Entgeltumwandlung: Bei der Entgelt- oder Gehaltsumwandlung führt der Arbeitgeber einen Teil des Bruttolohns des Mitarbeiters auf dessen Wunsch hin in einen Vorsorgevertrag ab. Der steuerfreie Höchstbetrag stieg zum 1. Januar 2018 von 4 auf 8 Prozent der Beitragsbemessungsgrenze (West) für die Rentenversicherung. Für 2018 liegt der Höchstbetrag damit bei 6 240 Euro. Der sozialversicherungsfreie Höchstbetrag blieb bei 4 Prozent.

Förderberechtigte: Sparer, denen die staatliche Riester-Förderung zusteht. Direkt förderberechtigt sind Arbeitnehmer und Selbstständige, die in der gesetzlichen Rentenversicherung pflichtversichert sind, Auszubildende, Berufssoldaten und Beamte, Künstler und Publizisten, die nach dem Künstlersozialversicherungsgesetz versichert sind, sowie Minijobber, die auf die Sozialversicherungsfreiheit verzichtet haben. Indirekt förderberechtigt sind Ehegatten – zum Beispiel Hausfrauen und Selbstständige – direkt förderberechtigter Riester-Sparer, sofern diese selbst einen Riester-Vertrag besitzt.

Garantieverzinsung: Gesetzlich garantierte Verzinsung des Sparanteils bei manchen Kapitallebens- und privaten Rentenversicherungen. Seit 1. Januar 2017 beträgt der Garantiezins 0,9 Prozent.

Mindesteigenbeitrag: Um Riester-Zulagen zu bekommen, müssen Geringverdiener, Arbeitslose und indirekt Förderberechtigte mindestens 60 Euro pro Jahr in ihren Vertrag einzahlen. Generell bekommt die vollen Zulagen nur, wer 4 Prozent des im Vorjahr erzielten rentenversicherungspflichtigen Einkommens in den Riester-Vertrag einzahlt – maximal 2100 Euro inklusive Zulagen. Wer weniger einzahlt, bekommt seine Zulagen anteilig.

Pensionsfonds: Pensionsfonds sind eine Variante der betrieblichen Altersversorgung. Sie sind in der Kapitalanlage frei und müssen zu Rentenbeginn lediglich die eingezahlten Beiträge garantieren. Pensionsfonds unterliegen der Aufsicht durch die Bundesanstalt für Finanzdienstleistungsaufsicht (Bafin). Arbeitgeber, die ihre betriebliche Altersversorgung über einen Pensionsfonds organisieren, müssen die Anwartschaften über eine Mitgliedschaft im Pensions-Sicherungs-Verein schützen.

Pensionskasse: Pensionskassen sind Versicherungsunternehmen, die nur in der betrieblichen Altersversorgung tätig sind. Sie unterliegen der Aufsicht durch die Bafin. Pensionskassen werden von einzelnen Unternehmen, Konzernen oder ganzen Branchen getragen. Oft basiert deren Existenz auf einem Tarifvertrag.

Rentenniveau: Das Rentenniveau ist das Verhältnis der durchschnittlichen gesetzlichen Rente zum Durchschnittsverdienst der Erwerbstätigen. Lag das Rentenniveau 2006 noch bei 52,2 Prozent, soll es laut Koalitionsvertrag der Bundesregierung bis 2025 nicht unter 48 Prozent fallen. Der Rentenbeitragssatz soll nicht über 20 Prozent steigen.

Rentengarantiezeit: Sieht ein privat abgeschlossener Vorsorgevertrag eine Rentengarantiezeit vor, erfolgt ab Rentenbeginn die Auszahlung für den vereinbarten Zeitraum. Verstirbt der Versicherte vorzeitig, erhalten seine Angehörigen seine Rente für den Rest der vereinbarten Zeit.

Sofortrente: Im Unterschied zur „aufgeschobenen" Rentenversicherung mit jahrelanger Ansparphase zahlt der Sparer bei einer Sofortrente einen einmaligen Betrag ein, den sein Vertragspartner für die vereinbarte Zeitdauer für ihn verrentet.

Zertifizierung: Riester-Angebote müssen von der Bundesanstalt für Finanzdienstleistungsaufsicht (Bafin) geprüft und zertifiziert werden. Das Zertifikat besagt lediglich, dass ein Produkt die gesetzlichen Vorgaben erfüllt – nicht aber, dass es kostengünstig und renditestark ist.

Stichwortverzeichnis

A

Abgeltungsteuer 145, 151
Ablaufmanagement 45
Abschreibungen 152
Aktien-ETF 106, 159
Aktienfonds 106
Altersentlastungsbetrag 153
Altersrente 135
Anlage KAP 145, 151
Anlageform 27
– mit staatlicher Förderung 33
– ohne staatliche Förderung 92
Anlegertypen 113
Anleihen 103
Annuitätendarlehen 61
Arbeitnehmersparzulage 84
Arbeitslosengeld II 37, 79
Arbeitslosigkeit 25
Ausgabeaufschlag 60, 115, 121
Ausgleichsbetrag 15
Auszahlphase 133
– Anbieter wechseln 154
– Pantoffel-Portfolio 159
Auszahlung 138
– der Betriebsrente 138
– der Kapitallebensversicherung 139
– der privaten Rentenversicherung 139
– der Riester-Rente 137
– der Rürup-Rente 138
– , volldynamische 157
– von Investmentfonds 139
– von Spar-/Termineinlagen 138

B

Bafin 55, 75, 105
Bankauszahlpläne 155
Bankenpleiten 100
Banksparpläne 93
Basisrente 78
Baudarlehen umschulden 53
Bausparen 61
– Arbeitnehmersparzulage 85
– Spar- und Darlehensphase 53
Beitragsrückgewähr 73, 119
Beruflich Etablierte 172
– Betriebsrente 173
– Riester-Rente 172
Berufsausstieg planen 134
Berufsunfähigkeitsschutz 24, 118
– Fondspolice 122
– private Rentenversicherung 118
– Rürup-Rente 82
Berufsunfähigkeitsversicherung (BU) 24
– über Betrieb 72
– über Pensionskasse 69
Betriebsrente 30, 62, 142
– Auszahlung 138
– bei Insolvenz 74
– bei Jobwechsel 73
Bonität 103
Börsenindex 105
Börseninvestments 104
Bundesanleihen 103
Bundeswertpapiere, inflationsindexierte 104

C/D

Cost-Average-Effekt 107
Deutscher Aktienindex (Dax) 105
Direktbanken 96
– Aktien-ETF 107
– Depot eröffnen 113
– Pantoffel-Portfolio 112
Direktversicherung 66
Disagio 152
Dow Jones 105

E

Effektivzins 55
Ehepaare 55, 78, 174
Eigenheim 123
– finanzieren 170
Eigenheimförderung 52, 143
Eigenheimrente 52
Einkommen, zu versteuerndes 85
Einlagensicherung 97, 102
Einmalanlagen 98
Emittent 103
Entgeltpunkte 16
Entgeltumwandlung 62, 138
Erbschaft verrenten 21
Ertragsanteil 140
Erwerbsminderung 17, 44
Erwerbsminderungsrente, gesetzliche 24
ETF (Exchange Traded Funds) 45, 106, 114, 159
Euribor 95

F

Festgeld 97
Fonds 92, 104
– , aktiv gemanagte 45, 104, 114
– , ausländische thesaurierende 147
– Auszahlplan 139
– , geschlossene 92
Fondsanlage 146
Fondspolice 21, 120, 150
Fondsvermittler, freie 59
Freistellungsauftrag 151
Frührente 134

G

Garantierente 116, 120
Gebühr, erfolgsabhängige 115
Grad der Behinderung (GdB) 135
Günstigerprüfung 151

H

Haftpflichtversicherung, private 23
Hinterbliebene absichern 158
– Rürup-Rente 82
– über Betrieb 72

I

Immobilie 52
– als Geldanlage 125
– alters-/behindertengerecht umbauen 52
– finanzieren 52, 126
– Restschuld tilgen 137
– , vermietete 127, 151
– Werbungskosten 152
Immobilienkredite 124
Index siehe Börsenindex
Indexfonds, börsengehandelte (siehe ETF)
Inflation 20, 123
Inflationsrate 91
Investmentfonds siehe Fonds

J

Junge Familie 168
– Betriebsrente 169
– Riester-Rente 168
Junge Leute 164
– Aktienfonds 166
– Immobilien 123
– Riester-Fondssparpläne 51
– Riester-Rente 164
– Riester-Vertrag 35
– Tagesgeld 167
– Vermögenswirksame Leistungen (VL) 165

K/L

Kapitallebensversicherung 122, 139, 144
Kapitalwahlrecht 118, 121
Kranken- und Pflegeversicherung 136
Krankenversicherung, private 141
Kündigungsgelder 138
Kupon 103
Lebensversicherung verrenten 21

M

Mieteinnahmen 127
– versteuern 151
Mindestrente, garantierte 21
Mindestversicherungszeit 134
Mischfonds 109
MSCI World 106

N

Netto-Mietrendite 129
Niedrigzinsphase 28, 91, 99
– Immobilien 127

P

Pantoffel-Portfolio 30, 111, 159
Pensionsfonds 69
Pensionskasse 67
Performance Fee 115
Pfändung von Riester-/Rürup-Guthaben 79
Pflegeappartement 131
Postident-Verfahren 58, 96
Punkterente 76

R

Referenzzins 47
Regelaltersrente 17
Rente, gesetzliche 15
– mit 63/65/67 135
Rentenabschläge 136, 176
Rentenanwartschaft 17
Rentenartfaktor 17
Rentenauskunft 15, 18
Rentenbeiträge, freiwillige 136

Renten-ETF 108, 159, 161
Rentenfonds 105, 108, 110
Rentengarantiezeit 43, 119, 136, 159
Rentenhöhe 16, 21
Rentenkonto 15
Rentenlücke 14
Rentenpapiere 103
Rentenpunkte (siehe Entgeltpunkte)
Rentenversicherung, private 18, 78, 144
– Auszahlung 118, 139
– , fondsgebundene (siehe Fondspolice)
– Freibetrag 141
– , knappschaftliche 78
Rentenwert 16
Riester-Banksparpläne 47, 58
Riester-Bausparverträge 53, 60
Riester-Darlehen 55, 61
Riester-Fondspolice 44, 59
Riester-Fondssparpläne 49
– Anbieter wechseln 51, 60
– Beitragsgarantie 83
Riester-Guthaben 137, 155
– vererben 37, 155
Riester-Kombikredite 55, 61
Riester-Rente 28, 143
– Auszahlung 154
Riester-Rentenversicherung 39
– Anbieter wechseln 43, 58
Riester-Vertrag 34
– Umzug ins Ausland 156
Riester-Zulagen 35, 38
Risikolebensversicherung 25, 73
Rückdeckungsversicherer 70
Ruhestand planen 134
Rürup-Fondssparplan 82
Rürup-Vertrag 78, 138
– Anbieter wechseln 81, 83

S

Scheidung 178
Selbstständige 78, 117
Sofortrente 153, 157
Sozialabgaben 140
Sparbriefe 98
Sparerpauschbetrag 120, 129, 150
Sparguthaben splitten 158
Sparkonten, festverzinste 98
Spekulationssteuer 152
Spread 115
Steuererklärung im Ruhestand 176
Steuerfreibeträge 142
Steuern 21
– auf Alterseinkünfte 140
– Direktversicherung 67
– Eigenheimförderung 143
Steuerpflicht 21, 140
Steuerreform 2018 146

T

Tagesgeld 96, 160
Termingelder 97
Teuerungsrate 19, 91
Todesfallschutz 158

U

Überschussbeteiligung 69, 116
Umlaufrendite 47
Unternehmensbeteiligungen 92
Unterstützungskasse 70
Unverfallbarkeit 75

V

Vermögenswirksame Leistungen (VL) 84
Versicherungen 116
Versicherungszeiten 17
Versorgungspunkte 76
Vorgaben für barrierefreies Bauen (DIN 18040–2) 52
Vorsorgeguthaben investieren 183
Vorsorgevertrag 20

W

Wartezeit 77, 134
Wertpapiere, verzinsliche 102
Witwenrente 177
Wohnförderkonto, fiktives 143
Wohn-Riester 52
Wohnungsbauprämie 85

Z

Zahlungsfähigkeit 103
Zentrale Zulagenstelle für Altersvermögen (ZfA) 36, 52, 170
Zertifikate 92
Zinseszinseffekt 99
Zusatzrente, betriebliche 62
Zusatzversorgung im öffentlichen Dienst (ZÖD) 76

Die Stiftung Warentest wurde 1964 auf Beschluss des Deutschen Bundestages gegründet, um dem Verbraucher durch vergleichende Tests von Waren und Dienstleistungen eine unabhängige und objektive Unterstützung zu bieten.

Wir kaufen – anonym im Handel, nehmen Dienstleistungen verdeckt in Anspruch.

Wir testen – mit wissenschaftlichen Methoden in unabhängigen Instituten nach unseren Vorgaben.

Wir bewerten – von sehr gut bis mangelhaft, ausschließlich auf Basis der objektivierten Untersuchungsergebnisse.

Wir veröffentlichen – anzeigenfrei in unseren Büchern, den Zeitschriften test und Finanztest und im Internet unter www.test.de

Wir haben für dieses Buch 100 % Recyclingpapier und mineralölfreie Druckfarben verwendet. Stiftung Warentest druckt ausschließlich in Deutschland, weil hier hohe Umweltstandards gelten und kurze Transportwege für geringe CO_2-Emissionen sorgen. Auch die Weiterverarbeitung erfolgt ausschließlich in Deutschland.

Der Autor: Christian Eigner arbeitet freiberuflich als Journalist für Finanz- und Verbraucherthemen. Er schreibt regelmäßig für die Zeitschrift Finanztest.

9., komplett überarbeitete Auflage

Stiftung Warentest
Lützowplatz 11–13
10785 Berlin
Telefon 0 30/26 31–0
Fax 0 30/26 31–25 25
www.test.de
email@stiftung-warentest.de

USt-IdNr.: DE136725570

Vorstand: Hubertus Primus
Weitere Mitglieder der Geschäftsleitung:
Dr. Holger Brackemann, Daniel Gläser

Programmleitung: Niclas Dewitz

Autor: Christian Eigner

Projektleitung: Ursula Rieth
Lektorat: Stefanie Proske
Mitarbeit: Merit Niemeitz
Korrektorat: Christoph Nettersheim
Fachliche Unterstützung: Beate Bextermöller, Uwe Döhler, Marieke Einbrodt, Katharina Henrich, Stephan Kühnlenz, Michael Nischalke, Heinz-Josef Nüssgens, Theo Pischke, Isabell Pohlmann, Jörg Sah Max Schmutzer, Dr. Martin Schulz, Yann Stoffel
Titelentwurf: Josephine Rank, Berlin
Layout: Büro Brendel, Berlin
Grafik, Satz, Bildredaktion: Sylvia Heisler
Bildnachweis: istock (Titel, Umschlag Rückseite rechts, S. 32, 90, 132, 175); shutterstock (S. 16, 43); thinkstock (Umschlag Rückseite rechts, S. 12, 88, 179); avenue images/Westend 61 (S. 162)
Infografiken/Diagramme: Mario Mensch, Hamburg (S. 5, 40, 149); Florian Brendel (S. 101)

Produktion: Vera Göring
Verlagsherstellung: Rita Brosius (Ltg.), Romy Alig, Susanne Beeh
Litho: tiff.any, Berlin
Druck: brandenburgische universitätsdruckerei, potsdam

ISBN: 978-3-86851-296-0